改訂版 教育法講義

教育制度の解説と主要論点の整理

尾﨑春樹

教育法講義

I 教育法の体系

1 制定の経緯 ……9
 1 学制　9
 2 教育ニ関スル勅語　11
 3 教育勅語の取り扱いの経過　12
 4 第一次米国教育使節団報告　14

2 教育関係主要法 ……16
 1 教育関係主要法律体系　16
 2 日本国憲法の教育規定　18

3 教育法の改正の流れ ……21
 1 教育3法の改正の経緯　21
 2 学校教育法等の改正　22
 3 地方教育行政の組織及び運営に関する法律の改正　23
 4 教育職員免許法及び教育公務員特例法の改正　25

4 法律と予算 ……27
 1 文部科学関係予算の構成　27
 2 社会を生き抜く力の要請　28
 3 未来への飛躍を実現する人材の養成　36
 4 学びのセーフティネットの構築　41

II 教育基本法

1 教育基本法の概要 ……46
 1 教育基本法の法的性格　46

2　教育基本法の制定の沿革　46
2　教育基本法の改正　……48
　　1　改正前後の教育基本法の条文の比較　49
　　2　改正の理由　57
　　3　改正の経緯　57
3　教育基本法の主要な論点　……58
　　1　「我が国と郷土を愛する態度」（新2条5号）　58
　　2　男女共学（旧5条）から男女の平等（新2条3号）　60
　　3　政治教育（旧8条、新14条）　60
　　4　宗教教育（旧9条、新15条）　63
　　5　教育行政（旧10条、新16条）　66
　　6　教育振興基本計画（新17条）　70
4　教育振興基本計画　……77
　　1　4つの基本的方向性、8つの成果目標と30の基本施策　77
　　2　8つの成果目標と主な取組例　77
5　旭川学力テスト判決　……83
　　1　旭川学力テスト事件　83
　　2　旭川学力テスト事件最高裁判決における論点　107

Ⅲ　学校教育法

1　学校制度　……110
　　1　学校の意義、種類、沿革　110
　　2　学校の目的、目標　112
　　3　国・都道府県・市町村の主な役割　113
2　教育課程　……120

1　教育課程、学習指導要領の定義　120
　　　2　教育課程に関する法制上の仕組み　121
　　　3　学習指導要領の基準性などの論点　121
　　　4　学習指導要領に係る特例　122
　　　5　学習指導要領の法制的な沿革　124
　3　学校と家庭・地域との連携　……130
　　　1　学校運営に保護者・地域住民等の意見を反映させる仕組み　130
　　　2　保護者・地域住民が学校を支援する仕組み　131
　　　3　関係法令　132
　　　4　コミュニティ・スクール　135
　　　5　学校評価　140
　　　6　学校選択制　143
　4　教科書　……151
　　　1　教科書とは　151
　　　2　教科書が使用されるまで　152
　　　3　教科書検定　153
　　　4　教科書採択　161
　5　国旗国歌の指導　……171
　　　1　現状　171
　　　2　これまでの取組等　171

Ⅳ　地方教育行政

1　教育委員会　……183

1　教育委員会制度　　183
　　　2　教育委員会制度の概要（平成27年4月1日改正法施行
　　　　　後）　184
　　　3　教育委員会制度に関する法律上の根拠　　185
　　　4　教育委員会制度の意義　　187
2　教育委員会制度の変遷　……190
　　　1　教育委員化制度創設（昭和23年）旧「教育委員会法」　192
　　　2　教育委員公選制度等見直し（昭和31年）「地教行法」　194
　　　3　地方分権一括法による改正（平成12年）　　195
　　　4　住民自治の強化、教育委員会の活性化（平成14・16年
　　　　　改正）　196
　　　5　教育基本法改正を受けた制度の弾力化等（平成20年）
　　　　　196
　　　6　教育行政における権限と責任の明確化（平成27年改正）
　　　　　198
3　平成27年の制度改正　……199
　　　1　教育行政における権限と責任の明確化　　199
　　　2　これまでの教育委員会の課題と新たな教育委員会の姿　　199
　　　3　改革の5つのポイント　　201
　　　4　教育再生実行会議の提言のポイント　　210
　　　5　中央教育審議会における議論　　215
4　教育委員会の現状　……218
5　大阪府教育基本条例　……223
　　　1　概要　　223
　　　2　関係条文　　226

Ⅴ 教員

1 教員に係る法制度 ……229
　1 教員に係る法体系　229
　2 教職員の種類と職務　230
　3 教職員の身分取扱い、養成制度など　238

2 教員の資質向上 ……244
　1 養成（免許制度）　244
　2 採用　244
　3 研修　245
　4 教員免許更新制　245
　5 教職大学院　246

3 教員の給与 ……257
　1 人材確保法　257
　2 骨太の方針2006（抄）（平成18年7月7日閣議決定）　259

4 教育公務員に係る諸制度等 ……260
　1 問題教員等への対応　260
　2 教員評価の推進　264

5 公立学校教員の人事 ……265
　1 県費負担教職員制度　265
　2 教育委員会における人事権の行使　266
　3 都道府県教委から市町村教委への人事権移譲　268
　4 指定都市に係る県費負担教職員の給与負担等の移譲　272

VI 幼児教育

1 幼稚園と保育所 ……273
 1 概要　273

2 就学前教育・保育 ……275
 1 実施状況（平成25年度）　275

3 幼稚園と保育所の一元化をめぐる動向 ……277
 1 昭和40年代以前　277
 2 昭和50年代以降　277
 3 幼稚園と保育所のさらなる連係　279

4 認定こども園 ……280
 1 制度の創設（平成18年10月）　280

VII 資料

法令一覧 ……287
演習問題 ……362

VIII 索引

I 教育法の体系

1 制定の経緯

1 学制

　1872（明治5年）に発された、日本最初の近代的な学校制度を定めた教育法令である。

> 明治5年8月3日文部省布達第13・14号
> 明治6年3月18日文部省布達第30号
> 明治6年4月17日文部省布達代51号
> 明治6年4月28日文部省布達第57号

第214号
　人々自ら其身(みづか)を立て其産(さんをさ)を治め其業(げふさかん)を昌にして以て其生(せいとぐ)を遂(と)るゆゑんのものは他なし身を脩(た)め智を開き才芸(さいげいちやう)を長ずるによるなり而て其身を脩(ちへ)め知を開き才芸(きりようざ)を長(まず)ずるは学にあらざれば能はず是れ学校の設(がくかう もうけ)あるゆゑんにして日用常行言語書算(にちようじやうこうげんぎよしよさん)を初(はじ)め仕官農商百工(しくわんのうしようひやくこう)(やくにんひやくしようあきんどしよくにん)技芸(ぎげい)及び法律政治天文医療(ほうりつせいぢてんもんいれう)等に至(いと)る迄凡人(やまひいやす)の営むところの事学(がくもん)あらさるはなし人能く其才のあるところに応じ勉励(おうべんれい)して之に従事(まかせつとめはげみ)ししかして後初て生を治め産を興(おこ)し業を昌にするを得べしされば学問は身を立るの財本(ざいほん)(もとで)ともいふべきものにして人たるもの誰か学ばずして可ならんや夫の道路に迷(か どうろまよ)ひ飢餓(ぎがおちい)に陥り家を破り身を喪(うしなふと)の徒の如(くひものなき)きは畢竟(ひつきやう)(なくするともがら)(つまり)不学(ふがく)よりしてかゝる過(あやま)ちを生ずるなり従来(じうらい)学校の設ありてより年を歴(がくもんせぬ)(もとから)ること久しといへども或は其道を得ざるよりして人其方向を誤り学問(はうこう あやまち)は士人(しじん)以上の事とし農工商及婦女子(ふじよし)に至つては之を度外(どぐわい)におき学問の(さむらい)(をんなこども)(のけもの)

—9—

何者たるを辨ぜず又士人以上の稀に学ぶものも動もすれば国家の為にすと唱へ身を立るの基たるを知ずして或は詞章記誦の末に趨り空理虚談の途に陥り其論高尚に似たりといへども之を身に行ひ事に施すこと能ざるもの少からず是すなはち沿襲の習弊にして文明普ねからず才芸の長ぜずして貧乏破産喪家の徒多きゆゑんなり是故に人たるものは学ばずんばあるべからず之を学ぶに宜しく其旨を誤るべからず之に依て今般文部省に於て学制を定め追々教則をも改正し布告に及ぶべきにつき自今以後一般の人民華士族農工商及婦女子必ず邑に不学の戸なく家に不学の人なからしめん事を期す人の父兄たるもの宜しく此意を体認し其愛育の情を厚くし其子弟をして必ず学に従事せしめざるべからざるものなり高上の学に至ては其人の材能に任すといへども幼童の子弟は男女の別なく小学に従事せしめざるものは其父兄の越度たるべき事

但従来沿襲の弊学問は士人以上の事とし国家の為にすと唱ふるを以て学費及其衣食の用に至る迄多く官に依頼し之を給するに非ざれば学ざる事と思ひ一生を自棄するもの少からず是皆惑へるの甚しきもの也自今以後此等の弊を改め一般の人民他事を抛ち自ら奮て必ず学に従事せしむべき様心得べき事

　右之通被　仰出候条地方官ニ於テ辺隅小民ニ至ル迄不洩様便宜解釈ヲ加ヘ精細申諭文部省規則ニ随ヒ学問普及致候様方法ヲ設可施行事
　明治5年壬申7月

太　政　官

2 教育ニ関スル勅語

教育ニ関スル勅語（教育勅語）

(明治23年10月30日)

朕惟フニ我カ皇祖皇宗国ヲ肇ムルコト宏遠ニ徳ヲ樹ツルコト深厚ナリ我カ臣民克ク忠ニ克ク孝ニ億兆心ヲ一ニシテ世々厥ノ美ヲ済セルハ此レ我カ国体ノ精華ニシテ教育ノ淵源亦実ニ此ニ存ス爾臣民父母ニ孝ニ兄弟ニ友ニ夫婦相和シ朋友相信シ恭倹己レヲ持シ博愛衆ニ及ホシ学ヲ修メ業ヲ習ヒ以テ智能ヲ啓発シ徳器ヲ成就シ進テ公益ヲ広メ世務ヲ開キ常ニ国憲ヲ重シ国法ニ遵ヒ一旦緩急アレハ義勇公ニ奉シ以テ天壌無窮ノ皇運ヲ扶翼スヘシ是ノ如キハ独リ朕カ忠良ノ臣民タルノミナラス又以テ爾祖先ノ遺風ヲ顕彰スルニ足ラン

斯ノ道ハ実ニ我カ皇祖皇宗ノ遺訓ニシテ子孫臣民ノ倶ニ遵守スヘキ所之ヲ古今ニ通シテ謬ラス之ヲ中外ニ施シテ悖ラス朕爾臣民ト倶ニ拳々服膺シテ咸其徳ヲ一ニセンコトヲ庶幾フ

教育に関する勅語の全文通釈

　朕がおもふに、我が御祖先の方々が国をお肇めになったことは極めて広遠であり、徳をお立てになったことは極めて深く厚くあらせられ、又、我が臣民はよく忠にはげみよく孝をつくし、国中のすべての者が皆心を一つにして代々美風をつくりあげて来た。これは我が国柄の精髄であって、教育の基づくところもまた実にこゝにある。汝臣民は、父母に孝行をつくし、兄弟姉妹仲よくし、夫婦互に睦び合ひ、朋友互に信義を以て交り、へりくだって気髄気儘の振舞をせず、人々に対して慈愛を及すやうにし、学問を修め業務を習って知識才能を養ひ、善良有為の人物となり、進んで公共の

I　教育法の体系

利益を広め世のためになる仕事をおこし、常に皇室典範並びに憲法を始め諸々の法令を尊重遵守し、万一危急の大事が起ったならば、大義に基づいて勇気をふるひ一身を捧げて皇室国家の為につくせ。かくして神勅のまにまに天地と共に窮りなき宝祚(あまつひつぎ)の御栄をたすけ奉れ。かやうにすることは、たゞに朕に対して忠良な臣民であるばかりでなく、それがとりもなほさず、汝らの祖先ののこした美風をはっきりあらわすことになる。

　こゝに示した道は、実に我が御祖先のおのこしになった御訓であって、皇祖皇宗の子孫たる者及び臣民たる者が共にしたがひ守るべきところである。この道は古今を貫ぬいて永久に間違がなく、又我が国はもとより外国でとり用ひても正しい道である。朕は汝臣民と一緒にこの道を大切に守って、皆この道を体得実践することを切に望む

　※出典：文部省「聖訓ノ述議ニ関スル協議会報告」（昭和15年2月）

3　教育勅語の取り扱いの経過

教育勅語
- 明治23年10月30日　「教育ニ関スル勅語」発布
- （昭和20年8月15日　終戦）
- 昭和21年9月　教育刷新委員会（中央教育審議会の前身）において教育基本法案の立案を開始

I　教育法の体系

（教育基本法の立案・国会審議）	同年 10月8日	文部次官通牒「勅語及び詔書等の取扱いについて」 ・教育勅語を我が国教育の唯一の根本とする従来の考え方を止め、これと共に広く古今東西の倫理、哲学、宗教等に求めること ・式日等における教育勅語の奉読を停止すること ・勅語の保管・奉読にあたり神格化するような取り扱いをしないこと
	昭和21年 11月3日	日本国憲法公布、施行は翌22年5月3日
	昭和22年 3月	教育基本法案を国会に提出、審議が行われる 法案審議における教育勅語との関係に関する大臣答弁の要旨 ・教育の根本的刷新の大前提として、新しい教育の根本理念を確立し明示するため、新たな勅語ではなく、国民自らのものとして法律の形式により、教育基本法を制定すること ・教育勅語が奉読停止となった後の空白を埋めるため、急ぎ教育基本法を制定するものであること ・憲法・教育基本法の施行により、教育勅語は政治的・法律的効力を失って論語や聖書と同じような道徳訓の一つとなるものであること
	同31日	教育基本法公布・施行

| 教育基本法 | 昭和23年
6月19日 | 衆・参両院で排除・失効確認決議

「既に過去の文書となつている教育勅語……が、今日もなお国民道徳の指導原理としての性格を持続しているかの如く誤解されるのは、従来の行政上の措置が不十分であつたがためである。……政府は直ちにこれらの詔勅の謄本を回収し、排除の措置を完了すべきである。」(衆議院)

「(勅語が)既に効力を失つている事実を明確にするとともに、政府をして教育勅語その他の諸詔勅の謄本をもれなく回収せしめる。」(参議院) |

4 第一次米国教育使節団報告

(1) 概要

日本に民主的な教育制度を確立するための具体的方策を求めるため、総司令部から米国へ要請。

ジョージ・D・ストッダードを団長とする教育専門家27人からなる使節団が昭和21年3月に来日し、日本側教育家の委員会の協力等を受けつつ精力的に活動し、3月末総司令部に報告書を提出。

(2) 使節団の研究課題

・日本における民主主義教育
・日本の再教育の心理的側面
・日本の復興における高等教育

・日本の教育制度の行政的再編成

(3) **米国教育使節団報告書の構成及び概要**
　①構成
　　　第1章　日本の教育の目的及び内容
　　　第2章　国語の改革
　　　第3章　初等・中等学校の教育行政
　　　第4章　教授法と教師の教育
　　　第5章　成人教育
　　　第6章　高等教育
　②概要
　　　日本の過去の教育の問題点を指摘しつつ、民主主義、自由主義の立場からこれにかわるべき教育の理念、教育方法、教育制度を明示。
・教育の基本は、個人の価値と尊厳を認めること
・教育制度は、各人の能力と適性に応じて教育の機会を与えるよう組織
・教育の内容、方法、教科書の画一化を避け、教師の教育の自由を認める
・6・3・3制（6・3の義務教育の無償化）、男女共学
・高等教育の門戸開放と拡大、大学の自治尊重と一般教育の導入
・4年制課程の大学段階の教員養成
・地方分権的教育行政制度の勧告（教育委員会設置）
・成人教育の重要性（PTA、学校開放、図書館その他社会教育施設の役割重視）
・国語改革

2 教育関係主要法

1 教育関係主要法律体系

日本国憲法
└─教育基本法
　├─（学校教育に関する法律）
　│　├─学校教育法
　│　│　……各学校種やその目的・目標・修業年限・入学資格など学校教育制度の基本や義務教育制度について定める法律
　│　├─公立義務教育諸学校の学級編制及び教職員定数の標準に関する法律
　│　├─公立高等学校の適正配置及び教職員定数の標準等に関する法律
　│　│　……公立学校の学級編制や教職員定数の標準について定める法律
　│　├─義務教育諸学校の教科用図書の無償に関する法律
　│　├─義務教育諸学校の教科用図書の無償措置に関する法律
　│　├─教科書の発行に関する臨時措置法
　│　│　……小・中学校等の教科書の無償措置や教科書発行について定める法律
　│　├─学校保健安全法
　│　├─スポーツ振興法
　│　├─食育基本法
　│　├─学校給食法
　│　│　……学校における健康管理・給食などを定める法律
　│　├─就学困難な児童及び生徒に係わる就学奨励についての国の援助に関する法律
　│　├─公立高等学校に係る授業料の不徴収及び高等学校等就学支援

Ⅰ 教育法の体系

　　　金の支給に関する法律
　　　独立行政法人日本学生支援機構法
　　　　……就学援助や育英会奨学金などについて定める法律
　├学校図書館法
　　　高等学校の定時制教育及び通信教育振興法
　　　へき地教育振興法
　　　理科教育振興法
　　　産業教育振興法
　　　　……その他、学校教育について定める法律
　├市町村立学校職員給与負担法
　　　義務教育費国庫負担法
　　　義務教育諸学校等の施設費の国庫負担等に関する法律
　　　公立学校施設災害復旧費国庫負担法
　　　　……公立小・中学校等の教職員給与等の一部国庫負担などを定める法律
　├教育公務員特例法
　　　　……教職員の任免・服務・研修などについて定める法律
　　　教職員免許法
　　　　……教員免許制度について定める法律
　　　学校教育の水準の維持向上のための義務教育諸学校の教職員の人材確保に関する特別措置法（人確法）
　　　公立の義務教育諸学校等の教育職員の給与等に関する特別措置法（給特法）
　　　　……学校教職員の給与について定める法律
　├私立学校法
　　　私立学校振興助成法
　　　　……私立学校制度や私学助成について定める法律

I 教育法の体系

```
        ┌ 国立大学法人法
        │   ……国立学校の設置や運営等について定める法律
─(社会教育に関する法律)
   ┌ 社会教育法
   │   ……社会教育に関する法律
   │ 図書館法
   │   ……図書館の設置及び運営について定める法律
   │ 博物館法
   │   ……博物館の設置及び運営について定める法律
─(生涯学習に関する法律)
   ┌ 生涯学習の振興のための施策の推進体制等の整備に関する法律
   │   ……生涯学習の振興施策の推進体制などについて定める法律
─(教育行政に関する法律)
   ┌ 文部科学省設置法
   │   ……国の教育行政を担う文部科学省の設置、任務、所掌事務等に
   │      ついて定める法律
   │ 地方教育行政の組織及び運営に関する法律
   │   ……教育委員会の設置など地方公共団体における教育行政の組織
   │      及び運営の基本について定める法律
```

2　日本国憲法の教育規定

(1)　日本国憲法の教育に関する条文

　　○第26条

　　①すべての国民は、法律の定めるところにより、その能力に応じて、ひとしく教育を受ける権利を有する。

Ⅰ　教育法の体系

- 教育を受ける権利を保障することにより、生存権を文化的側面からも実現（自由権ではなく生存権的基本権）
- 「ひとしく教育を受ける権利」によって、教育の機会均等、特に経済的地位によって教育を受ける機会が左右されないこと
  ⇒教基法4条、学教法19条など
  　就学援助や育英奨学金などについて定める法律
  　教育水準　学教法

②すべての国民は、法律の定めるところにより、その保護する子女に普通教育を受けさせる義務を負う。義務教育は、これを無償とする。
- 保護者に義務を課すことによって権利を担保
  ⇒教基法5条、学教法16条、17条、18条、19条など

○第23条　学問の自由はこれを保障する。　⇒教基法2条
- 学問の自由には、学問研究の自由と研究結果の教授の自由を含むものと解される
- 初等中等教育機関における教育の自由を含まないとするのが判例（最高裁　昭和51年5月21日　学力テスト判決）であり、教師の教育の自由は一定の制約を伴うものと解される

○第14条　法の下の平等　　　　　　⇒教基法4条(経済的地位)
○第15条　公務員（全体の奉仕者）　　⇒教基法9条2項
○第19条　思想・良心の自由　　　　　⇒教基法16条
　　　　　　　　　　　　　　　　　教師の教育の自由
○第20条　信教の自由　　　　　　　　⇒教基法15条
○第27条　勤労の権利と義務、児童の酷使の禁止

○第28条　労働権　　　　　　　　　⇒教育公務員特例法
○第89条　公金の支出制限　　　　　⇒私立学校への公的助成

(2) **教育法規の特性**
　○学校教育は、児童生徒と教員の人格的触れ合いを通じて、人格の完成を目指してその育成を促す営み
　○教育の目的は、人格の完成と国家社会の形成者としての資質の育成
　　……他の法体系に比して理念、価値に関する条項が多い
　○教育法規の特性として、積極的な係わりの中での教育の価値中立性を求めるもの
　　……そこから、教員の職務と責任の特殊性が導かれる
　○教育法規とともに、慣習法としての大学の自治、判例法、行政先例法、条理（兼子仁「教育法」）などが重視されている

3 教育法の改正の流れ

1 教育3法の改正の経緯

①教育基本法の改正
平成18年 4月28日　閣議決定・国会提出
平成18年12月15日　成立
平成18年12月22日　公布・施行

②教育再生会議
平成19年1月24日　第一次報告「社会総がかりで教育再生を～公教育再生への第一歩～」

③中央教育審議会
平成19年3月10日　答申「教育基本法の改正を受けて緊急に必要とされる教育制度の改正について」
平成19年3月29日　答申「今後の教員給与の在り方について」

④教育三法案
平成19年3月30日　閣議決定・国会提出
平成19年6月20日　成立

上記①～④を経て、以下改正となった。

①学校教育法の改正
　改正教育基本法の新しい教育理念を踏まえ、新たに義務教育の目標を定めるとともに、幼稚園から大学までの各学校種の目的・目標を見直し。
　副校長等の新しい職を置くことができることとし、組織としての学校の力を強化。

②地方教育行政の組織及び運営に関する法律の改正

教育における国、教育委員会、学校の責任を明確にし、保護者が安心して子どもを学校に預けうる体制を構築。

③教育職員免許法及び教育公務員特例法の改正

教員免許更新制を導入し、あわせて指導が不適切な教員の人事管理を厳格化し、教員に対する信頼を確立する仕組みを構築。

2　学校教育法等の改正

(1)　施行期日

①副校長その他新しい職の設置……平成20年4月1日

②上記以外……公布の日から6月以内で政令で定める日

(2)　各学校種の目的及び目標の見直し等

○改正教育基本法の新しい教育理念を踏まえ、新たに義務教育の目標を定めるとともに、幼稚園から大学までの各学校種の目的・目標を見直す（改正教育基本法を踏まえ、義務教育の目標に次の事項等を規定）

・規範意識、公共の精神に基づき主体的に社会の形成に参画する態度

・生命及び自然を尊重する精神、環境の保全に寄与する態度

・伝統と文化を尊重し、それらを育んできた我が国と郷土を愛する態度、他国を尊重し国際社会の平和と発展に寄与する態度

○学校種の規定順について、幼稚園を最初に規定する

表　改正前後の規定順の比較

改正前	小学校、中学校、高等学校、中等教育学校、大学、高等専門学校、特別支援学校、幼稚園
改正後	幼稚園、小学校、中学校、高等学校、中等教育学校、特別支援学校、大学、高等専門学校

(3) 副校長その他新しい職の設置

○学校における組織運営体制や指導体制の確立を図るため、幼稚園、小・中学校等に副校長、主幹教諭、指導教諭という職を置くことができることとする

表 各職の職務内容

副校長	校長を助け、命を受けて校務をつかさどる。
主幹教諭	校長等を助け、命を受けて校務の一部を整理するとともに、児童生徒の教育等をつかさどる。
指導教諭	児童生徒の教育をつかさどるとともに、他の教諭等に対して、教育指導の改善・充実のために必要な指導・助言を行う。

(4) 学校評価と情報提供に関する規定の整備

○学校は、学校評価を行い、その結果に基づき、学校運営の改善を図ることにより、教育水準の向上に努めることとする

○学校は、保護者等との連携協力を推進するため、学校運営の状況に関する情報を積極的に提供するものとする

(5) 大学等の履修証明制度

社会人等を対象とした特別の課程(教育プログラム)を履修した者に対して大学等が証明書を交付できることとする。

3 地方教育行政の組織及び運営に関する法律の改正

(1) 施行期日

○平成20年4月1日

(2) **教育委員会の責任体制の明確化**
○地方教育行政の基本理念を明記する
○合議制の教育委員会は、①基本的な方針の策定、②教育委員会規則の制定・改廃、③教育機関の設置・廃止、④職員の人事、⑤活動の点検・評価、⑥予算等に関する意見の申し出については自ら管理執行することを規定する
○教育委員会は学識経験者の知見を活用し、活動状況の点検・評価を行うこととする

(3) **教育委員会の体制の充実**
○市町村は近隣の市町村と協力して教育委員会の共同設置等の連携を進め教育行政の体制の整備・充実に努めることとする
○市町村教育委員会は指導主事を置くように努めることとする
○教育委員の責務を明確化し、国・都道府県が教育委員の研修等を進めることとする

(4) **教育における地方分権の推進**
○教育委員の数を弾力化し、教育委員への保護者の選任を義務化する
○文化・スポーツの事務を首長が担当できるようにする
○県費負担教職員の同一市町村内の転任については、市町村教育委員会の内申に基づき、都道府県教育委員会が行うこととする

(5) **教育における国の責任の果たし方**
○教育委員会の法令違反や怠りによって、緊急に生徒等の生命・身体を保護する必要が生じ、他の措置によってはその是正を図ることが困難な場

合、文部科学大臣は是正・改善の「指示」ができる旨の規定を設ける
○教育委員会の法令違反や怠りによって、生徒等の教育を受ける権利が侵害されていることが明らかである場合、文部科学大臣は、講ずべき措置の内容を示して、地方自治法の「是正の要求」を行う旨の規定を設ける
○上記の「指示」や「是正の要求」を行った場合、文部科学大臣は、当該地方公共団体の長及び議会に対してその旨を通知する

(6) **私立学校に関する教育行政**
○知事は、私立学校に関する事務について、必要と認めるときは、教育委員会に対し、学校教育に関する専門的事項について助言・援助を求めることができる旨の規定を設ける

4 教育職員免許法及び教育公務員特例法の改正
(1) **施行期日**
①教員免許更新制の導入……平成21年4月1日
②上記以外……平成20年4月1日

(2) **教員免許更新制の導入（教育職員免許法）**
○教員免許状の有効期間
・普通免許状及び特別免許状に10年間の有効期間を定める
○有効期間の更新
・免許状の有効期間は、その満了の際、申請により更新することができる
・免許管理者は、免許状更新講習を修了した者等について、免許状の有効期間を更新する

・災害その他やむを得ない事由があると認められる場合には、有効期間を延長できる

○施行前に授与された免許状を有する者の取扱い

・施行前に授与された免許状を有している教員等は、10年ごとに免許状更新講習を修了したことの確認を受けなければならない

・講習を修了できなかった者の免許状は、その効力を失う

(3) 指導が不適切な教員の人事管理の厳格化（教育公務員特例法）

○指導が不適切な教員の認定及び研修の実施等

・任命権者は、教育や医学の専門家や保護者などの意見を聴いて、「指導が不適切な教員」の認定を行う

・任命権者は、指導が不適切と認定した教員に対し、研修を実施しなければならない

・指導改善研修中の教員は、免許状更新講習を受講できない（教育職員免許法）

○研修終了時の認定及び措置

・任命権者は、研修終了時に、教育や医学の専門家や保護者などの意見を聴いて、指導の改善の状況について認定を行う

・任命権者は、研修終了時の認定において、指導が不適切であると認定した者に対して、免職その他の必要な措置を講ずる

(4) 分限免職処分を受けた者の免許状の取扱い（教育職員免許法）

・教員が、勤務実績が良くない場合やその職に必要な適格性を欠く場合に該当するとして分限免職処分を受けたときは、その免許状は効力を失う

4　法律と予算

1　文部科学関係予算の構成

表　平成28年度　文部科学関係予算の構成

区分	平成27年度予算額	平成28年度予算額（案）	増△減額	伸率
文部科学関係予算	5兆3,349億円	5兆3,216億円	133億円減	△0.2%

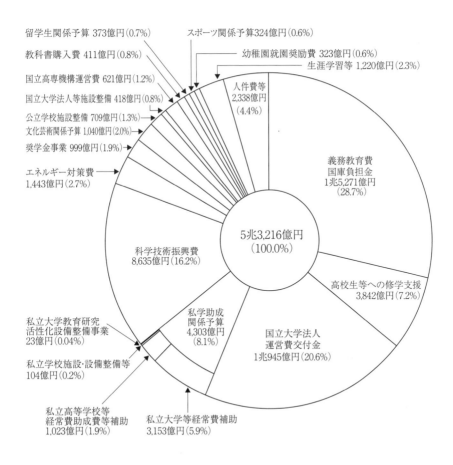

2　社会を生き抜く力の要請

(1)　教員の「質」と「数」の一体的強化

前年度予算額	平成28年度予定額	比較増減額	備考
1兆5,342億円	1兆5,337億円	△5億円	—

①時代の変化に対応した新しい教育や学校が抱える喫緊の課題等に対応する教職員指導体制の充実（義務教育費国庫負担金）（1兆5,271億円）

義務教育費国庫負担制度は、公立の小・中学校及び特別支援学校の小・中学部の教職員の給与費について都道府県が負担した経費の3分の1を国が負担するものである。

```
※教職員定数の改善増　　　　　＋11億円（＋525人）
　少子化等に伴う定数減　　　　▲85億円（▲4,000人）
　教職員の若返りによる給与減等　▲170億円
　人事院勧告に伴う給与改定　　　＋231億円
```

小学校専科指導やアクティブ・ラーニングなど時代の変化に対応した新しい教育に取り組むとともに、特別支援教育やいじめ・不登校への対応、貧困による教育格差の解消、外国人児童生徒への日本語指導など学校が抱える喫緊の教育課題への対応が急務。

⇒少子化の中にあっても、増加する教育課題に的確に対応する加配定数を拡充

表　加配定数の改善　＋525人

1. 創造性を育む学校教育の推進		190人
	①小学校における専科指導の充実 （小学校英語、理科、体育等の専科指導、小中一貫校における専科指導の充実）	140人

	②アクティブ・ラーニングの推進 （効果的な指導方法、カリキュラム開発等の研究の拠点となる学校に対する加配措置）	50人
2. 学校現場が抱える課題への対応		235人
	①特別支援教育の充実	50人
	②いじめ・不登校等への対応	50人
	③貧困による教育格差の解消	50人
	④外国人児童生徒等への日本語指導	25人
	⑤統合校・小規模校への支援 （統合前1年～統合後5年間支援。小規模校における質の高い学校教育に向けた支援）	60人
3. チーム学校の推進による学校の組織的な教育力の充実		100人
	①学校マネジメント機能の強化 （主幹教諭、事務職員の拡充）	80人
	②養護教諭・栄養教諭等の充実	20人

※復興特別会計

　被災した児童生徒のための学習支援として1,000人（前年同）の加配措置（22億円）

②これからの学校教育を担う教員の資質能力の向上（18億円）

　新しい教育課題に対応した教員研修の充実と大学における教員養成の改革（教員育成指標及び教員育成協議会の整備、教員研修センターの機能強化）等。

・総合的な教師力向上のための調査研究事業
・独立行政法人教員研修センターの機能強化
・教員・学習に関する国際調査等
・現職教員の新たな免許取得や更新等

③多彩な人材の参画による学校の教育力向上～補習等のための指導員等派遣事業～（47億円）

退職教職員や教員志望の大学生など多彩な人材をサポートスタッフとして学校に配置。

(補助率1/3) 10,000人→11,500人 (1,500人増)

《具体例》
・補充学習、発展的な学習への対応
・小学校における英語指導対応
・教材開発・作成など教員の授業準備や授業中の補助
・臨時教員等経験の浅い教員に対する指導・助言
・小1プロブレム・中1ギャップへの対応
・体験活動の実施・計画時における指導・助言
・中学校における部活動指導支援
・高等学校等における進路選択への支援、キャリア教育支援等

(2) **教育課程の充実**

前年度予算額	平成28年度予定額	比較増減額	備考
27億円	29億円	2億円	—

　これからの時代に求められる資質・能力を育成する観点から、学習指導要領改訂等を着実に行うとともに、その理念を実現するため、「アクティブ・ラーニング」の視点からの学習・指導方法の改善等を推進し、初等中等教育の教育課程の充実を図る。

　◇学習指導要領等の改訂及び課題の発見・解決に向けた主体的・協働的な学びの推進

　　小学校(12教科等)、中学校(11教科等)、高等学校(15教科等)
　　……6億円 (4億円増)

◇次代を見据えた教育課程・指導方法等に関する先導的研究開発……1億円（前年同）
◇幼稚園教育要領の改訂……0.1億円（新規）等

(3) 道徳教育の充実

前年度予算額	平成28年度予定額	比較増減額	備考
15億円	15億円	前年同	—

　これまでの道徳の時間を教育課程上、「特別の教科道徳」と新たに位置付け、「考える道徳」、「議論する道徳」へと質的に転換を図った改正学習指導要領を踏まえた指導が着実に実施されるよう道徳用教材「私たちの道徳」を引き続き配布。さらに、改正の趣旨を生かした効果的な指導を行うため、研究協議会の開催、優れた教員による教育効果の高い授業の映像等を共有するためのアーカイブの整備（新規）により、教員の指導力と道徳教育の指導方法を抜本的に改善。また、「親子道徳の日」といった学校・家庭・地域の連携による道徳教育の取組を支援。

◇映像資料の作成及び先進事例のアーカイブの整備……2億円（新規）

(4) いじめ・不登校対策の推進

前年度予算額	平成28年度予定額	比較増減額	備考
49億円	57億円	8億円	—

　教育再生実行会議提言や「いじめ防止対策推進法」等を踏まえ、いじめの未然防止、早期発見・早期対応や教育相談体制の整備及びインターネットを通じて行われるいじめへの対応、また貧困を背景とした生徒指導上の課題への対応、さらに不登校対応を進めるため、地方公共団体におけるいじめ問題等への対応を支援。

Ⅰ　教育法の体系

◇スクールカウンセラーの配置拡充（補助率1/3）……45億円（5億円増）
・全公立中学校への配置に加え、公立中学校等で週5日相談体制を実施　200校
・小中連携型配置の拡充による公立小・中学校の相談体制の連携促進
　300校→2,500校（2,200校増）
・貧困対策のための重点加配600校→1,000校（400校増）
・教育支援センター（適応指導教室）の機能強化等、不登校支援のための配置（新規）250箇所
・支援が必要な学校に弾力的に派遣できるよう、地域の実情に応じ、教育委員会への配置方式も推進

◇スクールソーシャルワーカーの配置拡充（補助率1/3）……10億円（3億円増）
・配置数増2,247人→3,047人（800人増）
・貧困対策のための重点加配600人→1,000人（400人増）
・質向上のためのスーパーバイザー（47人）の配置、研修等

(5)　特別支援教育の充実

前年度予算額	平成28年度予定額	比較増減額	備考
145億円	156億円	11億円	―

インクルーシブ教育システム構築のための特別支援教育の推進について、障害のある児童生徒等の自立と社会参加の加速化に向けた取組の充実を図り、障害のある児童生徒等が十分な教育を受けられる環境を構築する。
　◇インクルーシブ教育システムの推進……11億円（新規）
　・インクルーシブ教育システム推進事業費補助（新規）
　　特別支援教育専門家等の配置及び体制整備に要する経費の補助（補助

率1/3)

早期支援コーディネーター:94人、合理的配慮協力員:282人、看護師:1,000人、外部専門家(理学療法士、作業療法士、言語聴覚士等):428人

※平成27年度限りの経費(インクルーシブ教育システム構築事業(看護師:約330人等)10億円)

◇特別支援教育就学奨励費負担等……129億円(13億円増)
・特別支援学校高等部の生徒の通学費、学用品費等の支援拡充等

(6) キャリア教育・職業教育の充実

前年度予算額	平成28年度予定額	比較増減額	備考
3億円	5億円	2億円	—

小学校からの起業体験や中学校の職場体験活動、高校におけるインターンシップ等を促進するとともに、専門高校(専攻科を含む)において、社会の第一線で活躍できる専門的職業人を育成。また、「専修学校版デュアル教育」を開発し、実効的・組織的な産学協同による教育体制を構築。

◇小・中学校等における起業体験推進事業……0.3億円(新規)
◇スーパー・プロフェッショナル・ハイスクール16校→24校(8校増)……2億円(0.4億円増)
◇専修学校版デュアル教育推進事業12箇所……1億円(新規)

(7) ICT活用による学びの環境の革新と情報活用能力の育成

前年度予算額	平成28年度予定額	比較増減額	備考
7億円	7億円	前年同	—

児童生徒の確かな学力の育成を図るため、児童生徒の情報活用能力の実

現状況の把握や教員のＩＣＴ活用指導力の向上、ＩＣＴ支援員の育成・確保を進める。過疎化・少子高齢化を見据え、ＩＣＴを活用して遠隔地間をつないだ学校教育及び社会教育に関する実証研究を実施する。更に、ＩＣＴを活用した授業実践を行う体制構築の支援を行う。

◇ＩＣＴを活用した教育推進自治体応援事業……3億円（0.2億円増）

　ＩＣＴ活用教育アドバイザーの自治体への派遣30地域→45地域（15地域増）等。

(8)　新しい時代にふさわしい教育制度の柔軟化の推進

前年度予算額	平成28年度予定額	比較増減額	備考
0.6億円	0.6億円	前年同	27年度補正予算案7億円

　児童生徒の発達の早期化、自己肯定感の低さ、小1プロブレム、中1ギャップ等の課題に対応するため、フリースクール等で学ぶ不登校児童生徒への支援モデル事業や中学校夜間学級の設置促進を27年度補正予算案に前倒しして実施するほか、引き続き小中一貫教育導入の推進を図るなど、実情に応じたきめ細やかな教育の充実を行う。

◇小中一貫教育推進事業……0.5億円（0.1億円増）

　小中一貫教育の導入に向けた先導的取組を支援6県→9県、1政令市（4県市増）。

(9)　高大接続改革の推進

前年度予算額	平成28年度予定額	比較増減額	備考
12億円	50億円	38億円	―

　「高大接続改革実行プラン」に基づき、高等学校教育改革、大学教育改革、大学入学者選抜改革を一体的に推進。

◇高校生の基礎学力の定着に向けた学習改善のための研究開発事業……1億円（1億円増）

　高校生の基礎学力の定着度等を把握して指導改善に活かすためのテスト手法等に関する研究開発等を行う。

◇「大学入学希望者学力評価テスト（仮称）」フィージビリティ検証事業……1億円（0.5億円増）

　モデル問題の作成、記述式やＣＢＴの導入等に向けた実証的な検討を行う。

◇大学入学者選抜改革推進委託事業……3億円（新規）

　大学入学者選抜における「思考力等」や「主体性等」の評価の推進に向け、大学入学者選抜改革を進める上での課題についての調査・分析と、「思考力等」や「主体性等」をより適切に評価する新たな評価手法の調査研究について、受託機関と協力大学が協働して取り組む。

◇大学教育再生加速プログラム（ＡＰ）「高大接続改革推進事業」……15億円（3億円増）

　高等学校や社会との円滑な接続のもと、3つのポリシー（「アドミッション・ポリシー」「カリキュラム・ポリシー」「ディプロマ・ポリシー」）に基づき、入口から出口まで質保証の伴った大学教育を実現するため、各継続テーマにおける取組の強化を図るほか、新規テーマとして、卒業段階でどれだけの力を身に付けたのかを客観的に評価する仕組みやその成果をより目に見える形で社会的に提示するための効果的な手法等を開発し、先導的なモデルとなる取組を支援。

(10) 学校・家庭・地域が連携した絆づくりと活力あるコミュニティの形成

前年度予算額	平成28年度予定額	比較増減額	備考
67億円	68億円	1億円	—

　学校を核とした地域力強化の仕組みづくりを推進するとともに、地域の活性化につながる多様な取組を展開することにより、まち全体で地域の将来を担う子供たちの育成及び地方創生の実現を図る。

　◇地域学校協働活動の推進……65億円（1億円増）

　　地域と学校をつなぐコーディネーターが中心となり、地域人材の参画による、学校の教育活動等の支援など、学校・家庭・地域が協働で教育に取り組む仕組みづくりを推進し、地域力の強化及び地域の活性化を図る。

　・放課後子供教室 14,000箇所→15,500箇所（1,500箇所増）
　・地域コーディネーターの配置 12,500人→15,000人（2,500人増）、統括コーディネーターの配置（新規）250市町村　等

3　未来への飛躍を実現する人材の養成

(1) 国立大学改革の推進（国立大学法人運営費交付金）

前年度予算額	平成28年度予定額	比較増減額	備考
1兆945億円	1兆945億円	前年同	—

　我が国の人材養成・学術研究の中核である各国立大学法人等が継続的・安定的に教育研究活動を実施できるよう、大学運営に必要な基盤的経費である運営費交付金を確保。

　◇機能強化の方向性に応じた重点支援……308億円（新規）

　　各大学の機能強化の方向性に応じた取組をきめ細かく支援するため、

運営費交付金に3つの重点支援の枠組みを新設することなどによる国立大学改革の更なる加速。

重点支援①：地域のニーズに応える人材育成・研究を推進
重点支援②：分野毎の優れた教育研究拠点やネットワークの形成を推進
重点支援③：世界トップ大学と伍して卓越した教育研究を推進

◇共同利用・共同研究体制の強化・充実……306億円（1億円増）

我が国の研究力強化等に資する共同利用・共同研究体制の強化のため、共同利用・共同研究拠点が行う国内外のネットワーク構築、新分野の創成等に資する取組や附置研究所等の先端的かつ特色ある取組に対して重点支援。また、学術研究の大型プロジェクトについて、国際的競争と協調のもと、戦略的・計画的に推進。

◇授業料減免等の充実……320億円（12億円増）

免除対象人数：約0.2万人増（27年度約5.7万人→28年度約5.9万人）。

(2) 私学助成関係

前年度予算額	平成28年度予定額	比較増減額	備考
4,299億円	4,303億円	4億円	―

①私立大学等経常費補助

前年度予算額	平成28年度予定額	比較増減額	備考
3,153億円	3,153億円	前年同	―

私立大学等の運営に必要な経常費補助金を確保するとともに、建学の精神や特色を生かした教学改革や経営改革等に取り組む大学等を重点的に支援。

◇私立大学等改革総合支援事業……167億円（23億円増）

教育の質的転換や入学者選抜等の改革に全学的・組織的に取り組む私

立大学等を重点的に支援。

◇私立大学研究ブランディング事業……50億円（新規）

学長のリーダーシップの下、優先課題として全学的な独自色を大きく打ち出す研究に取り組む私立大学に対し、経常費・設備費・施設費を一体として重点的に支援。

②私立高等学校等経常費助成費等補助

前年度予算額	平成28年度予定額	比較増減額	備考
1,009億円	1,023億円	14億円	—

私立高等学校等の教育条件の維持向上や保護者の教育費負担の軽減及び学校経営の健全性の向上を図るとともに、各私立高等学校等の特色ある取組を支援。

◇私立高等学校等の基盤的経費への助成（一般補助）……872億円（7億円増）

◇各私立高等学校等の特色ある取組への支援（特別補助）……124億円（8億円増）

教育の質の向上のため、教育の国際化などを進める学校への支援拡充、私立幼稚園等における障害のある幼児受入れや預かり保育への支援等。

③私立学校施設・設備の整備の推進

前年度予算額	平成28年度予定額	比較増減額	備考
92億円	104億円	12億円	27年度補正予算案50億円

私立学校の質の高い教育研究活動等の基盤となる施設・設備等の整備を支援。

◇耐震化の促進……45億円（33億円増）

学校施設の耐震化等防災機能強化を更に促進するため、校舎等の耐震改築（建替え）。

事業及び耐震補強事業等の防災機能強化のための整備を重点的に支援。

耐震化率（大学等）：約89％（27年度当初予算事業完了後）

→約90％（27年度補正予算案及び28年度予算案事業完了後）

（高校等）：約86％（27年度当初予算事業完了後）

→約88％（27年度補正予算案及び28年度予算案事業完了後）

◇「私立大学等改革総合支援事業」に係る施設装置の整備……11億円（前年同）

◇「私立大学研究ブランディング事業」に係る施設装置の整備……22億円（新規）

④私立大学等教育研究活性化設備整備事業

前年度予算額	平成28年度予定額	比較増減額	備考
46億円	23億円	△23億円	—

◇「私立大学等改革総合支援事業」に係る設備環境の整備

(3) 初等中等教育段階におけるグローバルな視点に立って活躍する人材の育成

前年度予算額	平成28年度予定額	比較増減額	備考
202億円	220億円	18億円	—

グローバル人材育成については、第二期教育振興基本計画等を踏まえ、日本人としてのアイデンティティや日本の文化に対する深い理解を前提として、豊かな語学力・コミュニケーション能力、主体性・積極性、異文化理解の精神等を身に付け、様々な分野で活躍できる人材の育成が重要である。

このため、我が国の伝統・文化についての理解を深める取組を実施し、また、小・中・高等学校を通じた英語教育改革の推進、在外教育施設の教育環境の改善等の取組の充実を図る。

◇我が国の伝統・文化教育の充実に係る調査研究……0.1億円（前年同）
◇小・中・高等学校を通じた英語教育強化事業……12億円（5億円増）
・小学校英語教科化に向けた専門性向上のための講習の開発・実施（新規）
47機関
・専門性の高い非常勤講師や英語が堪能な外部人材等の配置（新規）
1,165人
◇スーパーグローバルハイスクール112校→119校（7校増）……11億円（前年同）
◇在外教育施設教員派遣事業等及び海外子女教育の推進……193億円（13億円増）
1,084人→1,098人（14人増）等

(4) 大学等の留学生交流の充実

前年度予算額	平成28年度予定額	比較増減額	備考
353億円	348億円	△5億円	―

　意欲と能力のある若者全員に留学機会を付与し、日本人留学生の倍増（6万人→12万人）を目指すため、留学促進キャンペーン「トビタテ！留学JAPAN」を推進し、若者の海外留学への機運醸成や、奨学金等の拡充による留学経費の負担軽減を図る。
　また、日本留学の魅力を高め、優秀な外国人留学生を確保するため、海外での募集・選考活動が効果的に機能するよう制度改善を図るとともに、住環境や就職支援等の受入れ環境充実のための支援を推進。
◇大学等の海外留学支援制度等
・双方向交流の推進による海外留学促進
《大学院学位取得型》270人

《協定派遣型》22,000人→23,000人（1,000人増）

《協定受入型》7,000人→6,000人（1,000人減）

◇優秀な外国人留学生の戦略的な受入れ

・留学コーディネーター配置事業4拠点

・国費外国人留学生制度11,266人

・留学生受入れ促進プログラム8,070人（新規）

　文部科学省外国人留学生学習奨励費（7,070人）の発展的組替え

・住環境・就職支援等受入れ環境の充実6件

4　学びのセーフティネットの構築

(1)　幼児教育無償化に向けた取組の段階的推進

前年度予算額	平成28年度予定額	比較増減額	備考
323億円	345億円	22億円	うち、子ども・子育て支援新制度移行分を除いた文部科学省予算計上分323億円（17億円増）

「幼児教育無償化に関する関係閣僚・与党実務者連絡会議」（平成27年7月22日開催）で取りまとめられた方針等を踏まえ、低所得の多子世帯及びひとり親世帯等の保護者負担の軽減を図り、幼児教育無償化に向けた取組を推進する。

◇多子世帯の保護者負担軽減……18億円〔文部科学省計上分14億円〕

　年収約360万円までの世帯について、現行では小学校3年生までとされている多子計算に係る年齢制限を撤廃し、第2子の保育料を半額、第3子以降の保育料の無償化を完全実施。

◇ひとり親世帯等の保護者負担軽減……4億円〔文部科学省計上分3億円〕

　市町村民税非課税世帯は保育料を無償化し、年収約270万円から約

360万円までの世帯は第1子の保育料を半額、第2子以降の保育料を無償化する。

(2) 学校をプラットフォームとした総合的な子供の貧困対策の推進

前年度予算額	平成28年度予定額	比較増減額	備考
22億円	26億円	4億円	27年度補正予算案10億円

◇スクールソーシャルワーカーの配置拡充（補助率1/3）……10億円（3億円増）
・配置数増：2,247人→3,047人（800人増）
・貧困対策のための重点加配600人→1,000人（400人増）
・質向上のためのスーパーバイザー（47人）の配置、研修等
◇地域未来塾による学習支援の充実（補助率1/3）……3億円（1億円増）
経済的な理由や家庭の状況により、家庭での学習が困難であったり、学習習慣が十分に身についていない中学生等に対して地域住民の協力やICTの活用等による学習支援を実施するとともに、新たに高校生への支援を行う。
2,000箇所→3,100箇所（1,100箇所増）等

(3) 高校生等奨学給付金の充実

前年度予算額	平成28年度予定額	比較増減額	備考
79億円	131億円	52億円	―

学年進行で着実に事業を実施するとともに、非課税世帯の給付額の増額を行うことにより、低所得世帯や多子世帯の教育費負担の軽減を図る。
・学年進行平成27年度：1～2年次→ 平成28年度：1～3年次
・対象者数34万人→47.8万人（13.8万人増）

・非課税世帯【全日制】(第1子)における給付額を増額
【給付額(年額)】
生活保護受給世帯【全日制等・通信制】
　国公立：32,300円、私立：52,600円
非課税世帯【全日制等】(第1子)
　国公立：37,400円→59,500円(+22,100円)、私立：39,800円
　→ 67,200円 (+27,400円)
非課税世帯【全日制等】(第2子以降)
　国公立：129,700円、私立：138,000円
非課税世帯【通信制】
　国公立：36,500円、私立：38,100円

(4) 大学等奨学金事業の充実(無利子奨学金事業)

前年度予算額	平成28年度予定額	比較増減額	備考
748億円	880億円	132億円	事業費3,222億円(98億円増)

　意欲と能力のある学生等が、経済的理由により進学等を断念することがないよう、安心して学ぶことができる環境の整備。
　◇「有利子から無利子へ」の流れの加速(無利子奨学金事業の拡充)
　　貸与基準を満たす希望者全員への貸与の実現を目指し、無利子奨学金の貸与人員を増員し、奨学金の「有利子から無利子へ」の流れを加速。
　　＜貸与人員＞
　　無利子奨学金46万人→ 47万4千人(1万4千人増※)
　　※うち新規貸与者の増員分6千人
　　(有利子奨学金87万7千人→ 84万4千人(3万3千人減))
　◇「所得連動返還型奨学金制度」の導入に向けた対応の加速

奨学金の返還の負担を軽減し、返還者の状況に応じてきめ細やかに対応するため、所得の捕捉が容易となる社会保障・税番号制度（マイナンバー制度）の導入を前提に、返還月額が卒業後の所得に連動する、「所得連動返還型奨学金制度」の導入に向けて、詳細な制度設計を進めるとともにシステムの開発・改修に着手する等の対応を加速。
（27年度補正予算案にシステム開発費を23億円計上）

(5) 国立大学・私立大学等の授業料減免等の充実

前年度予算額	平成28年度予定額	比較増減額	備考
395億円	409億円	14億円	—

◇国立大学の授業料減免等の充実……320億円（12億円増）

　約0.2万人増（27年度約5.7万人→28年度約5.9万人）

※意欲と能力ある学生が経済状況にかかわらず修学の機会を得られるよう、授業料免除枠を拡大するとともに、学内ワークスタディへの支援を行う

◇私立大学の授業料減免等の充実……86億円（1億円増）

　約0.3万人増（27年度約4.2万人→28年度約4.5万人）

※経済的に修学困難な学生を対象とした授業料減免を行う大学等への支援の充実を図るとともに、学生の経済的負担軽減のための多様な支援策を講じる大学等を支援

◇専門学校生への効果的な経済的支援の在り方に関する実証研究事業……3億円（前年同）

　意欲と能力のある専門学校生が経済的理由により修学を断念することがないよう、専門学校生に対する経済的支援策について総合的な検討を進めるため、実証的な研究として経済的支援及びその効果検証等を実施。

対象人数:約0.2万人

(6) 公立学校施設の老朽化対策を中心とした教育環境の改善等の推進

前年度予算額	平成28年度予定額	比較増減額	備考
645億円	709億円	64億円	27年度補正予算案388億円

　安全を確保し、質の高い教育活動を支えられるよう老朽化への対応を図るなど、教育環境の改善を推進。
　◇小中学校等の学級数の増加等に伴う教室不足への対応等
　◇老朽化対策を含む教育環境の改善
　　長寿命化による対応を含む老朽化対策等を推進

1 教育基本法の概要

1 教育基本法の法的性格

　教育基本法は、戦後の我が国の教育の基本を確立するために、昭和22年に施行されたもの。教育基本法は日本国憲法の精神に則り、教育の基本理念、義務教育の無償、教育の機会均等などについて定めており、学校教育法や社会教育法などすべての教育法規の根本法となるもの（教育基本法前文、18条）。

　教育基本法は、形式的には法律の一つであるが、一般に教育関係法令の制定、解釈、運用については、できるだけ、教育基本法の趣旨、目的に沿うように考慮されなければならないこととされている（永山中学校事件最高裁判決　昭和51年5月21日）。

　教育基本法の法的効力が他の法律に優越するといえないから学校教育法に基づく現行教科書検定制度が教育基本法旧10条に違反し無効であると断じがたい（家永裁判第二次訴訟東京地裁判決（杉本判決）昭和45年7月17日）。

2 教育基本法の制定の沿革

(1) 戦前の教育行政

　①大日本帝国憲法の下、教育法規は勅令（※）という形式がほとんどであり、教育行政は勅令主義であった

　※市町村義務教育費国庫負担法など教育行財政等に関する若干の法規を除いて勅令により定められていた。

Ⅱ　教育基本法

②教育勅語

　明治23年「天皇のお言葉」として発せられ、戦前の教育関係法令と一体となって国民道徳の基準となるなど、実質的には政治的、法的効力を有していた。

　例えば、国民学校令以下の勅令及び法律において「教育に関する勅語の趣旨を奉体」することが教育の基本目的であることが定められていた。

(2)　戦後の教育行政

①日本国憲法の下、国会が国権の最高機関（憲法41条）であり、行政は法律を誠実に執行することが求められており（同73条1号）、教育行政は法律主義である

②教育基本法の制定の経緯

昭和20年10月　　連合軍最高司令部「日本教育制度に関する管理政策」を指令（墨ぬり教科書、道徳禁止、レッドパージなど）

昭和21年 3月　　米国教育使節団報告書
　　　　　　　　※報告書には教育基本法の制定への言及はない

　　　　 6月　　帝国議会で田中文相が教育根本法というべきものの制定を考えている旨答弁

　　　　 8月　　内閣総理大臣の下に「教育刷新委員会」を設置

　　　　10月　　教育勅語を神格化して取り扱うことを禁止

　　　　12月　　教育刷新委員会が教育基本法の制定の必要性とその内容となるべき教育の基本理念を参考策として提言
　　　　　　　　※法案と比較すると「伝統の尊重」や「宗教的情操の涵養」がなくなるなどの相違がみられる

昭和22年 3月　　教育基本法及び学校教育法の制定

　　　　 5月　　日本国憲法施行

昭和23年 6月　　衆議院「教育勅語等の排除に関する決議」
　　　　　　　　参議院「教育勅語等の失効確認に関する決議」

2　教育基本法の改正

改正後の教育基本法 （平成18年法律第120号）	改正前の教育基本法 （昭和22年法律第25号）
前文	前文
第1条（教育の目的）	第1条（教育の目的）
第2条（教育の目標）	第2条（教育の方針）
第3条（生涯学習の理念）	
第4条（教育の機会均等）	第3条（教育の機会均等）
第5条（義務教育）	第4条（義務教育）
	第5条（男女共学）
第6条（学校教育）	第6条（学校教育）
第7条（大学）	
第8条（私立学校）	
第9条（教員）	
第10条（家庭教育）	
第11条（幼児期の教育）	
第12条（社会教育）	第7条（社会教育）
第13条（学校、家庭及び地域住民等の相互の連携協力）	
第14条（政治教育）	第8条（政治教育）
第15条（宗教教育）	第9条（宗教教育）
第16条（教育行政）	第10条（教育行政）
第17条（教育振興基本計画）	
第18条（法令の制定）	第11条（補則）

Ⅱ 教育基本法

1 改正前後の教育基本法の条文の比較

※下線、枠線は主な変更箇所

改正後の教育基本法	改正前の教育基本法
前文 　我々日本国民は、たゆまぬ努力によって築いてきた民主的で文化的な国家を更に発展させるとともに、世界の平和と人類の福祉の向上に貢献することを願うものである。 　我々は、この理想を実現するため、個人の尊厳を重んじ、真理と正義を希求し、<u>公共の精神を尊び、豊かな人間性と創造性を備えた</u>人間の育成を期するとともに、<u>伝統を継承し</u>、新しい文化の創造を目指す教育を推進する。 　ここに、我々は、日本国憲法の精神にのっとり、我が国の<u>未来を切り拓く</u>教育の基本を確立し、その振興を図るため、この法律を制定する。 第1章　教育の目的及び理念 （教育の目的） 第1条　教育は、人格の完成を目指し、平和で民主的な国家及び社会の形成者として必要な資質を備えた心身ともに健康な国民の育成を期して行われなければならない。 （教育の目標） 第2条　教育は、その目的を実現するため、学問の自由を尊重しつつ、次に掲げる目標を達成するよう行われるものとする。	前文 　われらは、さきに、日本国憲法を確定し、民主的で文化的な国家を建設して、世界の平和と人類の福祉に貢献しようとする決意を示した。この理想の実現は、根本において教育の力にまつべきものである。 　われらは、個人の尊厳を重んじ、真理と平和を希求する人間の育成を期するとともに、普遍的にしてしかも個性ゆたかな文化の創造をめざす教育を普及徹底しなければならない。 　ここに、日本国憲法の精神に則り、教育の目的を明示して、新しい日本の教育の基本を確立するため、この法律を制定する。 第1条（教育の目的）　教育は、人格の完成をめざし、平和的な国家及び社会の形成者として、真理と正義を愛し、個人の価値をたつとび、勤労と責任を重んじ、自主的精神に充ちた心身ともに健康な国民の育成を期して行われなければならない。 第2条（教育の方針）　教育の目的は、あらゆる機会に、あらゆる場所において実現されなければならない。この目的を達成するためには、学問の

Ⅱ　教育基本法

1　幅広い知識と教養を身に付け、真理を求める態度を養い、豊かな情操と道徳心を培うとともに、健やかな身体を養うこと。 2　個人の価値を尊重して、その能力を伸ばし、創造性を培い、自主及び自律の精神を養うとともに、職業及び生活との関連を重視し、勤労を重んずる態度を養うこと。 3　正義と責任、男女の平等、自他の敬愛と協力を重んずるとともに、公共の精神に基づき、主体的に社会の形成に参画し、その発展に寄与する態度を養うこと。 4　生命を尊び、自然を大切にし、環境の保全に寄与する態度を養うこと。 5　伝統と文化を尊重し、それらをはぐくんできた我が国と郷土を愛するとともに、他国を尊重し、国際社会の平和と発展に寄与する態度を養うこと。	自由を尊重し、実際生活に即し、自発的精神を養い、自他の敬愛と協力によつて、文化の創造と発展に貢献するように努めなければならない。
（生涯学習の理念） 第3条　国民一人一人が、自己の人格を磨き、豊かな人生を送ることができるよう、その生涯にわたって、あらゆる機会に、あらゆる場所において学習することができ、その成果を適切に生かすことのできる社会の実現が図られなければならない。	（新設）
（教育の機会均等） 第4条　すべて国民は、ひとしく、その能力に応じた教育を受ける機会を与えられなければならず、人種、信条、性別、社会的身分、経済的地	第3条（教育の機会均等）　すべて国民は、ひとしく、その能力に応ずる教育を受ける機会を与えられなければならないものであつて、人種、

Ⅱ　教育基本法

位又は門地によって、教育上差別されない。	信条、性別、社会的身分、経済的地位又は門地によつて、教育上差別されない。
2　国及び地方公共団体は、障害のある者が、その障害の状態に応じ、十分な教育を受けられるよう、教育上必要な支援を講じなければならない。	（新設）
3　国及び地方公共団体は、能力があるにもかかわらず、経済的理由によって修学が困難な者に対して、奨学の措置を講じなければならない。	2　国及び地方公共団体は、能力があるにもかかわらず、経済的理由によつて修学困難な者に対して、奨学の方法を講じなければならない。
第2章　教育の実施に関する基本 （義務教育） 第5条　国民は、その保護する子に、<u>別に法律で定めるところにより</u>、普通教育を受けさせる義務を負う。	第4条（義務教育）　国民は、その保護する子女に、<u>9年の</u>普通教育を受けさせる義務を負う。
2　義務教育として行われる普通教育は、各個人の有する能力を伸ばしつつ社会において自立的に生きる基礎を培い、また、国家及び社会の形成者として必要とされる基本的な資質を養うことを目的として行われるものとする。	（新設）
3　国及び地方公共団体は、義務教育の機会を保障し、その水準を確保するため、適切な役割分担及び相互の協力の下、その実施に責任を負う。	（新設）
4　国又は地方公共団体の設置する学校における義務教育については、授	2　国又は地方公共団体の設置する学校における義務教育については、授

業料を徴収しない。	業料は、これを徴収しない。
(削除)	第5条（男女共学） 男女は、互に敬重し、協力し合わなければならないものであつて、教育上男女の共学は、認められなければならない。
(学校教育) 第6条　法律に定める学校は、公の性質を有するものであって、国、地方公共団体及び法律に定める法人のみが、これを設置することができる。	第6条（学校教育）　法律に定める学校は、公の性質をもつものであつて、国又は地方公共団体の外、法律に定める法人のみが、これを設置することができる。
2　前項の学校においては、教育の目標が達成されるよう、教育を受ける者の心身の発達に応じて、体系的な教育が組織的に行われなければならない。この場合において、教育を受ける者が、学校生活を営む上で必要な規律を重んずるとともに、自ら進んで学習に取り組む意欲を高めることを重視して行われなければならない。	(新設)
「(教員)第9条」として独立	2　法律に定める学校の教員は、全体の奉仕者であつて、自己の使命を自覚し、その職責の遂行に努めなければならない。このためには、教員の身分は、尊重され、その待遇の適正が、期せられなければならない。
(大学) 第7条　大学は、学術の中心として、高い教養と専門的能力を培うとともに、深く真理を探究して新たな知見を創造し、これらの成果を広く社	(新設)

会に提供することにより、社会の発展に寄与するものとする。 2　大学については、自主性、自律性その他の大学における教育及び研究の特性が尊重されなければならない。	
（私立学校） 第8条　私立学校の有する公の性質及び学校教育において果たす重要な役割にかんがみ、国及び地方公共団体は、その自主性を尊重しつつ、助成その他の適当な方法によって私立学校教育の振興に努めなければならない。	（新設）
（教員） 第9条　法律に定める学校の教員は、自己の<u>崇高な</u>使命を深く自覚し、<u>絶えず研究と修養に励み</u>、その職責の遂行に努めなければならない。 2　前項の教員については、その使命と職責の重要性にかんがみ、その身分は尊重され、待遇の適正が期せられるとともに、<u>養成と研修の充実が図られなければならない</u>。	〔再掲〕第6条（略） 2　法律に定める学校の教員は、全体の奉仕者であって、自己の使命を自覚し、その職責の遂行に努めなければならない。このためには、教員の身分は、尊重され、その待遇の適正が、期せられなければならない。
（家庭教育） 第10条　父母その他の保護者は、子の教育について第一義的責任を有するものであって、生活のために必要な習慣を身に付けさせるとともに、自立心を育成し、心身の調和のとれた発達を図るよう努めるものとする。 2　国及び地方公共団体は、家庭教育の自主性を尊重しつつ、保護者に対する学習の機会及び情報の提供そ	（新設）

の他の家庭教育を支援するために必要な施策を講ずるよう努めなければならない。

（幼児期の教育）
第11条　幼児期の教育は、生涯にわたる人格形成の基礎を培う重要なものであることにかんがみ、国及び地方公共団体は、幼児の健やかな成長に資する良好な環境の整備その他適当な方法によって、その振興に努めなければならない。

（新設）

（社会教育）
第12条　個人の要望や社会の要請にこたえ、社会において行われる教育は、国及び地方公共団体によって奨励されなければならない。
2　国及び地方公共団体は、図書館、博物館、公民館その他の社会教育施設の設置、学校の施設の利用、学習の機会及び情報の提供その他の適当な方法によって社会教育の振興に努めなければならない。

第7条（社会教育）　家庭教育及び勤労の場所その他社会において行われる教育は、国及び地方公共団体によつて奨励されなければならない。
2　国及び地方公共団体は、図書館、博物館、公民館等の施設の設置、学校の施設の利用その他適当な方法によつて教育の目的の実現に努めなければならない。

（学校、家庭及び地域住民等の相互の連携協力）
第13条　学校、家庭及び地域住民その他の関係者は、教育におけるそれぞれの役割と責任を自覚するとともに、相互の連携及び協力に努めるものとする。

（新設）

（政治教育）
第14条　良識ある公民として必要な政治的教養は、教育上尊重されなければならない。

第8条（政治教育）　良識ある公民たるに必要な政治的教養は、教育上これを尊重しなければならない。

Ⅱ　教育基本法

2　法律に定める学校は、特定の政党を支持し、又はこれに反対するための政治教育その他政治的活動をしてはならない。	2　法律に定める学校は、特定の政党を支持し、又はこれに反対するための政治教育その他政治的活動をしてはならない。
（宗教教育） 第15条　宗教に関する寛容の態度、<u>宗教に関する一般的な教養及び</u>宗教の社会生活における地位は、教育上尊重されなければならない。 2　国及び地方公共団体が設置する学校は、特定の宗教のための宗教教育その他宗教的活動をしてはならない。	第9条（宗教教育）　宗教に関する寛容の態度及び宗教の社会生活における地位は、教育上これを尊重しなければならない。 2　国及び地方公共団体が設置する学校は、特定の宗教のための宗教教育その他宗教的活動をしてはならない。
第3章　教育行政 （教育行政） 第16条　教育は、不当な支配に服することなく、<u>この法律及び他の法律の定めるところにより行われるべきものであり、教育行政は、国と地方公共団体との適切な役割分担及び相互の協力の下、公正かつ適正に行われなければならない。</u>	第10条（教育行政）　教育は、不当な支配に服することなく、国民全体に対し直接に責任を負つて行われるべきものである。 2　教育行政は、この自覚のもとに、教育の目的を遂行するに必要な諸条件の整備確立を目標として行われなければならない。
2　国は、全国的な教育の機会均等と教育水準の維持向上を図るため、教育に関する施策を総合的に策定し、実施しなければならない。	（新設）
3　地方公共団体は、その地域における教育の振興を図るため、その実情に応じた教育に関する施策を策定し、実施しなければならない。	（新設）
4　国及び地方公共団体は、教育が円	（新設）

滑かつ継続的に実施されるよう、必要な財政上の措置を講じなければならない。	
（教育振興基本計画） 第17条　政府は、教育の振興に関する施策の総合的かつ計画的な推進を図るため、教育の振興に関する施策についての基本的な方針及び講ずべき施策その他必要な事項について、基本的な計画を定め、これを国会に報告するとともに、公表しなければならない。 2　地方公共団体は、前項の計画を参酌し、その地域の実情に応じ、当該地方公共団体における教育の振興のための施策に関する基本的な計画を定めるよう努めなければならない。	（新設）
第4章　法令の制定 第18条　この法律に規定する諸条項を実施するため、必要な法令が制定されなければならない。	第11条（補則）　この法律に掲げる諸条項を実施するために必要がある場合には、適当な法令が制定されなければならない。

Ⅱ 教育基本法

2 改正の理由

　教育基本法の制定から半世紀以上が経ち、その間、教育水準が向上し、生活が豊かになる一方で、都市化や少子高齢化の進展などによって、教育を取り巻く環境は大きく変化している。近年、<u>子どものモラルや学ぶ意欲の低下、家庭や地域の教育力の低下</u>などが課題となっており、<u>若者の雇用問題</u>も深刻化している。このような中で、教育の根本にさかのぼった改革が求められており、将来に向かって<u>新しい時代の教育の基本理念を明確に示し、国民の共通理解を図りながら、国民全体で教育改革を進め、我が国の未来を切り拓く教育を実現していく</u>ため、教育基本法を改める必要がある（中教審答申平成15年3月、提案理由説明など参照）。

3 改正の経緯

平成12年12月	教育改革国民会議が教育基本法の見直しと教育振興基本計画の策定の必要性を提言
平成13年11月	文部科学大臣から中央教育審議会に教育基本法及び教育振興基本計画の在り方について諮問
平成15年 3月	中央教育審議会が教育基本法の改正及び教育振興基本計画の策定を答申 文部科学省で教育基本法の改正案を検討
平成15年 5月	与党教育基本法に関する協議会設置（自、公、文科省）
平成18年 4月	与党教育基本法に関する協議会（全体で80回開催）が教育基本法に盛り込むべき項目と内容について報告
4月	政府が改正教育基本法案を閣議決定し、第64回通常国会へ提出……継続審議、衆議院選挙
12月	教育基本法案成立、施行

3 教育基本法の主要な論点

1 「我が国と郷土を愛する態度」(新2条5号)

(1) 趣旨

新教育基本法2条は、教育の目的(新1条)を実現するために、今日及び将来にわたり重要と考えられる具体的な資質を5項目にわたり、教育の目標として規定。

第1号　知育、徳育、体育
第2号　個人の能力の伸長、自主自立、勤労（個人の生き方在り方）
第3号　正義と責任、公共の精神、社会参画貢献（国家社会の形成者）
第4号　生命、自然の尊重、環境保全
第5号　伝統・文化の尊重、我が国と郷土を愛する態度、国際社会の平和と発展に寄与する態度
　　　―21世紀を切り拓く心豊かでたくましい日本人の育成―

(2) 論点

①「我が国と郷土を愛する態度」をどのように指導するのか
ア：祖先から受け継いできた伝統や文化について理解を深め、尊重し、それらを育んできた我が国や郷土を愛する態度を養うことは重要
イ：このため、学教教育では、例えば、
　　a. 我が国や郷土の発展に尽くした先人の働き
　　b. 我が国の文化遺産や美しい自然・茶道華道等の伝統文化や伝統芸能
　　c. 世界の中で活躍する日本人
　　について調べたり、体験したりすることを通じて、我が国の歴史や

Ⅱ　教育基本法

伝統文化に対する理解と愛情を育む指導が行われている。（小・中の社会科、道徳、特別活動などを中心として指導）

> 〈参考〉
> ・国家—国民、国土、統治機構
> ・nation　nationalism　国家
> ・state　　patriotism　　祖国、母国民族

②学校教育で指導することは内心の自由の侵害につながるのではないか

ア：今回新たに目標として規定することとした事項については、これまでも学校教育において実際に指導が行われているが、その重要性から今回教育基本法に明記

イ：これらについては、教育上の目標として規定しているものであり、児童生徒の内心にまで立ち入って強制しようとする趣旨のものではなく、「内心の自由」を侵害するものではない

> 〈参考〉国旗、国歌の指導

③どのように評価するのか

・「我が国や郷土を愛する態度」についての評価は、先人祖先から受け継いできた我が国や郷土の伝統や文化等について、進んで調べたり、学んだことを生活に生かそうとしたりする姿勢や態度を客観的に評価するものであり、我が国や郷土に対してどのような心を持っているかを評価するものではない

④いわゆる愛国心通知票について

・通知表の作成に法的根拠はなく、各学校がその責任において判断するもの、すなわち、作成、様式、内容等は全て校長の裁量

・一部の市町村で愛国心を評価項目に位置付けている通知票が使用されていた

・「我が国を愛する態度」の評価に際しては、児童生徒の内心を調べ、「国

を愛する心情」を持っているかどうかで評価するものではない。あくまでも、祖先から受け継いできた我が国の伝統や文化等について、進んで調べたり、学んだことを生かそうとする姿勢を評価するものである

2　男女共学（旧5条）から男女の平等（新2条3号）

現在では、男女共学の趣旨が広く浸透するとともに、性別による制度的な教育機会の差異もなくなっており、「男女の共学は認められなければならない」との規定は削除することが適当と判断。

3　政治教育（旧8条、新14条）
(1) 趣旨
①第1項

民主主義国家の国民は、国家、社会の形成や諸課題の解決に積極的に関わっていくことが必要。このため、教育には法や社会の規範に関する知識を身につけ、その意義を理解させるといった「政治的教養」の涵養を図ることが求められていること。

※「良識ある公民」：政治的観点からの公の立場に参画するための充分な知識をもち、健全な判断力を備えた国民

②第2項

公の性質を持つ学校において政治教育を行う際には、各党派の勢力拡大の手段として用いられることなどにより、人格の完成を目指す教育の目標の達成が阻害されないようにすること。

※「法律に定める学校」：教育基本法6条1項（学校教育）の規定と同様、学

校教育法1条に定める学校をさす。具体的には幼稚園・小学校・中学校・高等学校・中等教育学校・特別支援学校・大学及び高等専門学校。専修学校（学教法124条）、各種学校（同134条）は対象外

(2) **教員の政治活動**
　一私人としては思想の自由（憲法19条）、表現の自由（憲法21条）に基づく政治的活動の自由を保障。
　①制限の第一：学校教育における政治的中立性の確保の要請からくるもの
・教基法14条2項……教員の教育活動として行われる政治活動の制限
・義務教育諸学校における教育の政治的中立の確保に関する臨時措置法3条（昭和29年6月3日）（いわゆる中確法）……何人も、教員を構成員とする団体（組合等）を利用して、義務教育諸学校の教員に対し、党派的政治教育を行うよう、教唆・扇動することを禁止
※教員の党派的教育そのものを規制の対象にするのではなく、むしろ教員の自主性を擁護することが目的
　②制限の第二：教員の身分に則して課せられる政治活動の制限
・公職選挙法137条（違反には禁固・罰金）……児童生徒学生に対する教育上の地位を利用して行う選挙活動の禁止
　③制限の第三：公務員としての身分に基づく政治活動の制限（公立学校教員）
・教特法18条
1項……公立学校の教育公務員の政治的行為の制限については、国家公務員の例による
※「教育公務員の職務と責任の特殊性」（教育を通じて国民全体に奉仕する（教特法1条））にかんがみ、教育が国民全体に責任をもって行われるものであって、特定の地域限りの利害に関することではないという認識を前提

Ⅱ　教育基本法

※平成16年の国立大学法人化に伴い「国立学校の教育公務員の例による」から「国家公務員の例による」に改正された

２項……懲戒処分のみ（国家公務員と異なり刑罰はない）

表　政治活動の処分の比較

	国家公務員法102条	地方公務員法36条	教育公務員特例法18条
範囲	地域制限なし	地域制限	国家公務員の例による
内容	人事院規則14-7で詳細に規定	条例で定める。内容は限定的	国家公務員の例による
罰則	刑事罰（110条/懲役・罰金）	刑事罰の規定なし。懲戒のみ	地方公務員と同じ

※人事院規則14-7「政治的行為」：特定の「政治的目的」と特定の「政治的行為」を制限的に列挙して、原則として、この目的と行為の連絡のある場合のみを禁止の対象としている。（これを受けた人事院事務総長発の「運用方針」で詳細に解釈が示されている）

ア：国民全体の奉仕者として政治的に中立な立場を維持することが必要

イ：政治勢力の影響又は干渉から保護されて公務員の地位安定性を確保

ウ：他の職員からの働きかけも禁止することによって公務員自身の利益の保護を目的とするもの（人規14-7運用方針）

《資料》猿払事件最高裁判決（昭和49年11月6日）
・（国家公務員の職種や職務権限を区別することなく一律に政治的行為を禁止していることについて）、（公務の遂行は）もっぱら国民全体に対する奉仕を旨とし、政治的偏向を排して運営されなければならないものであって、そのためには、個々の公務員が政治的に一党一派に偏することなく、厳に中立の立場を堅持して、その職務の遂行あたることが必要となるものであり、公務員の政治的中立性が維持されることは、国民全体の重要な利益。
・公務員の政治的中立性を損なうおそれのある政治的行為を禁止することは、合理的で必要やむをえない限度にとどまるものである限り、憲法の許容するところ。

・公職選挙法（89条、136条の2）※罰則あり……公務員の立候補の制限及び公務員の地位利用による選挙活動の制限

・<u>政治資金規正法（22条の9）</u>※罰則あり……公務員の地位利用による政治活動に関する寄附や政治資金パーティの対価の支払いに関与することを禁止

表　党派的政治教育その他政治活動の禁止

項目	学校	公	国	私
教育基本法14条　※旧法第8条も同旨 学校が、党派的政治教育その他政治的活動を行うことを禁止	義務 高校 大学	○ ○ ○	○ ○ ○	○ ○ ○
義務教育諸学校における教育の政治的中立の確保に関する臨時措置法第3条 何人も、教員を構成員とする団体（組合等）を利用して、義務教育諸学校の教員に対し、党派的政治教育を行うよう、教唆・扇動することを禁止	義務 高校 大学	○ × ×	○ × ×	○ × ×
教育公務員特例法18条 公立学校の教育公務員は国家公務員の例（国公法102条、人事院規則14-7）により、政治的行為が制限される	義務 高校 大学	○ ○ ○	× × ×	× × ×
公職選挙法137条（教育者の地位利用の選挙運動の禁止） 教員が、児童・生徒・学生に対する教育上の地位を利用して選挙運動をすることを禁止	義務 高校 大学	○ ○ ○	○ ○ ○	○ ○ ○
公職選挙法136条の2（公務員の地位利用による選挙運動の禁止） 公務員等が、その地位を利用して選挙運動をすることを禁止	義務 高校 大学	○ ○ ○	× × ×	× × ×

○……適用あり　　×……適用なし　　※公立大学法人が設置する大学を除く

4　宗教教育（旧9条、新15条）

(1)　趣旨

　宗教に関する寛容の態度、宗教の社会生活における地位などの一般的教養を育むことは教育上尊重されること、国公立学校において宗派教育が行われることは憲法の政教分離や信教の自由（20条、89条）などに反することなどから禁止すること。

Ⅱ　教育基本法

①「寛容の態度」

宗教は人間としてどう在るべきか、与えられた生命をどう生きるか、という個人の生き方や社会生活において重要な意義を持つ文化であり、こうした意義を客観的に理解させることは教育の重要な使命。一方で宗教的信仰は「内心の自由」「信教の自由」に関わることであるから、宗教的信仰を持つ者、持たない者、他の信仰を持つ者がお互いの立場を認め合う態度を育むことが必要であり、このことを規定。

②「社会生活における地位」

社会生活における宗教の意義を客観的に理解させることは教育の重要な使命であり、このため、「宗教が歴史上社会生活において果たしてきた役割」や「過去の偉大なる宗教家の人格」「宗教が現在の社会生活に占めている地位、社会的機能」「宗教の本質」など、宗教に関する事柄について特定の宗派に偏ることなく理解させることは重要。

(2) 「特定の宗教のための宗教教育その他宗教的活動」の範囲

<u>国公立学校</u>において、宗教的意義を持つ行為であって、その効果が宗教に対する援助や排斥などに当たるものを禁止。具体的には

①全ての宗教、宗派についての布教、教化、宣伝、排斥などの「特定の宗教のための宗教教育」

②その他、宗教上の祝典、儀式、行事などの「宗教的活動」などを禁止

《資料》津地鎮祭最高裁判決（昭和52年7月13日）
①主催者が宗教家であるか　②行事が宗教の定める方式で行われているか
③その行事が行われる場所　④その行事に対する一般人の宗教的評価
⑤主催者、参加者がその行事を行う意図、目的
⑥主催者、参加者がその行事を行う宗教的意識の有無程度

⑦その行事が一般人に与える効果、影響など
<u>外形的側面及び社会通念に従い、それぞれ具体的な行事について客観的に判断されるもの</u>

(3) **課題**
　国公立の学校では、宗教教育の禁止を拡大解釈し、宗教に関する知識や意義が適切に指導されていないこと。いかに指導の充実を図っていくか。
　◇現状
　・カルト的な宗教団体による反社会的行為の遂行及びそれへの無批判な参画、支援
　・「ごちそうさま」の禁止問題
　・指導要領上、小・中の<u>社会科</u>で歴史上、宗教の果たしてきた役割や特色、高校の倫理で宗教の特色・意義、小・中の<u>道徳</u>で人間の力を超えたものに対する畏敬の念を育むことを規定
　・国際関係が緊密化、複雑化する中にあって、他の国や地域の文化を学ぶ上で、その背後にある宗教に関する知識、教養の背景としての宗教に関する知識の必要性がある（宗教について知らない、語れない、無教養）

(4) 「<u>宗教に関する一般的な教養</u>」を規定した<u>趣旨</u>
　①宗教は、人間としてどう在るべきか、与えられた命をどう生きるかなど<u>個人の生き方</u>に関わるものであると同時に、<u>社会生活</u>において<u>重要な役割</u>を持つものであり、<u>人類</u>が受け継いできた重要な<u>文化</u>
　②このような宗教の役割を客観的に学ぶことは重要であり、国際関係が緊密化、複雑化する中にあって、他の国の文化、民族について学ぶ上で、その背後にある宗教に関する知識や理解を深めることが必要

③このため、主要宗教の歴史や特色、世界における宗教の分布などの客観的知識である「宗教に関する一般的な教養」を教育上尊重することを新たに規定
④新学習指導要領において、中学校社会科を中心に宗教に関する一般的な教養を高めるため、世界の各地域における宗教の特色や宗教の社会生活における役割などについて内容を充実。なお、高校の倫理を必修科目とはしない

(5) 「宗教的情操」を規定しない趣旨

①「宗教的情操の涵養」については、その内容が多義的であり、特定の宗教、宗派を離れて教えることが困難ではないか、との意見もあることから、教育基本法に新たに規定はしなかったもの
②なお、現在も学校で「道徳」を中心に行われている宇宙や生命の神秘、自然といった人間の力を超えたものに対する畏敬の念を育むことなどの教養は今後とも重要である

5 教育行政（旧10条、新16条）

(1) 趣旨

教育基本法第10条は、教育行政の在り方や教育行政における国と地方公共団体（教育委員会）の役割や責務を示すもの。

戦前の反省に立ち、政党、官僚、財閥、組合等の国民全体でない一部の勢力が教育に不当に介入することは許されてはならず、国民の意思に直接に基づいて行われなければならないという趣旨。

第2項は、第1項に規定される教育の基本的在り方を踏まえつつ、教育

Ⅱ　教育基本法

行政の在り方として、本法に定める教育の目的を遂行するに必要な「諸条件の整備確立」を目標として行われるべきことを規定。

(2)　論点

①「教育」及び「教育行政」とは何か

ア：教育の作用は教育行政の対象にならないと理解する見解

　教育行政は教育の外にある非権力的作用であるべきで、教育内容に介入すべきではない。

イ：教育の作用は部分的に教育行政の対象になると理解する見解

　学校教育、家庭教育、社会教育も含めて、教育行政は広く教育の作用に及ぶ。

②「不当な支配」とは何か

ア：法制上の根拠をもたない者の支配であるとする見解

　　（教育について法制的根拠をもつ行政的支配は正当）

イ：公権力の行使に当たる者の支配であるとする見解

　　（不当な支配とは、国家権力の行使に当たる立法、行政当局の支配であり、不当なものは、たとえ立法されても依然不当）

③「諸条件の整備確立」とは何か

ア：諸条件の整備確立には教育内容等は含まないと見解する

　　（外的事項に限られ、内的事項は含まない）

イ：諸条件の整備確立には教育内容等を含むとする見解

　　（法制上の根拠を前提として施設整備等の特定条件に限定されない）

※「教育の内的事項・外的事項」：「外的事項には行政権の統制が及ぶのが当然だが、内的事項には行政権の統制が加えられてはならない……特に人びとの価値観は、権力作用としての教育行政が決して立ち入らないオフリミットである……」（宗像誠也『教育権をめぐって(1)』）

Ⅱ　教育基本法

「内的事項については、原則として法的拘束力のある命令監督が許されず……このような教育の内的事項と外的事項の区別は「国民と教師の教育権」に関わる問題であることは明らかで……教育の条理として現行教育法制における原理的意味を持つ法倫理である」（兼子仁『教育権の理論』）

④教育権とは何か（憲法26条）

ア：教育を受ける権利

イ：教育をする権利

　・<u>親</u>の教育権（親権：民法820条）
　　……親権を行う者は子の監護及び教育をする権利を有し義務を負う

　・<u>国</u>の教育権（現代公教育の公共性）

　・<u>教員</u>の教育権（※）

　・<u>国民</u>の教育権（国民の教育の自由―国の教育内容に対する関与を排除する論理―家永教科書裁判第一審杉本判決）

※教育を受ける権利を<u>自由権</u>として捉え、26条は教育の自由を「子どもの学習する権利」として表現したものであるから、人間の内面的価値にかかわる教育内容については国の介入を許さないという見解を理論的根拠の一つとするもの

・教員の教育権限の独立説（兼子仁）

　不当な支配の禁止と国民に直接的教育責任を負うという教基法の規定が学校教員の教育権の独立を保障しているとの説。

　「こうして、憲法＝教育基本法にもとづく、教育を受ける権利と義務教育の原則から導き出される国民の教育権の理論と教育の自由の原則は、<u>子どもの学習権と親の教育権（義務）、その共同化・社会化された義務の委託としての教師の研究と教育の自由</u>、親の教育への積極的な発言権、更に社会の、具体的には地方公共団体の教育機構配慮の義務と、教育内容への権力的不介入の原理を含む包括的な原理と捉えたいと思う」（堀尾輝久『現代教

育の思想と構造』)

(3) 学力調査最高裁判決の意味するもの
　○概要
　国は子ども自身の利益の擁護のため、または子どもの成長に対する社会公共の利益と関心にこたえるため、必要かつ相当と認められる範囲において子どもの教育内容を決定する権限を有すると解すべきであるから、教育行政機関が法令に基づき、教育の内容および方法に関して許容される目的のために必要かつ合理的と認められる規制を施すことは、必ずしも教育基本法10条の禁止するところではない。

　(中学校学習指導要領は) 教育における機会均等の確保と全国的な一定の水準の維持のための大網的基準にとどまり、教師による創意工夫、地方ごとの特殊性を反映した個別化の余地を残しているものとして有効。

(4) 国と地方公共団体の役割
　①国の役割
　・学校制度等に関する基本的な制度の枠組みの制定
　・全国的な基準の設定
　・教育条件整備に対する支援
　②都道府県の役割
　・広域的な処理を必要とする教育事業の実施及び学校等の設置管理
　・市町村における教育条件整備に対する支援
　・市町村における教育事業の適正な実施のための支援措置
　③市町村の役割
　・学校等の設置管理

・教育事業の実施

(5) 「教育は不当な支配に服することなく」を引き続き規定した趣旨
　①「教育は不当な支配に服することなく」とは、教育が国民全体の意思とはいえない一部の勢力に不当に介入されることを排除し、教育の中立性、不偏不党性を求める趣旨であり、このような考え方は今後とも重要であることから、引き続き規定
　②教育の中立性、不偏不党性を確保するためには、教育が国民全体の意思に基づいて行われることが必要であることから、民主主義、法律主義の原則に基づき、国民の代表者で構成される国会において制定された「法律の定めるところにより行われるべき」旨を新たに規定
　③これにより、法律の定めるところにより行われる文部科学省・教育委員会などの命令や指導などが「不当な支配」でないことが明確となったもの（永山中学校事件最高裁判決参照）

6　教育振興基本計画（新17条）

　これまでの教育に関する計画は、法律の根拠はなく、また、閣議決定もなされていない、文部科学省による計画。

　新教育基本法17条に基づく教育振興基本計画は、<u>法律的に根拠を有し</u>、<u>閣議決定を経て国会に報告</u>するとともに<u>国民に公表</u>しなければならないもの。すなわち、<u>内閣全体として責任を持って作成する公式の計画</u>と位置付けられる。また、地方公共団体に関しても基本的な計画を定めることが、努力義務として課されており、これまでの地方公共団体作成の計画とは異なり、法的根拠を有する意味で公式の教育計画と位置づけることができる。

Ⅱ　教育基本法

《資料》猿払事件（最高裁判決　理由要旨）
昭和44年（あ）第1501号
昭和49年11月6日　最高裁大法廷判決

　憲法21条の保障する表現の自由は、民主主義国家の政治的基盤をなし、国民の基本的人権のうちでもとりわけ重要なものであり、法律によってもみだりに制限することができないものである。そして、およそ政治的行為は、行動としての面をもつほかに、政治的意見の表明としての面をも有するものであるから、その限りにおいて、憲法21条による保障を受けるものであることも、明らかである。
　国公法102条1項及び人事院規則による政治的行為の禁止は、もとより国民一般に対して向けられているものではなく、公務員のみに対して向けられているものである。ところで、国民の信託による国政が国民全体への奉仕を旨として行われなければならないことは当然の理であるが、「すべて公務員は、全体の奉仕者であって、一部の奉仕者ではない。」とする憲法15条2項の規定からもまた、公務が国民の一部に対する奉仕としてではなく、その全体に対する奉仕として運営されるべきものであることを理解することができる。公務のうちでも行政の分野におけるそれは、憲法の定める統治組織の構造に照らし、議会制民主主義に基づく政治過程を経て決定された政策の忠実な遂行を期し、もっぱら国民全体に対する奉仕を旨とし、政治的偏向を排して運営されなければならないものと解されるのであって、そのためには、個々の公務員が、政治的に、一党一派に偏することなく、厳に中立の立場を堅持して、その職務の遂行にあたることが必要となるのである。すなわち、行政の中立的運営が確保され、これに対する国民の信頼が維持されることは、憲法の要請にかなうものであり、公務員の政治的中立性が維持されることは、国民全体の重要な利益にほかならないというべきである。したがって、公務員の政治的中立性を損うおそれのある公務員の政治的行為を禁止することは、それが合理的で必要やむをえない限度にとどまるものである限り、憲法の許容するところであるといわなければならない。
　禁止の目的及びこの目的と禁止される行為との関連性について考えると、もし公務員の政治的行為のすべてが自由に放任されるときは、おのずから公務員の政治的中立性が損われ、ためにその職務の遂行ひいてはその属する行政機関の公務の運営に党派的偏向を招くおそれがあり、行政の中立的運営に対する国民の信頼が損われることを免れない。また、公務員の右のような党派的偏向は、逆に政治的党派の行政へ

の不当な介入を容易にし、行政の中立的運営が歪められる可能性が一層増大するばかりでなく、そのような傾向が拡大すれば、本来政治的中立を保ちつつ一体となって国民全体に奉仕すべき責務を負う行政組織の内部に深刻な政治的対立を醸成し、そのため行政の能率的で安定した運営は阻害され、ひいては議会制民主主義の政治過程を経て決定された国の政策の忠実な遂行にも重大な支障をきたすおそれがあり、このようなおそれは行政組織の規模の大きさに比例して拡大すべく、かくては、もはや組織の内部規律のみによってはその弊害を防止することができない事態に立ち至るのである。したがって、このような弊害の発生を防止し、行政の中立的運営とこれに対する国民の信頼を確保するため、公務員の政治的中立性を損うおそれのある政治的行為を禁止することは、まさしく憲法の要請に応え、公務員を含む国民全体の共同利益を擁護するための措置にほかならないのであって、その目的は正当なものというべきである。また、右のような弊害の発生を防止するため、公務員の政治的中立性を損うおそれがあると認められる政治的行為を禁止することは、禁止目的との間に合理的な関連性があるものと認められるのであって、たとえその禁止が、公務員の職種・職務権限、勤務時間の内外、国の施設の利用の有無等を区別することなく、あるいは行政の中立的運営を直接、具体的に損う行為のみに限定されていないとしても、右の合理的な関連性が失われるものではない。

本件で問題とされている規則5項3号、6項13号の政治的行為をみると、その行為は、特定の政党を支持する政治的目的を有する文書を掲示し又は配布する行為であって、政治的偏向の強い行動類型に属するものにほかならず、政治的行為の中でも、公務員の政治的中立性の維持を損うおそれが強いと認められるものであり、政治的行為の禁止目的との間に合理的な関連性をもつものであることは明白である。また、その行為の禁止は、もとよりそれに内包される意見表明そのものの制約をねらいとしたものではなく、行動のもたらす弊害の防止をねらいとしたものであって、国民全体の共同利益を擁護するためのものであるから、その禁止により得られる利益とこれにより失われる利益との間に均衡を失するところがあるものとは認められない。したがって、国公法102条1項及び規則5項3号、6項13号は、合理的で必要やむをえない限度を超えるものとは認められず、憲法21条に違反するものということはできない。

第一審判決は、その違憲判断の根拠として、被告人の本件行為が、非管理職である現業公務員でその職務内容が機械的労務の提供にとどまるものにより、勤務時間外に、国の施設を利用することなく、かつ職務を利用せず又は

その公正を害する意図なく、労働組合活動の一環として行われたものであることをあげ、原判決もこれを是認している。しかしながら、本件行為のような政治的行為が公務員によってされる場合には、当該公務員の管理職・非管理職の別、現業・非現業の別、裁量権の範囲の広狭などは、公務員の政治的中立性を維持することにより行政の中立的運営とこれに対する国民の信頼を確保しようとする法の目的を阻害する点に、差異をもたらすものではない。右各判決が、個々の公務員の担当する職務を問題とし、本件被告人の職務内容が裁量の余地のない機械的業務であることを理由として、禁止違反による弊害が小さいものであるとしている点も、有機的統一体として機能している行政組織における公務の全体の中立性が問題とされるべきものである以上、失当である。郵便や郵便貯金のような業務は、もともと、あまねく公平に、役務を提供し、利用させることを目的としているのであるから（郵便法１条、郵便貯金法１条参照）、国民全体への公平な奉仕を旨として運営されなければならないのであって、原判決の指摘するように、その業務の性質上、機械的労務が重い比重を占めるからといって、そのことのゆえに、その種の業務に従事する現業公務員を公務員の政治的中立性について例外視する理由はない。また、前述のような公務員の政治的行為の禁止の趣旨からすれば、勤務時間の内外、国の施設の利用の有無、職務利用の有無などは、その政治的行為の禁止の合憲性を判断するうえにおいては、必ずしも重要な意味をもつものではない。さらに、政治的行為が労働組合活動の一環としてなされたとしても、そのことが組合員である個々の公務員の政治的行為を正当化する理由となるものではなく、また、個々の公務員に対して禁止されている政治的行為が組合活動として行われるときは、組合員に対して統制力をもつ労働組合の組織を通じて計画的に広汎に行われ、その弊害は一層増大することとなるのであって、その禁止が解除されるべきいわれは少しもないのである。

　国公法102条１項及び規則による公務員の政治的行為の禁止は、上述したとおり、公務員の政治的中立性を維持することにより、行政の中立的運営とこれに対する国民の信頼を確保するという国民全体の重要な共同利益を擁護するためのものである。したがって、右の禁止に違反して国民全体の共同利益を損う行為に出る公務員に対する制裁として刑罰をもつて臨むことを必要とするか否かは、右の国民全体の共同利益を擁護する見地からの立法政策の問題であって、右の禁止が表現の自由に対する合理的で必要やむをえない制限であると解され、かつ、刑罰を違憲とする特別の事情がない限り、立法機関の裁量により決定されたところのものは、尊重されなければならない。

国公法が右の罰則を設けたことについて、政策的見地からする批判のあることはさておき、その保護法益の重要性にかんがみるときは、罰則制定の要否及び法定刑についての立法機関の決定がその裁量の範囲を著しく逸脱しているものであるとは認められない。特に、本件において問題とされる規則5項3号、6項13号の政治的行為は、特定の政党を支持する政治的目的を有する文書の掲示又は配布であって、前述したとおり、政治的行為の中でも党派的偏向の強い行動類型に属するものであり、公務員の政治的中立性を損うおそれが大きく、このような違法性の強い行為に対して国公法の定める程度の刑罰を法定したとしても、決して不合理とはいえず、したがって、右の罰則が憲法31条に違反するものということはできない。

Ⅱ　教育基本法

《資料》津地鎮祭訴訟（裁判要旨）
昭和52年7月13日／最高裁判所大法廷　行政処分取消等
一部破棄自判

（憲法における政教分離原則）
一、憲法の政教分離原則は、国家が宗教的に中立であることを要求するものではあるが、国家が宗教とのかかわり合いをもつことを全く許さないとするものではなく、宗教とのかかわり合いをもたらす行為目的及び効果にかんがみ、そのかかわり合いがわが国の社会的・文化的諸条件に照らし信教の自由の保障の確保という制度の根本目的との関係で相当とされる限度を超えるものと認められる場合にこれを許さないとするものである。

（憲法20条3項にいう宗教的活動の意義）
二、憲法20条3項にいう宗教的活動とは、国及びその機関の活動で宗教とのかかわり合いをもつすべての行為を指すものではなく、当該行為の目的が宗教的意義をもち、その効果が宗教に対する援助、助長、促進又は圧迫、干渉等になるような行為をいう。

（起工式が憲法20条3項にいう宗教的な活動にあたらないとされた事例）
三、市が主催し神式に則り挙行された市体育館の起工式は、宗教とかかわり合いをもつものであることを否定することはできないが、その目的が建築着工に際し土地の平安堅固、工事の無事安全を願い、社会の一般的慣習に従った儀礼を行うという専ら世俗的なものと認められ、その効果が神道を援助、助長、促進し又は他の宗教に圧迫、干渉を加えるものとは認められない判示の事情のもとにおいては、憲法20条3項にいう宗教的活動にあたらない。

〔憲法20条3項により禁止される宗教的活動〕
憲法20条3項は、「国及びその機関は、宗教教育その他いかなる宗教的活動もしてはならない。」と規定するが、ここにいう宗教的活動とは、前述の政教分離原則の意義に照らしてこれをみれば、およそ国及びその機関の活動で宗教とのかかわり合いをもつすべての行為を指すものではなく、そのかかわり合いが右にいう相当とされる限度を超えるものに限られるというべきであって、当該行為の目的が宗教的意義をもち、その効果が宗教に対する援助、助長、促進又は圧迫、干渉等になるような行為をいうものと解すべきである。その典型的なものは、同項に例示される宗教教育のような宗教の布教、教化、宣伝等の活動であるが、そのほか宗教上の祝典、儀式、行事等であっても、その目的、効果が前記のような

ものである限り、当然、これに含まれる。そして、この点から、ある行為が右にいう宗教的活動に該当するかどうかを検討するにあたっては、当該行為の主宰者が宗教家であるかどうか、その順序作法（式次第）が宗教の定める方式に則ったものであるかどうかなど、当該行為の外形的側面のみにとらわれることなく、当該行為の行われる場所、当該行為に対する一般人の宗教的評価、当該行為者が当該行為を行うについての意図、目的及び宗教的意識の有無、程度、当該行為の一般人に与える効果、影響等、諸般の事情を考慮し、社会通念に従って、客観的に判断しなければならない。

なお、憲法20条2項の規定と同条3項の規定との関係を考えるのに、両者はともに広義の信教の自由に関する規定ではあるが、2項の規定は、何人も参加することを欲しない宗教上の行為等に参加を強制されることはないという、多数者によっても奪うことのできない狭義の信教の自由を直接保障する規定であるのに対し、3項の規定は、直接には、国及びその機関が行うことのできない行為の範囲を定めて国家と宗教との分離を制度として保障し、もつて間接的に信教の自由を保障しようとする規定であって、前述のように、後者の保障にはおのずから限界があり、そして、その限界は、社会生活上における国家と宗教とのかかわり合いの問題である以上、それを考えるうえでは、当然に一般人の見解を考慮に入れなければならないものである。右のように、両者の規定は、それぞれ目的、趣旨、保障の対象、範囲を異にするものであるから、2項の宗教上の行為等と3項の宗教的活動とのとらえ方は、その視点を異にするものというべきであり、2項の宗教上の行為等は、必ずしもすべて3項の宗教的活動に含まれるという関係にあるものではなく、たとえ3項の宗教的活動に含まれないとされる宗教上の祝典、儀式、行事等であっても、宗教的信条に反するとしてこれに参加を拒否する者に対し国家が参加を強制すれば、右の者の信教の自由を侵害し、2項に違反することとなるのはいうまでもない。それ故、憲法20条3項により禁止される宗教的活動について前記のように解したからといって、直ちに、宗教的少数者の信教の自由を侵害するおそれが生ずることにはならないのである。

4 教育振興基本計画

○第1期計画（平成20.7.1）　対象期間　平成20～24年度
○第2期計画（平成25.6.14）　対象期間　平成25～29年度

1　4つの基本的方向性、8つの成果目標と30の基本施策

　第1期計画が学校段階等の縦割りで整理していたのに対して、第2期計画では、各学校段階や、学校教育と職業生活等との円滑な接続を重視し、①社会を生き抜く力の養成、②未来への飛躍を実現する人材の養成、③学びのセーフティネットの構築、④絆づくりと活力あるコミュニティの形成の、生涯の各段階を貫く4つの教育の方向性を設定。

　また、検証改善サイクルの実現に向けて、第1期計画では必ずしも十分でなかった成果目標と、その達成度を客観的に計測するための指標を設定。

　さらに、少子化・高齢化、グローバル化など、我が国が直面する危機的な状況を踏まえ、将来の社会のあるべき姿を描きつつ、その実現に必要な30の基本施策を体系的に整理。

2　8つの成果目標と主な取組例

　基本的方向性1　社会を生き抜く力の養成

【成果目標1】「生きる力」の確実な育成（幼稚園～高校）
　生涯にわたる学習の基礎となる「自ら学び、考え、行動する力」などを確実に育てる。
　〈成果指標例〉

○国際的な学力調査の平均得点を世界トップレベルに
○いじめ、不登校、高校中退者の状況改善
○今後10年間で子どもの体力が、昭和60年頃の水準を上回ることを目指すなど

〈取組の例〉
○新学習指導要領を踏まえた言語活動等の充実
○ＩＣＴの活用などによる協働型・双方向型学習の推進
○各地域の実情を踏まえた土曜日の活用促進
○高校生の到達度テスト導入など高校教育の改善・充実
○道徳教育の推進（「心のノート」充実・配布、道徳の教科化の検討）
○いじめ、暴力行為等の問題への取組の徹底
○教員の資質能力向上（養成・採用・研修の一体的な改革）
○全国学力・学習状況調査（全数調査の維持実施）
○子どもの成長に応じた柔軟な教育システム等の構築に向けた、学制の在り方を含めた検討

【成果目標2】課題探求能力の修得（大学～）
どんな環境でも「答えのない問題」に最善解を導くことができる力を養う。
〈成果指標例〉
○学生の学修時間の増加（欧米並みの水準）
○全学的な教学システム（教育課程の体系化、授業計画の充実等）の整備状況の向上など
〈取組の例〉
○教育サポートスタッフ充実や図書館の機能強化、アクティブ・ラーニングの充実など大学の学修環境整備

○学生の学修時間や留学等の多様な経験を行う機会を確保するための就職・採用活動開始時期の変更
○大学教育の質保証のためのトータルシステム（設置基準、設置認可、認証評価等）の確立
○高校生の到達度テストの結果活用を含めた、入試の抜本的改革など

【成果目標3】自立・協働・創造に向けた力の修得（生涯全体）
社会を生き抜くための力を生涯を通じて身に付けられるようにする。
〈取組の例〉
○現代的・社会的な課題に対応した学習等の推進
○様々な体験活動・読書活動の推進
○学習の質の保証と学習成果の評価活用を推進など

【成果目標4】社会的・職業的自立に向けた能力・態度の育成
〈成果指標例〉
○就職率や早期離職率等の改善に向けた
・インターンシップ等の実施状況の改善
・大学等への社会人受入れ状況の改善など

基本的方向性2　未来への飛躍を実現する人材の養成

【成果目標5】新たな価値を創造する人材、グローバル人材等の養成
〈成果指標例〉
○英語力の目標を達成した中高生の割合50%

>　（注）英語力の目標
>　　中学校卒業段階：英検3級程度以上

> 高等学校卒業段階:英検準2級程度～2級程度以上
> 大学:(例)TOEFLiBT 80点
> 英語教員:英検準1級、TOEFLiBT 80点、TOEIC 730点程度以上

○世界で戦えるリサーチ・ユニバーシティを10年後に倍増

○大学の国際的な評価の向上

○卒業時の英語力の到達目標を設定する大学の数及びそれを満たす学生の増加

○英語教員に求められる英語力を達成した英語教員の割合増加(中学校50%、高校75%)

○日本人の海外留学者数、外国人留学生数の増加

・2020年を目途に日本人の海外留学生数の倍増
　(大学等:6万人→12万人、高校:3万人→6万人)

・「留学生30万人計画」の実現など

〈取組の例〉

○高等学校段階における早期卒業制度の検討

○小学校における英語教育の教科化等の検討

○スーパーグローバルハイスクールの創設

○日本人留学生の経済的負担を軽減するための官民が協力した新たな仕組みの創設や、優秀な外国人留学生の戦略的な受入れの促進

○徹底した国際化に取り組む大学への重点支援

基本的方向性3　学びのセーフティネットの構築

【成果目標6】意欲ある全ての者への学習機会の確保

〈成果指標例〉

○家庭の経済状況等が学力に与える影響の改善

○奨学金の貸与基準を満たす希望者のうち、貸与を受けることができた者の割合の増加
○低所得世帯の学生のうち授業料減免を受けている者の割合の改善など
〈取組の例〉
○幼児教育無償化への取組の促進
○低所得世帯の高校生への修学支援
○無利子奨学金について、学生等の卒業後の所得水準に応じて毎年の返還額を決める制度への移行や延滞金の賦課率の見直しの検討
○挫折や困難を抱えた子ども・若者の学び直しの機会を充実など

【成果目標7】安全・安心な教育研究環境の確保
〈成果指標例〉
○平成27年までの公立学校施設の耐震化の完了
○学校管理下における事件・事故災害で負傷する児童生徒等の減少、死亡する児童生徒等のゼロ化など

基本的方向性4　絆づくりと活力あるコミュニティの形成

【成果目標8】互助・共助による活力あるコミュニティの形成
〈成果指標例〉
○全学校区に学校と地域の連携・協働体制を構築
○コミュニティ・スクールを全公立小中学校の1割（約3,000校）に拡大
○家庭教育支援チームの増加等による家庭教育支援の充実など
〈取組の例〉
○コミュニティ・スクール、学校支援地域本部の普及

Ⅱ　教育基本法

○大学等のセンターオブコミュニティ構想（COC構想）の推進
○子の教育に第一義的責任を有している保護者の学びの充実に向けた取組や家庭教育支援体制の強化など

4つの基本的方向性を支える環境整備

【教育委員会の抜本改革】
教育委員会の責任体制の確立などに向けた抜本的な改革のための検討など。

【きめ細かで質の高い教育に対応するための教職員等の指導体制の整備】
少人数学級、習熟度別指導、小学校における専科指導の充実など。

【大学におけるガバナンス機能の強化】
学長のリーダーシップによる適切な意思決定を可能とする組織運営の確立など。

【大学の財政基盤の確立と施設整備】
国立大学運営費交付金や私学助成など財政基盤の確立と基盤的経費のメリハリある配分など。

【私立学校の振興】
基盤的経費等の公財政支援その他の施策の充実・推進、学生等の経済的負担の軽減など。

【社会教育推進体制の強化】
社会教育行政が様々な主体と連携・協働し、地域課題の解決に取り組んでいる先進的な地方公共団体の支援など。

5　旭川学力テスト判決

1　旭川学力テスト事件

(1) 概要

　旭川市の永山中学校において、北教組の組合員、労働組合員ら7名が、学力調査の実施を阻止しようとして校舎内に立ち入り、学力調査を実施しようとした校長に暴行を加えたことが、公務執行妨害罪等に問われた事件である。

(2) 裁判要旨（昭和51年5月21日　最高裁判所）

①地方教育行政の組織及び運営に関する法律54条2項は、文部大臣に対し、昭和36年度全国中学生一せい学力調査のような調査の実施を教育委員会に要求する権限を与えるものではないが、右規定を根拠とする文部大臣の右学力調査の実施の要求に応じて教育委員会がした実施行為は、そのために手続上違法となるものではない。

②憲法上、親は一定範囲においてその子女の教育の自由をもち、また、私学教育の自由及び教師の教授の自由も限られた範囲において認められるが、それ以外の領域においては、<u>国は子ども自身の利益の擁護のため、又は子どもの成長に対する社会公共の利益と関心にこたえるため、必要かつ相当と認められる範囲において、子どもの教育内容を決定する権能を有する。</u>

③<u>教育行政機関が法令に基づき教育の内容及び方法に関して許容される目的のために必要かつ合理的と認められる規制を施すことは、必ずしも教育基本法10条の禁止するところではない。</u>

④昭和36年当時の中学校<u>学習指導要領</u>（昭和33年文部省告示第81号）

は、全体としてみた場合、中学校における教育課程に関し、<u>教育の機会均等の確保及び全国的な一定水準の維持の目的のために必要かつ合理的と認められる大綱的な遵守基準を設定したものとして、有効である</u>。

⑤<u>昭和36年度全国中学校一せい学力調査は、教育基本法10条1項にいう教育に対する「不当な支配」として同条に違反するものではない。</u>

⑥文部大臣が地方教育行政の組織及び運営に関する法律54条2項の規定を根拠として教育委員会に対してした昭和36年度全国中学校一せい学力調査の実施の要求は、教育の地方自治の原則に違反するが、右要求に応じてした教育委員会の調査実施行為自体は、そのために右原則に違反して違法となるものではない。

(3) **関連法**

①教育基本法（平成18年改正前）

第10条（教育行政）　教育は、不当な支配に服することなく、国民全体に対し直接に責任を負って行われるべきものである。

2　教育行政は、この自覚のもとに、教育の目的を遂行するに必要な諸条件の整備確立を目標として行われなければならない。

②地方教育行政の組織及び運営に関する法律（平成11年改正前）

第54条　※（教育）は編者の追加

2　文部科学大臣は、地方公共団体の長又は教育委員会に対し、都道府県（教育）委員会は市町村長又は市町村（教育）委員会に対し、それぞれ都道府県又は市町村の区域内の教育に関する事務に関し、必要な調査、統計その他の資料又は報告の提出を求めることができる。

II　教育基本法

《資料》旭川学力テスト事件（最高裁判決）
建造物侵入、暴力行為等処罰に関する法律違反被告事件
昭和51年5月21日／最高裁判所大法廷判決

主文

原判決及び第一審判決中被告人松橋武男、同浜埜登及び同外崎清三に関する部分を破棄する。

被告人松橋武男を懲役3月に、被告人浜埜登を懲役1月に、被告人外崎清三を懲役2月に、処する。

被告人松橋武男、同浜埜登及び同外崎清三に対し、この裁判確定の日から1年間、その刑の執行を猶予する。

第一審及び原審における訴訟費用の負担を別紙のとおり定める。

被告人佐藤彰の本件上告を棄却する。

理由

（本件の経過）

本件公訴事実の要旨は、

被告人らは、いずれも、昭和36年10月26日旭川市立永山中学校において実施予定の全国中学校一せい学力調査を阻止する目的をもつて、当日、他の数十名の説得隊員とともに、同校に赴いた者であるところ、

第一　被告人佐藤彰、同松橋武男、同浜埜登は、前記説得隊員と共謀のうえ、同校校長斎藤吉春の制止にもかかわらず、強いて同校校舎内に侵入し、その後、同校長より更に強く退去の要求を受けたにもかかわらず、同校舎内から退去せず、

第二　同校長が同校第2学年教室において右学力調査を開始するや、

（1）被告人佐藤彰は、約10名の説得隊員と共謀のうえ、右学力調査立会人として旭川市教育委員会から派遣された同委員会事務局職員藤川重人が右学力調査の立会に赴くため同校長室を出ようとしたのに対し、共同して同人に暴行、脅迫を加えて、その公務の執行を妨害し、

（2）被告人浜埜登は、右学力調査補助者横倉勝雄に対し暴行を加え、

（3）被告人松橋、同浜埜、同外崎清三は、外3、40名の説得隊員と共謀のうえ、右学力調査を実施中の各教室を見回りつつあつた同校長に対し、共同して暴行、脅迫を加えて、その公務の執行を妨害したものである、というものであつて、第一の事実につき建造物侵入罪、第二の（1）及び（3）の事実につき公務執行妨害罪、第二の（2）の事実につき暴行罪に該当するとして、起訴されたものである。

第一審判決は、右公訴事実第一の建造物侵入の事実については、ほぼ公訴事実に沿う事実を認定して被告人佐藤、同松橋、同浜埜につき建造物侵入罪の成立を認め、第二の（1）、（2）の各事実については、いずれも被告人佐藤、同浜埜が藤川及び横倉に暴行、脅

迫を加えた事実を認めるべき証拠がないとして、公務執行妨害罪及び暴行罪の成立を否定し、第二の(3)の事実については、ほぼ公訴事実に沿う外形的事実の存在を認めたが、斎藤校長の実施しようとした前記学力調査(以下「本件学力調査」という。)は違法であり、しかもその違法がはなはだ重大であるとして、公務執行妨害罪の成立を否定し、共同暴行罪(昭和39年法律第114号による改正前の暴力行為等処罰に関する法律1条1項)の成立のみを認め、被告人佐藤を建造物侵入罪で有罪とし、被告人松橋、同浜埜を建造物侵入罪と共同暴行罪とで有罪とし、両者を牽連犯として共同暴行罪の刑で処断し、被告人外崎を共同暴行罪で有罪とした。

第一審判決に対し、検察官、被告人らの双方から控訴があつたが、原判決は、第一審判決の判断を是認して、検察官及び被告人らの各控訴を棄却した。

これに対し、検察官は、被告人松橋、同浜埜、同外崎に対する関係で上告を申し立て、また、被告人らも上告を申し立てた。

(弁護人の上告趣意について)

弁護人森川金寿、同南山富吉、同尾山宏、同彦坂敏尚、同上条貞夫、同手塚八郎、同新井章、同高橋清一、同吉川基道(旧姓川島)の上告趣意について

第一点は、判例違反をいうが、所論引用の判例はいずれも事案を異にして本件に適切でなく、第二点及び第三点は、単なる法令違反の主張であり、第四点は、事実誤認の主張であり、第五点は、判例違反をいうが、所論引用の判例はいずれも事案を異にして本件に適切でなく、いずれも適法な上告理由にあたらない。

(検察官の上告趣意第二点について)

一 論旨

論旨は、要するに、第一審判決及び原判決において、本件学力調査が違法であるとし、したがつて、これを実施しようとした斎藤校長に対する暴行は公務執行妨害罪とならないとしているのは、本件学力調査の適法性に関する法令の解釈適用を誤つたものであるというのである。よつて、所論にかんがみ、職権により、本件学力調査の適法性について判断する。

二 本件学力調査の適法性に関する問題点

1 本件学力調査の概要

文部省は、昭和35年秋ころ、全国中学校第2、3学年の全生徒を対象とする一せい学力調査を企画し、これを雑誌等を通じて明らかにした後、昭和36年3月8日付文部省初等中等教育局長、同調査局長連名による「中学校生徒全国一せい学力調査の実施期日について(通知)」と題する書面を、次いで、同年4月27日付同連名による「昭

Ⅱ　教育基本法

和36年度全国中学校一せい学力調査実施について」と題する書面に調査実施要綱を添付したものを、各都道府県教育委員会教育長等にあて送付し、各都道府県教育委員会に対し、地方教育行政の組織及び運営に関する法律（以下「地教行法」という。）54条2項に基づき、右調査実施要綱による調査及びその結果に関する資料、報告の提出を求めた。

　右調査実施要綱は、

　(1) 本件学力調査の目的は、

　(イ) 文部省及び教育委員会においては、教育課程に関する諸施策の樹立及び学習指導の改善に役立たせる資料とすること、

　(ロ) 中学校においては、自校の学習の到達度を全国的な水準との比較においてみることにより、その長短を知り、生徒の学習の指導とその向上に役立たせる資料とすること、

　(ハ) 文部省及び教育委員会においては、学習の改善に役立つ教育条件を整備する資料とすること、

　(ニ) 文部省及び教育委員会においては、育英、特殊教育施設などの拡充強化に役立てる等今後の教育施策を行うための資料とすること等であり、

　(2) 調査の対象は、全国中学校第2、3学年の全生徒とし、

　(3) 調査する教科は、国語、社会、数学、理科、英語の5教科とし、

　(4) 調査の実施期日は、昭和36年10月26日午前9時から午後3時までの間に、1教科50分として行い、

　(5) 調査問題は、文部省において問題作成委員会を設けて教科別に作成し、

　(6) 調査の系統は、都道府県教育委員会（以下「都道府県教委」という。）は当該都道府県内の学力調査の全般的な管理運営にあたり、また、市町村教育委員会（以下「市町村教委」という。）は当該市町村の公立中学校の学力調査を実施するが、右実施のため、原則として、管内の各中学校長を当該学校のテスト責任者に、同教員を同補助員に命じ、更に教育委員会事務局職員などをテスト立会人として各中学校に派遣し、

　(7) 調査結果の整理集計は、原則として、市町村立学校については市町村教委が行い、都道府県教委において都道府県単位の集計を文部省に提出するものとし、

　(8) なお、調査結果の利用については、生徒指導要録の標準検査の記録欄に調査結果の換算点を記録する、等の内容を含むものである。

　そこで、北海道教育委員会（以下「北海道教委」という。）は、同年6月20日付教育長名の通達により、道内各市町村教委に対して同旨の調査及びその結果に関する資料、報告の提出を求め、これを受けた旭川市教育委員会（以下「旭川市教委」という。）においては、同年10月23日、同市立の各中学校長に対し、学校長をテスト責任者として各中学校における本件学力調査の実施

を命じるに至つた。

なお、北海道教委及び旭川市教委の権限行使の根拠規定としては、それぞれ地教行法54条2項、23条17号が挙げられていた。

以上の事実は、原判決が適法に確定するところである。

 2　第一審判決及び原判決の見解

第一審判決及び原判決は、前記の過程を経て行われた本件学力調査は、文部省が独自に発案し、その具体的内容及び方法の一切を立案、決定し、各都道府県教委を経て各市町村教委にそのとおり実施させたものであつて、文部省を実質上の主体とする調査と認めるべきものであり、その適法性もまた、この前提に立つて判断すべきものであるとしたうえ、右調査は、(1) その性質、内容及び影響からみて**教育基本法（以下「教基法」という。）10条1項**にいう教育に対する不当な支配にあたり、同法を初めとする現行教育法秩序に違反する**実質的違法性**をもち、また、(2) 手続上の根拠となりえない**地教行法54条2項**に基づいてこれを実施した点において、**手続上も違法である、**と判断している。そこで、以下において右の二点につき検討を加える。

 三　本件学力調査と地教行法54条2項（手続上の適法性）

（一）原判決は、本件学力調査は、教育的価値判断にかかわり、教育活動としての実質を有し、行政機関による調査（行政調査）のわくを超えるものであるから、地教行法54条2項を根拠としてこれを実施することはできない、と判示している。

行政調査は、通常、行政機関がその権限を行使する前提として、必要な基礎資料ないしは情報を収集、獲得する作用であつて、文部省設置法5条1項12号、13号、28号、29号は、特定事項に関する調査を文部省の権限事項として掲げ、地教行法23条17号は、地方公共団体の教育にかかる調査を当該地方公共団体の教育委員会（以下「地教委」という。）の職務権限としているほか、同法53条は、特に文部大臣による他の教育行政機関の所掌事項についての調査権限を規定し、同法54条にも調査に関する規定がある。本件学力調査がこのような行政調査として行われたものであることは、前記実施要綱に徴して明らかであるところ、原判決は、右調査が試験問題によつて生徒を試験するという方法をとつている点をとらえて、それは調査活動のわくを超えた固有の教育活動であるとしている。

しかしながら、本件学力調査においてとられた右の方法が、教師の行う教育活動と一部としての試験とその形態を同じくするものであることは確かであるとしても、学力調査としての試験は、あくまでも全国中学校の生徒の学力の程度が一般的にどのようなもので

あるかを調査するためにされるものであつて、教育活動としての試験の場合のように、個々の生徒に対する教育の一環としての成績評価のためにされるものではなく、両者の間には、その趣旨と性格において明らかに区別があるのである。それ故、本件学力調査が生徒に対する試験という方法で行われたことの故をもつて、これを行政調査というよりはむしろ固有の教育活動としての性格をもつものと解し、したがつて地教行法54条2項にいう調査には含まれないとすることは、相当でない。もつとも、行政調査といえども、無制限に許されるものではなく、許された目的のために必要とされる範囲において、その方法につき法的な制約が存する場合にはその制約の下で、行われなければならず、これに違反するときは、違法となることを免れない。原判決の指摘する上記の点は、むしろ本件学力調査の右の意味における適法性の問題に帰し、このような問題として論ずれば足りるのであつて、これについては、後に四で詳論する。

（二）　次に、原判決は、地教行法54条2項は、文部大臣において地教委が自主的に実施した調査につきその結果の提出を要求することができることを規定したにとどまり、その前提としての調査そのものの実施を要求する権限を認めたものではないから、文部省が同条項の規定を根拠として本件学力調査の実施を要求することはでき

ず、この点においても右調査の実施は手続上違法である、と判示している。

地教行法54条2項が、同法53条との対比上、文部大臣において本件学力調査のような調査の実施を要求する権限までをも認めたものと解し難いことは、原判決の説くとおりである。しかしながら、このことは、地教行法54条2項によつて求めることができない文部大臣の調査要求に対しては、地教委においてこれに従う法的義務がないということを意味するだけであつて、右要求に応じて地教委が行つた調査行為がそのために当然に手続上違法となるわけのものではない。地教委は、前述のように、地教行法23条17号により当該地方公共団体の教育にかかる調査をする権限を有しており、各市町村教委による本件学力調査の実施も、当該市町村教委が文部大臣の要求に応じその所掌する中学校の教育にかかる調査として、右法条に基づいて行つたものであつて、文部大臣の要求によつてはじめて法律上根拠づけられる調査権限を行使したというのではないのである。

その意味において、文部大臣の要求は、法手続上は、市町村教委による調査実施の動機をなすものであるにすぎず、その法的要件をなすものではない。それ故、本件において旭川市教委が旭川市立の各中学校につき実施した調査行為は、たとえそれが地教行法54条2項の規定上文部大臣又は北海道教委

の要求に従う義務がないにもかかわらずその義務があるものと信じてされたものであつても、<u>少なくとも手続法上は権限なくしてされた行為として違法であるということはできない。</u>そして、市町村教委は、市町村立の学校を所管する行政機関として、<u>その管理権に基づき、学校の教育課程の編成について基準を設定し、一般的な指示を与え、指導、助言を行うとともに、特に必要な場合には具体的な命令を発することもできると解するのが相当であるから、旭川市教委が、各中学校長に対し、授業計画を変更し、学校長をテスト責任者としてテストの実施を命じたことも、手続的には適法な権限に基づくものというべく、要するに、本件学力調査の実施には手続上の違法性はないというべきである。</u>

もつとも、右のように、旭川市教委による調査実施行為に手続上の違法性はないとしても、それが地教行法54条2項による文部大臣の要求に応じてされたという事実がその実質上の適法性の問題との関連においてどのように評価、判断されるべきかは、おのずから別個の観点から論定されるべき問題であり、この点については、四で検討する。

| 四　本件学力調査と教育法制（実質上の適法性） |

原判決は、本件学力調査は、その目的及び経緯に照らし、全体として文部大臣を実質上の主体とする調査であり、市町村教委の実施行為はその一環をなすものにすぎず、したがつてその実質上の適否は、右の全体としての調査との関連において判断されなければならないとし、文部大臣の右調査は、教基法10条を初めとする現行教育法秩序に違反する実質的違法性をもち、ひいては旭川市教委による調査実施行為も違法であることを免れない、と断じている。本件学力調査は文部大臣において企画、立案し、その要求に応じて実施されたものであり、したがつて、当裁判所も、右調査実施行為の実質上の適法性、特に教基法10条との関係におけるそれは、右の全体としての調査との関連において検討、判断されるべきものとする原判決の見解は、これを支持すべきものと考える。そこで、以下においては、このような立場から本件学力調査が原判決のいうように教基法10条を含む現行の教育法制及びそれから導かれる法理に違反するかどうかを検討することとする。

1　子どもの教育と教育権能の帰属の問題

（一）　子どもの教育は、子どもが将来一人前の大人となり、共同社会の一員としてその中で生活し、自己の人格を完成、実現していく基礎となる能力を身につけるために必要不可欠な営みであり、それはまた、共同社会の存続と発展のためにも欠くことのできない

II　教育基本法

ものである。この子どもの教育は、その最も始源的かつ基本的な形態としては、親が子との自然的関係に基づいて子に対して行う養育、監護の作用の一環としてあらわれるのであるが、しかしこのような私事としての親の教育及びその延長としての私的施設による教育をもつてしては、近代社会における経済的、技術的、文化的発展と社会の複雑化に伴う教育要求の質的拡大及び量的増大に対応しきれなくなるに及んで、子どもの教育が社会における重要な共通の関心事となり、子どもの教育をいわば社会の公共的課題として公共の施設を通じて組織的かつ計画的に行ういわゆる公教育制度の発展をみるに至り、現代国家においては、子どもの教育は、主としてこのような公共施設としての国公立の学校を中心として営まれるという状態になつている。

ところで、右のような公教育制度の発展に伴つて、教育全般に対する国家の関心が高まり、教育に対する国家の支配ないし介入が増大するに至つた一方、教育の本質ないしはそのあり方に対する反省も深化し、その結果、子どもの教育は誰が支配し、決定すべきかという問題との関連において、上記のような子どもの教育に対する国家の支配ないし介入の当否及びその限界が極めて重要な問題として浮かびあがるようになつた。このことは、世界的な現象であり、これに対する解決も、国によつてそれぞれ異なるが、わが国においても戦後の教育改革における基本的問題の一つとしてとりあげられたところである。本件における教基法10条の解釈に関する前記の問題の背景には右のような事情があり、したがつて、この問題を考察するにあたつては、広く、わが国において憲法以下の教育関係法制が右の基本的問題に対していかなる態度をとつているかという全体的な観察の下で、これを行わなければならない。

（二）　ところで、わが国の法制上子どもの教育の内容を決定する権能が誰に帰属するとされているかについては、二つの極端に対立する見解があり、そのそれぞれが検察官及び弁護人の主張の基底をなしているようにみうけられる。すなわち、一の見解は、子どもの教育は、親を含む国民全体の共通関心事であり、公教育制度は、このような国民の期待と要求に応じて形成、実施されるものであつて、そこにおいて支配し、実現されるべきものは国民全体の教育意思であるが、この国民全体の教育意思は、憲法の採用する議会制民主主義の下においては、国民全体の意思の決定の唯一のルートである国会の法律制定を通じて具体化されるべきものであるから、法律は、当然に、公教育における教育の内容及び方法についても包括的にこれを定めることができ、また、教育行政機関も、法律の授権に基づく限り、広くこれらの事項について決定権限を有する、と主張する。

これに対し、他の見解は、子どもの教育は、憲法26条の保障する子どもの教育を受ける権利に対する責務として行われるべきもので、このような責務をになう者は、親を中心とする国民全体であり、公教育としての子どもの教育は、いわば親の教育義務の共同化ともいうべき性格をもつのであつて、それ故にまた、教基法10条1項も、教育は、国民全体の信託の下に、これに対して直接に責任を負うように行われなければならないとしている、したがつて、権力主体としての国の子どもの教育に対するかかわり合いは、右のような国民の教育義務の遂行を側面から助成するための諸条件の整備に限られ、子どもの教育の内容及び方法については、国は原則として介入権能をもたず、教育は、その実施にあたる教師が、その教育専門家としての立場から、国民全体に対して教育的、文化的責任を負うような形で、その内容及び方法を決定、遂行すべきものであり、このことはまた、憲法23条における学問の自由の保障が、学問研究の自由ばかりでなく、教授の自由をも含み、教授の自由は、教育の本質上、高等教育のみならず、普通教育におけるそれにも及ぶと解すべきことによつても裏付けられる、と主張するのである。

当裁判所は、右の二つの見解はいずれも極端かつ一方的であり、そのいずれをも全面的に採用することはできないと考える。以下に、その理由と当裁判所の見解を述べる。

2 憲法と子どもに対する教育権能

（一）憲法中教育そのものについて直接の定めをしている規定は憲法26条であるが、同条は、1項において、「すべて国民は、法律の定めるところにより、その能力に応じて、ひとしく教育を受ける権利を有する。」と定め、2項において、「すべて国民は、法律の定めるところにより、その保護する子女に普通教育を受けさせる義務を負ふ。義務教育は、これを無償とする。」と定めている。この規定は、福祉国家の理念に基づき、国が積極的に教育に関する諸施設を設けて国民の利用に供する責務を負うことを明らかにするとともに、子どもに対する基礎的教育である普通教育の絶対的必要性にかんがみ、親に対し、その子女に普通教育を受けさせる義務を課し、かつ、その費用を国において負担すべきことを宣言したものであるが、この規定の背後には、国民各自が、一個の人間として、また、一市民として、成長、発達し、自己の人格を完成、実現するために必要な学習をする固有の権利を有すること、特に、みずから学習することのできない子どもは、その学習要求を充足するための教育を自己に施すことを大人一般に対して要求する権利を有するとの観念が存在していると考えられる。換言すれば、子どもの教育は、教育を施す者の支配的権能ではなく、何

Ⅱ　教育基本法

よりもまず、子どもの学習をする権利に対応し、その充足をはかりうる立場にある者の責務に属するものとしてとらえられているのである。

　しかしながら、このように、子どもの教育が、専ら子どもの利益のために、教育を与える者の責務として行われるべきものであるということからは、このような教育の内容及び方法を、誰がいかにして決定すべく、また、決定することができるかという問題に対する一定の結論は、当然には導き出されない。すなわち、同条が、子どもに与えるべき教育の内容は、国の一般的な政治的意思決定手続によつて決定されるべきか、それともこのような政治的意思の支配、介入から全く自由な社会的、文化的領域内の問題として決定、処理されるべきかを、直接一義的に決定していると解すべき根拠は、どこにもみあたらないのである。

　（二）　次に、学問の自由を保障した憲法23条により、学校において現実に子どもの教育の任にあたる教師は、教授の自由を有し、公権力による支配、介入を受けないで自由に子どもの教育内容を決定することができるとする見解も、採用することができない。確かに、憲法の保障する学問の自由は、単に学問研究の自由ばかりでなく、その結果を教授する自由をも含むと解されるし、更にまた、専ら自由な学問的探求と勉学を旨とする大学教育に比してむしろ知識の伝達と能力の開発を主とする普通教育の場においても、例えば教師が公権力によつて特定の意見のみを教授することを強制されないという意味において、また、子どもの教育が教師と子どもとの間の直接の人格的接触を通じ、その個性に応じて行われなければならないという本質的要請に照らし、教授の具体的内容及び方法につきある程度自由な裁量が認められなければならないという意味においては、一定の範囲における教授の自由が保障されるべきことを肯定できないではない。

　しかし、大学教育の場合には、学生が一応教授内容を批判する能力を備えていると考えられるのに対し、普通教育においては、児童生徒にこのような能力がなく、教師が児童生徒に対して強い影響力、支配力を有することを考え、また、普通教育においては、子どもの側に学校や教師を選択する余地が乏しく、教育の機会均等をはかる上からも全国的に一定の水準を確保すべき強い要請があること等に思いをいたすときは、普通教育における教師に完全な教授の自由を認めることは、とうてい許されないところといわなければならない。

　もとより、教師間における討議や親を含む第三者からの批判によつて、教授の自由にもおのずから抑制が加わることは確かであり、これに期待すべきところも少なくないけれども、それによつて右の自由の濫用等による弊害が

効果的に防止されるという保障はなく、憲法が専ら右のような社会的自律作用による抑制のみに期待していると解すべき合理的根拠は、全く存しないのである。

（三）　思うに、子どもはその成長の過程において他からの影響によつて大きく左右されるいわば可塑性をもつ存在であるから、子どもにどのような教育を施すかは、その子どもが将来どのような大人に育つかに対して決定的な役割をはたすものである。

それ故、子どもの教育の結果に利害と関心をもつ関係者が、それぞれその教育の内容及び方法につき深甚な関心を抱き、それぞれの立場からその決定、実施に対する支配権ないしは発言権を主張するのは、極めて自然な成行きということができる。

子どもの教育は、前述のように、専ら子どもの利益のために行われるべきものであり、本来的には右の関係者らがその目的の下に一致協力して行うべきものであるけれども、何が子どもの利益であり、また、そのために何が必要であるかについては、意見の対立が当然に生じうるのであつて、そのために教育内容の決定につき矛盾、対立する主張の衝突が起こることを免れることができない。

憲法がこのような矛盾対立を一義的に解決すべき一定の基準を明示的に示していないことは、上に述べたとおりである。そうであるとすれば、憲法の次元におけるこの問題の解釈としては、右の関係者らのそれぞれの主張のよつて立つ憲法上の根拠に照らして各主張の妥当すべき範囲を画するのが、最も合理的な解釈態度というべきである。

そして、この観点に立つて考えるときは、まず親は、子どもに対する自然的関係により、子どもの将来に対して最も深い関心をもち、かつ、配慮をすべき立場にある者として、子どもの教育に対する一定の支配権、すなわち子女の教育の自由を有すると認められるが、このような親の教育の自由は、主として家庭教育等学校外における教育や学校選択の自由にあらわれるものと考えられるし、また、**私学教育**における自由や前述した**教師**の教授の自由も、それぞれ限られた一定の範囲においてこれを肯定するのが相当であるけれども、それ以外の領域においては、一般に社会公共的な問題について国民全体の意思を組織的に決定、実現すべき立場にある国は、国政の一部として広く適切な教育政策を樹立、実施すべく、また、しうる者として、憲法上は、あるいは子ども自身の利益の擁護のため、あるいは子どもの成長に対する社会公共の利益と関心にこたえるため、必要かつ相当と認められる範囲において、教育内容についてもこれを決定する権能を有するものと解さざるをえず、これを否定すべき理由ないし根拠は、どこにもみいだせないのである。

Ⅱ　教育基本法

　もとより、政党政治の下で多数決原理によつてされる国政上の意思決定は、さまざまな政治的要因によって左右されるものであるから、本来人間の内面的価値に関する文化的な営みとして、党派的な政治的観念や利害によつて支配されるべきでない教育にそのような政治的影響が深く入り込む危険があることを考えるときは、<u>教育内容に対する右のごとき国家的介入についてはできるだけ抑制的であることが要請される</u>し、殊に個人の基本的自由を認め、その人格の独立を国政上尊重すべきものとしている憲法の下においては、<u>子どもが自由かつ独立の人格として成長することを妨げるような国家的介入、例えば、誤つた知識や一方的な観念を子どもに植えつけるような内容の教育を施すことを強制するようなことは、憲法26条、13条の規定上からも許されないと解することができる</u>けれども、<u>これらのことは、前述のような子どもの教育内容に対する国の正当な理由に基づく合理的な決定権能を否定する理由となるものではない</u>といわなければならない。

3　教基法10条の解釈

　次に、憲法における教育に対する国の権能及び親、教師等の教育の自由についての上記のような理解を背景として、教基法10条の規定をいかに解釈すべきかを検討する。

　（一）　**教基法**は、憲法において教育のあり方の基本を定めることに代えて、<u>わが国の教育及び教育制度全体を通じる基本理念と基本原理を宣明することを目的として制定されたもの</u>であつて、戦後のわが国の政治、社会、文化の各方面における諸改革中最も重要な問題の一つとされていた教育の根本的改革を目途として制定された<u>諸立法の中で中心的地位を占める</u>法律であり、このことは、同法の前文の文言及び各規定の内容に徴しても、明らかである。それ故、同法における定めは、<u>形式的には通常の法律規定として、これと矛盾する他の法律規定を無効にする効力をもつものではないけれども、一般に教育関係法令の解釈及び運用については、法律自体に別段の規定がない限り、できるだけ教基法の規定及び同法の趣旨、目的に沿うように考慮が払われなければならない</u>というべきである。

　ところで、教基法は、その前文の示すように、憲法の精神にのつとり、民主的で文化的な国家を建設して世界の平和と人類の福祉に貢献するためには、教育が根本的重要性を有するとの認識の下に、個人の尊厳を重んじ、真理と平和を希求する人間の育成を期するとともに、普遍的で、しかも個性豊かな文化の創造をめざす教育が今後におけるわが国の教育の基本理念であるとしている。これは、<u>戦前のわが国の教育</u>が、国家による強い支配の下で形式的、画一的に流れ、時に軍国主義的

Ⅱ　教育基本法

又は極端な国家主義的傾向を帯びる面があつたことに対する反省によるものであり、右の理念は、これを更に具体化した同法の各規定を解釈するにあたつても、強く念頭に置かれるべきものであることは、いうまでもない。

　（二）　本件で問題とされている**教基法10条**は、教育と教育行政との関係についての基本原理を明らかにした極めて重要な規定であり、1項において、「教育は、不当な支配に服することなく、国民全体に対し直接に責任を負つて行われるべきものである。」と定め、2項において、「教育行政は、この自覚のもとに、教育の目的を遂行するに必要な諸条件の整備確立を目標として行われなければならない。」と定めている。この規定の解釈については、検察官の主張と原判決が大筋において採用したと考えられる弁護人の主張との間に顕著な対立があるが、その要点は、

　（1）　第一に、教育行政機関が法令に基づいて行政を行う場合は右教基法10条1項にいう「不当な支配」に含まれないと解すべきかどうかであり、

　（2）　第二に、同条2項にいう教育の目的を遂行するに必要な諸条件の整備確立とは、主として教育施設の設置管理、教員配置等のいわゆる教育の外的事項に関するものを指し、教育課程、教育方法等のいわゆる内的事項については、教育行政機関の権限は原則としてごく大綱的な基準の設定に限られ、その余は指導、助言的作用にとどめられるべきものかどうかである、と考えられる。

　（三）　まず、（1）の問題について考えるのに、前記教基法10条1項は、その文言からも明らかなように、教育が国民から信託されたものであり、したがつて教育は、右の信託にこたえて国民全体に対して直接責任を負うように行われるべく、その間において不当な支配によつてゆがめられることがあつてはならないとして、教育が専ら教育本来の目的に従つて行われるべきことを示したものと考えられる。

　これによつてみれば、同条項が排斥しているのは、教育が国民の信託にこたえて右の意味において自主的に行われることをゆがめるような「不当な支配」であつて、そのような支配と認められる限り、その主体のいかんは問うところでないと解しなければならない。それ故、論理的には、教育行機関が行う行政でも、右にいう「不当な支配」にあたる場合がありうることを否定できず、問題は、教育行政機関が法令に基づいてする行為が「不当な支配」にあたる場合がありうるかということに帰着する。

　思うに、憲法に適合する有効な他の法律の命ずるところをそのまま執行する教育行政機関の行為がここにいう「不当な支配」となりえないことは明らかであるが、上に述べたように、他の教育関係法律は教基法の規定及び同法の趣旨、目的に反しないように解釈

されなければならないのであるから、教育行政機関がこれらの法律を運用する場合においても、当該法律規定が特定的に命じていることを執行する場合を除き、教基法10条1項にいう「不当な支配」とならないように配慮しなければならない拘束を受けているものと解されるのであり、その意味において、教基法10条1項は、いわゆる法令に基づく教育行政機関の行為にも適用があるものといわなければならない。

（四）そこで、次に、上記（2）の問題について考えるのに、原判決は、教基法10条の趣旨は、教育が「国民全体のものとして自主的に行われるべきものとするとともに」、「教育そのものは人間的な信頼関係の上に立つてはじめてその成果をあげうることにかんがみ、教育の場にあつて被教育者に接する教員の自由な創意と工夫とに委ねて教育行政機関の支配介入を排し、教育行政機関としては、右の教育の目的達成に必要な教育条件の整備確立を目標とするところにその任務と任務の限界があることを宣明」したところにあるとし、このことから、「教育内容及び教育方法等への（教育行政機関の）関与の程度は、教育機関の種類等に応じた大綱的基準の定立のほかは、法的拘束力を伴わない指導、助言、援助を与えることにとどまると解すべきである。」と判示している。

思うに、子どもの教育が、教師と子どもとの間の直接の人格的接触を通じ、子どもの個性に応じて弾力的に行われなければならず、そこに教師の自由な創意と工夫の余地が要請されることは原判決の説くとおりであるし、また、教基法が前述のように戦前における教育に対する過度の国家的介入、統制に対する反省から生まれたものであることに照らせば、同法10条が教育に対する権力的介入、特に行政権力によるそれを警戒し、これに対して抑制的態度を表明したものと解することは、それなりの合理性を有するけれども、このことから、教育内容に対する行政の権力的介入が一切排除されているものであるとの結論を導き出すことは、早計である。

さきにも述べたように、憲法上、国は、適切な教育政策を樹立、実施する権能を有し、国会は、国の立法機関として、教育の内容及び方法についても、法律により、直接に又は行政機関に授権して必要かつ合理的な規制を施す権限を有するのみならず、子どもの利益のため又は子どもの成長に対する社会公共の利益のためにそのような規制を施すことが要請される場合もありうるのであり、国会が教基法においてこのような権限の行使を自己限定したものと解すべき根拠はない。

むしろ教基法10条は、国の教育統制権能を前提としつつ、教育行政の目標を教育の目的の遂行に必要な諸条件の整備確立に置き、その整備確立のための措置を講ずるにあたつては、教育

の自主性尊重の見地から、これに対する「不当な支配」となることのないようにすべき旨の限定を付したところにその意味があり、したがつて、教育に対する行政権力の不当、不要の介入は排除されるべきであるとしても、許容される目的のために必要かつ合理的と認められるそれは、たとえ教育の内容及び方法に関するものであつても、必ずしも同条の禁止するところではないと解するのが、相当である。

もつとも、原判決も、教育の内容及び方法に対する教育行政機関の介入が一切排除されていると解しているわけではなく、前述のように、権力的介入としては教育機関の種類等に応じた大綱的基準の設定を超えることができないとするにとまつている。原判決が右にいう大綱的基準としてどのようなものを考えているかは必ずしも明らかでないが、これを国の教育行政機関についていえば、原判決において、前述のような教師の自由な教育活動の要請と現行教育法体制における教育の地方自治の原則に照らして設定されるべき基準は全国的観点からする大綱的なものに限定されるべきことを指摘し、かつ、後述する文部大臣の定めた中学校学習指導要領を右の大綱的基準の限度を超えたものと断じているところからみれば、原判決のいう大綱的基準とは、弁護人の主張するように、教育課程の構成要素、教科名、授業時数等のほか、教科内容、教育方法については、性質

上全国的画一性を要する度合が強く、指導助言行政その他国家立法以外の手段ではまかないきれない、ごく大綱的な事項を指しているもののように考えられる。

思うに、国の教育行政機関が法律の授権に基づいて義務教育に属する普通教育の内容及び方法について遵守すべき基準を設定する場合には、教師の創意工夫の尊重等教基法10条に関してさきに述べたところのほか、後述する教育に関する地方自治の原則をも考慮し、右教育における機会均等の確保と全国的な一定の水準の維持という目的のために必要かつ合理的と認められる大綱的なそれにとどめられるべきものと解しなければならないけれども、右の大綱的基準の範囲に関する原判決の見解は、狭きに失し、これを採用することはできないと考える。

これを前記学習指導要領についていえば、文部大臣は、学校教育法38条、106条による中学校の教科に関する事項を定める権限に基づき、普通教育に属する中学校における教育の内容及び方法につき、上述のような教育の機会均等の確保等の目的のために必要かつ合理的な基準を設定することができるものと解すべきところ、本件当時の中学校学習指導要領の内容を通覧するのに、おおむね、中学校において地域差、学校差を超えて全国的に共通なものとして教授されることが必要な最小限度の基準と考えても必ずしも不合理とは

Ⅱ　教育基本法

いえない事項が、その根幹をなしていると認められるのであり、その中には、ある程度細目にわたり、かつ、詳細に過ぎ、また、必ずしも法的拘束力をもつて地方公共団体を制約し、又は教師を強制するのに適切でなく、また、はたしてそのように制約し、ないしは強制する趣旨であるかどうか疑わしいものが幾分含まれているとしても、右指導要領の下における教師による創造的かつ弾力的な教育の余地や、地方ごとの特殊性を反映した個別化の余地が十分に残されており、<u>全体としてはなお全国的な大綱的基準としての性格をもつものと認められるし、また、その内容においても、教師に対し一方的な一定の理論ないしは観念を生徒に教え込むことを強制するような点は全く含まれていないのである。それ故、上記指導要領は、全体としてみた場合、教育政策上の当否はともかくとして、少なくとも法的見地からは、上記目的のために必要かつ合理的な基準の設定として是認することができるものと解する</u>のが、相当である。

　4　本件学力調査と教基法10条

　そこで、以上の解釈に基づき、本件学力調査が教基法10条1項にいう教育に対する「不当な支配」として右規定に違反するかどうかを検討する。

　本件学力調査が教育行政機関である文部大臣において企画、立案し、その要求に応じて実施された行政調査たる性格をもつものであることはさきに述べたとおりであるところ、それが行政調査として教基法10条との関係において適法とされうるかどうかを判断するについては、さきに述べたとおり、その調査目的において文部大臣の所掌とされている事項と合理的関連性を有するか、右の目的のために本件のような調査を行う必要性を肯定することができるか、本件の調査方法に教育に対する不当な支配とみられる要素はないか等の問題を検討しなければならない。

　(一)　まず、本件学力調査の目的についてみるのに、右調査の実施要綱には、前記二の1の(1)で述べたように、調査目的として四つの項目が挙げられている。このうち、文部大臣及び教育委員会において、調査の結果を、

　(イ)の教育課程に関する諸施策の樹立及び学習指導の改善に役立たせる資料とすること、

　(ハ)の学習の改善に役立つ教育条件を整備する資料とすること、

　(ニ)の育英、特殊教育施設などの拡充強化に役立てる等今後の教育施策を行うための資料とすること

　等は、文部大臣についていえば、文部大臣が学校教育等の振興及び普及を図ることを任務とし、これらの事項に関する国の行政事務を一体的に遂行する責任を負う行政機関（文部省設置法4条）として、全国中学校における教育の機会均等の確保、教育水準の維持、向上に努め、教育施設の整備、充実を

II　教育基本法

はかる責務と権限を有することに照らし、これらの権限と合理的関連性を有するものと認めることができるし、右目的に附随して、地教委をしてそれぞれの所掌する事項に調査結果を利用させようとすることも、文部大臣の地教委に対する指導、助言的性格のものとして不当ということはできない。

　また、右四項目中（ロ）の、中学校において、本件学力調査の結果により、自校の学習の到達度を全国的な水準との比較においてみることにより、その長短を知り、生徒の学習の指導とその向上に役立たせる資料とするという項目は、それが文部大臣固有の行政権限に直接関係せず、中学校における教育実施上の目的に資するためのものである点において、調査目的として正当性を有するかどうか問題であるけれども、右は、本件学力調査全体の趣旨、目的からいえば、単に副次的な意義をもつものでしかないと認めるのが相当であるのみならず、調査結果を教育活動上利用すべきことを強制するものではなく、指導、助言的性格のものにすぎず、これをいかに利用するかは教師の良識ある判断にまかされるべきものと考えられるから、右の（ロ）が調査目的の一つに掲げられているからといつて、調査全体の目的を違法不当のものとすることはできないというべきである。

　（二）　次に、本件学力調査は、原判決の認定するところによれば、文部省が当時の中学校学習指導要領によつて試験問題を作成し、二の１で述べたように、全国の中学校の全部において一せいに右問題による試験を行い、各地教委にその結果を集計、報告させる等の方法によつて行われたものであつて、このような方法による調査が前記の調査目的のために必要と認めることができるかどうか、及び教育に対する不当な支配の要素をもつものでないかどうかは、慎重な検討を要する問題である。

　まず、必要性の有無について考えるのに、全国の中学校における生徒の学力の程度がどの程度のものであり、そこにどのような不足ないしは欠陥があるかを知ることは、上記の（イ）、（ハ）、（ニ）に掲げる諸施策のための資料として必要かつ有用であることは明らかであり、また、このような学力調査の方法としては、結局試験によつてその結果をみるよりほかにはないのであるから、文部大臣が全国の中学校の生徒の学力をできるだけ正確かつ客観的に把握するためには、全国の中学校の生徒に対し同一試験問題によつて同一調査日に同一時間割で一せいに試験を行うことが必要であると考えたとしても、決して不合理とはいえない。

　それ故、本件学力調査は、その必要性の点において欠けるところはないというべきである。

　（三）　問題となるのは、上記のような方法による調査が、その一面におい

て文部大臣が直接教育そのものに介入するという要素を含み、また、右に述べたような調査の必要性によつては正当化することができないほどに教育に対して大きな影響力を及ぼし、これらの点において文部大臣の教育に対する「不当な支配」となるものではないか、ということである。

これにつき原判決は、右のような方法による本件学力調査は教基法10条にいう教育に対する「不当な支配」にあたるとし、その理由として、

(1) 右調査の実施のためには、各中学校において授業計画の変更を必要とするが、これは実質上各学校の教育内容の一部を強制的に変更させる意味をもつものであること、また、

(2) 右調査は、生徒を対象としてその学習の到達度と学校の教育効果を知るという性質のものである点において、教師が生徒に対する学習指導の結果を試験によつて把握するのと異なるところがなく、教育的価値判断にかかわる教育活動としての実質をもつていること、更に、

(3) 前記の方法による調査を全国の中学校のすべての生徒を対象として実施することは、これらの学校における日常の教育活動を試験問題作成者である文部省の定めた学習指導要領に盛られている方針ないしは意向に沿つて行わせる傾向をもたらし、教師の自由な創意と工夫による教育活動を妨げる一般的危険性をもつものであり、現に一部においてそれが現実化しているという現象がみられること、

を挙げている。

そこでまず、右(1)及び(2)の点について考えるのに、本件学力調査における生徒に対する試験という方法が、あくまでも生徒の一般的な学力の程度を把握するためのものであつて、個々の生徒の成績評価を目的とするものではなく、教育活動そのものとは性格を異にするものであることは、さきに述べたとおりである。

もつとも、試験という形態をとる以上、前者の目的でされたものが後者の目的に利用される可能性はあり、現に本件学力調査においても、試験の結果を生徒指導要録に記録させることとしている点からみれば、両者の間における一定の結びつきの存在を否定することはできないけれども、この点は、せつかく実施した試験の結果を生徒に対する学習指導にも利用させようとする指導、助言的性格のものにすぎないとみるべきであるから、以上の点をもつて、文部省自身が教育活動を行つたものであるとすることができないのはもちろん、教師に対して一定の成績評価を強制し、教育に対する実質的な介入をしたものとすることも、相当ではない。

また、試験実施のために試験当日限り各中学校における授業計画の変更を余儀なくされることになるとしても、右変更が年間の授業計画全体に与える

影響についてみるとき、それは、実質上各学校の教育内容の一部を強制的に変更させる意味をもつほどのものではなく、前記のような本件学力調査の必要性によつて正当化することができないものではないのである。

次に、(3)の点について考えるのに、原判決は、本件学力調査の結果として、全国の中学校及びその教師の間に、学習指導要領の指示するところに従つた教育を行う風潮を生じさせ、教師の教育の自由が阻害される危険性があることをいうが、もともと右学習指導要領自体が全体としてみて中学校の教育課程に関する基準の設定として適法なものであり、これによつて必ずしも教師の教育の自由を不当に拘束するものとは認められないことはさきに述べたとおりであるのみならず、本件学力調査は、生徒の一般的な学力の実態調査のために行われたもので、学校及び教師による右指導要領の遵守状況を調査し、その結果を教師の勤務評定にも反映させる等して、間接にその遵守を強制ないしは促進するために行われたものではなく、右指導要領は、単に調査のための試験問題作成上の基準として用いられたにとどまつているのである。

もつとも、右調査の実施によつて、原判決の指摘するように、中学校内の各クラス間、各中学校間、更には市町村又は都道府県間における試験成績の比較が行われ、それがはねかえつてこれらのものの間の成績競争の風潮を生み、教育上必ずしも好ましくない状況をもたらし、また、教師の真に自由で創造的な教育活動を畏縮させるおそれが絶無であるとはいえず、教育政策上はたして適当な措置であるかどうかについては問題がありうべく、更に、前記のように、試験の結果を生徒指導要録の標準検査の欄に記録させることとしている点については、特にその妥当性に批判の余地があるとしても、本件学力調査実施要綱によれば、同調査においては、試験問題の程度は全体として平易なものとし、特別の準備を要しないものとすることとされ、また、個々の学校、生徒、市町村、都道府県についての調査結果は公表しないこととされる等一応の配慮が加えられていたことや、原判決の指摘する危険性も、教師自身を含めた教育関係者、父母、その他社会一般の良識を前提とする限り、それが全国的に現実化し、教育の自由が阻害されることとなる可能性がそれほど強いとは考えられないこと（原判決の挙げている一部の県における事例は、むしろ例外的現象とみるべきである。）等を考慮するときは、法的見地からは、本件学力調査を目して、前記目的のための必要性をもつてしては正当化することができないほどの教育に対する強い影響力、支配力をもち、教基法10条にいう教育に対する「不当な支配」にあたるものとすることは、相当ではなく、結局、本件学力

調査は、その調査の方法において違法であるということはできない。

（四）　以上説示のとおりであつて、本件学力調査には、教育そのものに対する「不当な支配」として教基法10条に違反する違法があるとすることはできない。

5　本件学力調査と教育の地方自治

なお、原判決は、文部大臣が地教委をして本件のような調査を実施させたことは、現行教育法制における教育の地方自治の原則に反するものを含むとして、この点からも本件学力調査の適法性を問題としているので、最後にこの点について判断を加える。

（一）　思うに、現行法制上、学校等の教育に関する施設の設置、管理及びその他教育に関する事務は、普通地方公共団体の事務とされ（地方自治法2条3項5号）、公立学校における教育に関する権限は、当該地方公共団体の教育委員会に属するとされる（地教行法23条、32条、43条等）等、教育に関する地方自治の原則が採用されているが、これは、戦前におけるような国の強い統制の下における全国的な画一的教育を排して、それぞれの地方の住民に直結した形で、各地方の実情に適応した教育を行わせるのが教育の目的及び本質に適合するとの観念に基づくものであつて、このような地方自治の原則が現行教育法制における重要な基本原理の一つをなすものであること

は、疑いをいれない。

そして、右の教育に関する地方自治の原則からすれば、地教委の有する教育に関する固有の権限に対する国の行政機関である文部大臣の介入、監督の権限に一定の制約が存することも、原判決の説くとおりである。このような制限は、さまざまの関係において問題となりうべく、前記中学校学習指導要領の法的効力に関する問題もその一つであるが、この点についてはすでに触れたので、以下においては、本件学力調査において、文部大臣が地教行法54条2項によつては地教委にその調査の実施を要求することができないにもかかわらずこれを要求し、地教委をしてその実施に至らせたことが、教育に関する地方自治の原則に反するものとして実質的違法性を生じさせるものであるかどうかを、検討する。

（二）　文部大臣は、地教行法54条2項によつては地教委に対し本件学力調査の実施をその義務として要求することができないことは、さきに三において述べたとおりであり、このような要求をすることが教育に関する地方自治の原則に反することは、これを否定することができない。しかしながら、文部大臣の右要求行為が法律の根拠に基づかないものであるとしても、そのために右要求に応じて地教委がした実施行為が地方自治の原則に違反する行為として違法となるかどうかは、おのずから別個の問題である。思うに、文

部大臣が地教行法54条2項によつて地教委に対し本件学力調査の実施を要求することができるとの見解を示して、地教委にその義務の履行を求めたとしても、地教委は必ずしも文部大臣の右見解に拘束されるものではなく、文部大臣の右要求に対し、これに従うべき法律上の義務があるかどうか、また、法律上の義務はないとしても、右要求を一種の協力要請と解し、これに応ずるのを妥当とするかどうかを、独自の立場で判断し、決定する自由を有するのである。

それ故、地教委が文部大臣の要求に応じてその要求にかかる事項を実施した場合には、それは、地教委がその独自の判断に基づきこれに応ずべきものと決定して実行に踏み切つたことに帰着し、したがつて、たとえ右要求が法律上の根拠をもたず、当該地教委においてこれに従う義務がない場合であつたとしても、地教委が当該地方公共団体の内部において批判を受けることは格別、窮極的にはみずからの判断と意見に基づき、その有する権限の行使としてした実施行為がそのために実質上違法となるべき理はないというべきである。それ故、本件学力調査における調査の実施には、教育における地方自治の原則に反する違法があるとすることはできない。

五　結び

以上の次第であつて、<u>本件学力調査には、手続上も実質上も違法はない。</u>

そうすると、斎藤校長の本件学力調査の実施は適法な公務の執行であつて、同校長がこのような職務を執行するにあたりこれに対して暴行を加えた本件行為は公務執行妨害罪を構成すると解するのが、相当である。これと異なる見地に立ち、被告人松橋、同浜埜、同外崎の斎藤校長に対する暴行につき公務執行妨害罪の成立を認めず、共同暴行罪の成立のみを認めた第一審判決及びこれを維持した原判決は、地教行法54条2項、23条17号、教基法10条の解釈を誤り、ひいては刑法95条1項の適用を誤つたものであつて、その誤りは判決に影響を及ぼし、かつ、原判決及び第一審判決を破棄しなければ著しく正義に反するものと認める。

(結論)

よつて、検察官の上告趣意中のその余の所論に対する判断を省略し、刑訴法414条、396条により被告人佐藤の本件上告を棄却し、同法411条1号により原判決及び第一審判決中被告人松橋、同浜埜、同外崎に関する部分を破棄し、なお、直ちに判決をすることができるものと認めて、同法413条但書により被告人松橋、同浜埜、同外崎に対する各被告事件について更に判決する。

第一審判決の証拠の標目掲記の各証拠によると、被告人松橋、同浜埜、同外崎は、いずれも、昭和36年10月

26日旭川市永山町所在の旭川市立永山中学校において実施予定の全国中学校一せい学力調査を阻止するための説得活動をする目的をもつて、当日、同校に赴いた者であるところ、

（1）被告人松橋は、右説得活動をするために集まつた約70名の者と互いにその意思を通じて共謀のうえ、同日午前8時過ぎころ、右の者らとともに、同校正面玄関から、同校校長斎藤の制止にもかかわらず、同校長が管理する永山中学校校舎内各所に立ち入り、もつて故なく建造物に侵入し、被告人浜埜は、同日午前9時ころ、前記のとおりすでに故なく校舎内に侵入していた者らと意思を通じて、同校正面玄関から右校舎内各所に立ち入り、もつて故なく建造物に侵入し、また、

（2）同校長が同日午前11時40分ころから同校2階の2年A、B、C、D各組の教室において学力調査を実施し始めたところ、

（イ）被告人外崎は、同日午後零時過ぎころ、2年各組の教室前の廊下において、職務として学力調査実施中の各教室を見回りつつあつた同校長に対し、同校長が教室への出入りを妨げられたためやむなく2年D組教室の外側窓から同C組教室の外側窓に足をかけて渡つた事実をとらえて、「最高責任者である校長が窓渡りをするとはあまりに非常識じゃないか。」等と激しく非難抗議をするに際し、手挙をもつて同校長の胸部付近を突いて暴行を加え、もつてその公務の執行を妨害し、更に、

（ロ）被告人松橋、同浜埜、同外崎は、そのころ、同校2階において、職務として学力調査実施中の各教室を見回りつつあつた同校長を階下校長室に連れて行こうとして、同校長の周辺に集まつていた約14、6名の者と互いに意思を通じて共謀のうえ、被告人松橋においては同校長の右腕をかかえて2、3歩引つぱり、被告人浜埜、同外崎においては右の者らとともに同校長の身近かにほぼ馬てい形にこれをとり囲み、これらの者は口々に「テストを中止したらどうか。」とか「下へ行つて話をしよう。」などと抗議し、あるいは促し、また、同校長の体に手をかけたり、同校長が教室内にはいろうとするのを出入口に立つて妨げる等して、同校長をとり囲んだままの状態で、同校長をして、その意思に反して正面玄関側階段方向へ2年A組教室前付近まで移動するのやむなきに至らせて同校長の行動の自由を束縛する等の暴行を加え、もつてその公務の執行を妨害したものであることが、認められる。

右事実に法令を適用すると、被告人松橋、同浜埜の所為中建造物侵入の点は、行為時においては刑法60条、130条前段、昭和47年法律第61号による改正前の罰金等臨時措置法3条1項1号に、裁判時においては刑法60条、130条前段、昭和47年法律第61号による改正後の罰金等臨時措置法3条1

項1号に該当するが、犯罪後の法律により刑の変更があつたときにあたるから、刑法6条、10条により軽い行為時法の刑によることとし、斎藤校長の職務の執行に対し暴行を加えた所為、同法60条、95条1項に該当し、被告人外崎の同校長の職務の執行に対し暴行を加えた所為は、包括して同法60条、95条1項に該当するところ、被告人松橋、同浜埜の建造物侵入と公務執妨害との間には手段結果の関係があるので、同法54条1項後段、10条により一罪として重い後者の罪につき定めた懲役刑で処断し、被告人外崎の罪につき所定刑中懲役刑を選択することとし、各刑期の範囲内において、被告人松橋を懲役3月に、被告人浜埜を懲役1月に、被人外崎を懲役2月に処し、同法25条1項を適用して、被告人松橋、同浜埜、同外崎に対し、この裁判確定の日から1年間その刑の執行を猶予し、また、公訴事実第二の（二）の被告人浜埜の横倉に対する暴行については、その証明がないとする第一審判決の判断はこれを維持すべきであるが、同被告人に対する判示建造物侵入の罪と牽連犯の関係にあるとして起訴されたものであるから、主文において特に無罪の言渡をしないこととし、なお、第一審及び原審における訴訟費用の負担については、刑訴法181条1項本文、182条により、主文第四項記載のとおり定めることとし、主文のとおり判決する。

この判決は、裁判官全員一致の意見によるものである。
（裁判長裁判官　村上朝一　裁判官　藤林益三　裁判官　岡原昌男　裁判官　下田武三　裁判官　岸盛一　裁判官　天野武一　裁判官　坂本吉勝　裁判官　岸上康夫　裁判官　江里口清雄　裁判官　大塚喜一郎　裁判官　高辻正己　裁判官　吉田豊　裁判官　団藤重光　裁判官　本林譲　裁判官　服部高顯）

Ⅱ 教育基本法

2　旭川学力テスト事件最高裁判決における論点

(1) 教育課程や教育方法など「教育内容」を決定する権限は、親にあるのか、教師にあるのか、国にあるのか

○親は、「子女の教育の自由を有すると認められる」。

しかし、この自由は、「主として家庭教育等学校外における教育や学校選択の自由にあらわれる」。

○また、「私学教育における自由」や「教師の教授の自由」も、「一定の範囲においてこれを肯定するのが相当」。

けれども、国は、「社会公共的な問題について国民全体の意思を組織的に決定、実現すべき立場」にあり、「国政の一部として広く適切な教育政策を樹立、実施」すべき者として、「子ども自身の利益の擁護」や「子どもの成長に対する社会公共の利益と関心に応えるため、必要かつ相当と認められる範囲において、教育内容についてもこれを決定する権能を有する」ものであり、「これを否定すべき理由ないし根拠は、どこにもみいだせない。」

○もとより、「教育にそのような政治的影響が深く入り込む危険があることを考えるときは、教育内容に対する」「国家的介入についてはできるだけ抑制的であることが要請される」。

特に、「子どもが自由かつ独立の人格として成長することを妨げるような国家的介入、例えば、誤った知識や一方的な観念を子どもに植えつけるような内容の教育を施すことを強制するようなこと」は、憲法の規定上からも「許されない」。

○ただし、「これらのことは、前述のような子どもの教育内容に対する国の正当な理由に基づく合理的な決定権能を否定する理由となるものではない」。

Ⅱ　教育基本法

(2) 教育行政機関が法令に基づいて行う行政行為が「不当な支配」となるか否か

○「一般に教育関係法令の解釈及び運用」については、「できるだけ教基法の規定及び同法の趣旨、目的に沿うように考慮が払われなければならない」。

○教育基本法第10条第1項が排斥しているのは、「教育が国民の信託にこたえて」自主的に行われることをゆがめるような「不当な支配」であって「その主体のいかんは問うところではない」。

○教育行政機関の行為については、

① 「法律の命ずるところをそのまま執行する」場合においては、「『不当な支配』となりえないことは明らか」だが、

② 法律を運用する場合においては、「教育関係法律は教基法の規定及び同法の趣旨、目的に反しないように解釈されなければならない」のであるから、「不当な支配」とならないように配慮しなければならない。このため、「論理的には、教育行政機関が行う行政でも『不当な支配』にあたる場合がありうる」。

> ※改正教育基本法第16条第1項
> 　教育は、不当な支配に服することなく、この法律及び他の法律の定めるところにより行われるべきものであり、教育行政は、国と地方公共団体との適切な役割分担及び相互の協力の下、公正かつ適正におこなわれなければならない。

> 〈解説〉教育が国民の信託にこたえて自主的に行われることをゆがめるような支配と認められる限り、その主体のいかんは問わない。
> 　しかし、法律の趣旨にのっとり、その定めるところにより適正に行われる教育行政機関等の行為は、「不当な支配」とはならない。一方で、法律の趣旨に反するような「運用」が行われた場合には、「不当な支配」に該当することも、理論上は考え得る。しかし、そのような行為はそもそも「法律の定めるところにより」行われているとは言えないと解される。

Ⅱ 教育基本法

(3) 教育内容については、旧教育基本法10条の規定により、教育行政機関の権限が大綱的な基準の設定に限定されるのか否か

○子どもの教育は、「個性に応じて弾力的に行われなければならず、教師の自由な創意と工夫の余地が要請される」。

教育基本法が、戦前の反省から生まれたことに照らせば、教育基本法第10条が、行政権力に対し、教育への「抑制的態度を表明したものと解することはそれなりの合理性を有する」。

○けれども、「このことから、教育内容に対する行政の権力的介入が一切排除されているとの結論を導き出すことは、早計」。

なぜなら、

ア:「憲法上、国は適切な教育政策を樹立、実施する権能を有する」。

イ:国会は、「教育内容や方法についても、法律により直接に、又は行政機関に授権して、必要かつ合理的な規制を施す権限を有する」のみならず、「子どもの利益や社会公共の利益のために教育内容に規制を施すことが要請される場合もありうる。」

「国会が教育基本法においてこのような権限の行使を自己限定したものと解すべき根拠はない」。

○むしろ、旧教育基本法第10条は、このような「国の教育統制権能を前提」としつつ、「教育の目的遂行に必要な教育諸条件の整備確立」のための措置を講ずるにあたっては「教育の自主性尊重の見地から、これに対する『不当な支配』となることのないようにすべき旨の限定を付した」もの。

○したがって、「教育に対する行政権力の不当、不要の介入は排除されるべきであるとしても、許容される目的のために必要かつ合理的と認められるそれは、たとえ教育の内容や方法に関するものであっても、必ずしも同条の禁止するところではない」。

Ⅲ　学校教育法

1　学校制度

1　学校の意義、種類、沿革
(1)　意義
広義の学校とは、
・校長、教員その他の職員の<u>人的要素</u>と校地、校舎、校具等の<u>物的要素</u>を有し、
・一定の教育計画に基づき、被教育者に対して継続的に教育というサービスを提供する組織体

(2)　種類
　①学校教育法に基づくもの
　　……「<u>一条学校</u>」（学校教育法1条で9種類を規定）
　　　　※学教法では「<u>学校</u>」と略称（幼稚園・小学校・中学校・義務教育学校・高等学校・中等教育学校・特別支援学校・大学・高等専門学校）
　　……「<u>一条学校に準ずるもの</u>」（専修学校《124条》・各種学校《134条》）
　②<u>特別の法律</u>に基づいて設置されるもの（海上保安大学校、防衛大学校など）

(3)　沿革
　○戦前　小学校6年を義務教育
　○教基法、学教法
　　……6・3・3・4制（昭和22年）
　・高等専門学校（昭和37年）
　・短期大学の恒久的制度化（昭和39年）

—110—

III 学校教育法

- 特殊教育諸学校（平成19年4月から特別支援学校）
- 専修学校（昭和51年各種学校から創設）
  要件：①修業年限1年以上　②授業時数が年800時間以上
  　　　③教育を受ける者が常時40人以上
- 義務教育学校の制度化（平成28年）
  学校制度の多様化・弾力化を推進するため、小学校から中学校までの義務教育を一貫して行う「義務教育学校」を新たな学校の種類として規定
  《義務教育学校の概要》
- 国公私いずれも設置が可能
- 市区町村が義務教育学校を設置した場合、小・中学校設置義務の履行と認める
- 修業年限9年
  →前期6年と後期3年だが、「4-3-2」や「5-4」などの柔軟な学年段階の区切りも可能
- 小・中免許状の併有を原則（当分の間は一方の免許状だけで可）
- 「施設一体型」と「施設分離型」

(4) 「学校（一条学校）」の設置者
　①設置者　教基法6条1項、学教法2条1項2項
　主に国(国立)、地方公共団体(公立)、法律に定める法人(学校法人＝私立)。
　◇例外
- 特別な学校法人：放送大学学園（放送大学学園法）、沖縄科学技術大学院大学学園
- 私立幼稚園は、当分の間、学校法人立でなくてもよい。
  　例：宗教法人立、個人立（学教法附§6条／平成19年改正前の旧学

教法102条＝「102条園」と呼ばれる）
・株式会社立学校：構造改革特別区域法によって、特別に認められている
・専修学校、各種学校：学校法人以外の者が設置できる
　　例：民法法人、社会福祉法人、宗教法人、株式会社、個人等
　　　……ただし、学教法127条で限定（財産、社会的信望）
②設置基準：学校の教育水準を保障するため、「学校を設置しようとする者は、学校の種類に応じ、文部科学大臣の定める設備、編制その他に関する設置基準に従い、これを設置しなければならない。」（学教法3条）
③設置廃止の許可届出、設置義務（学教法4条）
④設置者管理主義、設置者負担主義（学教法5条）など

2　学校の目的、目標

①目的規定は、国・公・私立の別を問わず、当該学校において行われる教育の目的を定めたもの
②「普通教育」憲法26条2項、教基法4条1項と同義
　　一般的には、すべての人間にとって日常の生活を営む上で共通に必要とされる一般的・基礎的な知識・技術を施し、人間として調和のとれた育成を目指すための教育（⇔専門教育）。
③規定の体系（小学校を例に）
　　ア：憲法26条
　　イ：教基法5条（義務教育）6条（学校教育）
　　ウ：学教法29条（小学校教育の目的）30条（小学校教育の目標、学力観）
　　　　　　31条（体験活動）32条（修業年限）33条（教育課程）など
　　　……学教法施行規則《文部科学省令》第2節教育課程

50条（教科）51条（授業時数）52条（学習指導要領）など
　……小学校学習指導要領《文部科学大臣告示》
　　　総則、各教科の目標、内容、内容の取扱いなど
　教基法の改正により、新たに教育の目標（2条）、義務教育（5条2項）、学校教育（6条2項）などの規定が置かれたことを踏まえ、学教法に定める各学校の目的、目標に関する規定が見直されている。
　※「告示」
　　公の機関が公示を必要とする事項などを公式に広く一般に知らせる行為。各大臣は所要の場合に告示を発することができる（国家行政組織法）。その法的性質は一般処分・通知行為・指導助言など様々。
　※学習指導要領の法的性質（昭和51年5月21日 旭川学力テスト事件判決）：
　　文部大臣（当時）が、教育の機会均等の確保等の目的のために、（中学校の）教科に関し定める必要かつ合理的な基準。これは、学教法による教科に関する事項を定める文部大臣の権限に基づく。

3　国・都道府県・市町村の主な役割

　憲法26条は、すべての国民に教育を受ける権利、特に無償の教育を受ける権利を保障している。
　このことを受けて、国は、<u>学校教育の基本的な仕組みを整備する責任</u>を負う。特に義務教育については、教育の機会均等や全国的な教育水準の維持向上、無償制という<u>義務教育の根幹を保障する責任</u>を負っている。
　この責任を果たすため、国は、学校教育法等の法律により、基本的制度の枠組みを設置すること、全国的な基準を設定すること、教育条件整備に関する財政的支援等の具体的な役割を担っている。

Ⅲ　学校教育法

　その上で、**市町村**は小中学校を設置し、学校教育を直接実施する主体としての責任を負い、**都道府県**は給与負担や人事など広域的な水準確保の責任を負い、それぞれが適切な役割分担を行いながら、地域の実情に応じた教育の実現を図っている。

(1)　国
　〇学校制度等に関する基本的な枠組みの制定
　①学校教育制度（6・3・3制など）の制定……学校教育法
　②地方教育行政制度の制定……地方教育行政の組織及び運営に関する法律（地教行法）
　〔教育委員会と学校の関係〕
　　1条　この法律は、教育委員会の設置、学校その他の教育機関の職員の身分取扱その他地方公共団体における教育行政の組織及び運営の基本を定めることを目的とする。
　30条　地方公共団体は……学校……その他の教育機関を設置する……
　31条　学校に……校長……教員、事務職員……その他の職員を置く。
　32条　学校のうち大学は地方公共団体の長が、その他は教育委員会が所管。
　33条　教育委員会は、……所管に属する学校の施設、設備、組織編制、教育課程、教材の取扱などの管理運営の基本的事項について、規則を定める。
　34条　教育委員会の所管に属する学校の校長、教員、事務職員等の職員は教育長の推薦により教育委員会が任命。
　〇全国的な基準の設定
　①学校の設置基準の設定……施行規則40条

Ⅲ　学校教育法

　小学校の設備、編制その他設置に関する事項は、この節に定めるもののほか、小学校設置基準の定めるところによる。

　※小学校設置基準（文部科学省令）小学校を設置するのに必要な最低基準
　　学級編制、教諭の数等、施設設備など

②学習指導要領等の教育課程の基準の設定
・学校教育法33条：小学校の教育課程に関する事項は、29条（目的）及び30条（目標）の規定に従い、文部科学大臣が定める
・学校教育法施行規則52条：小学校の教育課程については……教育課程の基準として文部科学大臣が別に公示する小学校学習指導要領によるものとする

　※幼稚園、中学校（学教法§48、施行規則74）、高等学校（学教法§52、施行規則84）、中等教育学校、特別支援学校も同様の規定あり

③教科書検定の実施……学校教育法
34条　小学校においては、文部科学大臣の検定を経た教科用図書又は文部科学省が著作の名義を有する教科用図書を使用しなければならない。

　※この規定は、中学校・高等学校・中等教育学校・特別支援学校に準用

④学級編制と教職員定数の標準の設定
・公立義務教育諸学校の学級編制および教職員定数の標準に関する法律
1条　この法律は、公立の義務教育諸学校に関し、学級規模と教職員の配置の適正化を図るため、学級編制及び教職員定数の標準について必要な事項を定め、もつて義務教育水準の維持向上に資することを目的とする。

⑤教員免許の基準の設定……教育職員免許法
1条　この法律は、教育職員の免許に関する基準を定め、教育職員の資質の保持と向上を図ることを目的とする。

　※免許状は都道府県の教育委員会が授与する（免許法5条7項）

Ⅲ 学校教育法

○教育条件整備に対する財政的支援
①公立小中学校等の教職員給与費の国庫負担(義務教育費国庫負担制度)
・義務教育費国庫負担法

1条　この法律は、義務教育について、義務教育無償の原則に則り、国民のすべてに対しその妥当な規模と内容とを保障するため、国が必要な経費を負担することにより、教育の機会均等とその水準の維持向上とを図ることを目的とする。

②学校施設建設等の経費の国庫負担や交付金の交付
・義務教育諸学校等の施設費の国庫負担等に関する法律

1条　この法律は、公立の義務教育諸学校等の施設の整備を促進するため、公立の義務教育諸学校の建物の建築に要する経費について国がその一部を負担することを定めるとともに、……交付金の交付等について定め、もつて義務教育諸学校等における教育の円滑な実施を確保することを目的とする。

③教科書の無償給与
・義務教育諸学校の教科用図書の無償措置に関する法律

3条　国は、毎年度、義務教育諸学校の児童及び生徒が各学年の課程において使用する教科用図書で……採択されたものを購入し、義務教育諸学校の設置者に無償で給付するものとする。

○学校教育の適正な実施のための支援
①教育内容や学校運営に関する都道府県・市町村への指導・助言・援助
・地教行法48条

1項　地方自治法……の規定によるほか、文部科学大臣……は都道府県又は市町村に対し、……都道府県又は市町村の教育に関する事務の適正な処理を図るため、必要な指導、助言又は援助を行うことができる。

2項　前項の指導、助言又は援助を例示すると、おおむね次のとおりである。

Ⅲ　学校教育法

一　学校……の設置管理に関する指導助言
二　学校の組織編制、教育課程、学習指導……教科書その他の教材の取り扱い……に関する指導助言
三～十（略）

(2)　都道府県
<u>○広域的な処理を必要とする教育事業の実施</u>
①小中学校等の教職員の任命（県費負担教職員の任命）……地教行法37条
県費負担教職員の任命権は、都道府県教育委員会に属する。
②小中学校等の教職員の研修……地方公務員法39条2項
　……研修は、任命権者が行うものとする。
<u>○市町村における教育条件整備に対する支援</u>
①小中学校等の教職員給与費の負担（県費負担教職員制度）
・市町村立学校教職員給与負担法
1条　市（特別区を含む。）町村立の小学校、中学校、中等教育学校の前期課程及び特別支援学校の校長、副校長、教頭…教諭の給料、扶養手当……は、都道府県の負担とする。
<u>○学校教育の適正な実施のための支援</u>
①教育内容や学校運営に関する市町村への指導・助言・援助
・地教行法48条
1項　地方自治法……の規定によるほか、……都道府県教育委員会は市町村に対し、市町村の教育に関する事務の適正な処理を図るため、必要な指導、助言又は援助を行うことができる。
2項　前項の指導、助言又は援助を例示すると、おおむね次のとおりである。

一　学校…の設置管理に関する指導助言
二　学校の組織編制、教育課程、学習指導……教科書その他の教材の取り扱い……に関する指導助言
三～十（略）

(3) 市町村
①小中学校の設置……学校教育法
38条　市町村は、その区域内にある学齢児童を就学させるに必要な小学校を設置しなければならない
49条　……37条から44条までの規定は、中学校に準用する
※高等学校の場合＝公立高等学校の適正配置及び教職員定数の標準等に関する法律（いわゆる高校標準法）4条
都道府県は……区域内の公立の高等学校の配置……に努めなければならない。この場合において、都道府県は、その区域内の私立の高等学校……の配置状況を十分に考慮しなければならない。
②小中学校の管理……地教行法
学校管理規則の制定（地教行法33条）
〔教育内容面〕
・教科書の採択
・教育課程の承認又は届出
・教材の承認又は届出
・教育内容や学校運営に関する学校への指導
・就学指定
・出席停止の決定
〔条件整備面〕

Ⅲ　学校教育法

・学校施設の建設・維持管理
・学校運営に関する諸費用の負担

2　教育課程

1　教育課程、学習指導要領の定義

(1)　教育課程とは

　学校において編成する教育課程とは、学校教育の目的や目標を達成するために、教育の内容を児童生徒の心身の発達に応じ、授業時数との関連において総合的に組織した学校の教育計画である（指導要領解説）。

　（教育課程の編成の基本的な要素は、学校の教育目標の設定、指導内容の組織及び授業時数の配当になる）

(2)　学習指導要領とは

　<u>学校教育の目的や目標を達成するためには</u>、<u>全国的に一定の教育水準を確保し、全国どこにおいても一定水準の教育を受ける機会を国民に保障する必要があり</u>、学習指導要領は<u>国民として共通に身につけるべき教育の内容を示した国の基準</u>である（全員に共通に指導すべき内容を示しているという意味では<u>最低基準</u>）。

　学教法33条（小）、48条（中）、52条（高）などに基づき、文部科学大臣が教育課程の基準として告示したもので、<u>法的拘束力</u>を有する。すなわち、各学校においては教育課程を編成する場合及び実施する場合には、これに従わなければならない。それとともに、各学校においては、学習指導要領に基づき、それぞれ主体性を発揮して、創意工夫を生かした特色ある教育課程を編成することが期待されている。

Ⅲ　学校教育法

> 〈参考〉伝習館高校事件判決
> 「<u>学習指導要領は、学校教育法の委任に基づいて、文部大臣が、告示として教育の内容及び方法についての基準を定めたもので、法規としての性質を有する</u>。」
> ①平成2年1月18日最高裁判決
> 　上告棄却（上告人は高校教諭、被上告人は福岡県教育委員会）
> 　<u>高等学校学習指導要領は、法規としての性質を有するとした原審の判断は、正当</u>として是認することができる。
> ②原審（福岡高裁）該当箇所要旨
> 　本件<u>学習指導要領は、学教法の委任に基づいて、文部大臣が、告示として、高等学校の教育の内容及び方法についての基準を定めたもので、法規としての性質を有する</u>ものということができる。
> 　本件<u>学習指導要領</u>は、高等学校教育における機会均等と一定水準の維持の目的のための教育の内容及び方法についての<u>必要かつ合理的な大綱的基準</u>を定めたものと認められ、法的拘束力を有するものということができるが、その適用に当っては、その<u>項目を文理解釈して適用すべきものではなく、その項目及びこれに関連する項目の趣旨に明白に違反するか否かをみるべきもの</u>と解するのが相当。

2　教育課程に関する法制上の仕組み

　学校教育法：各学校段階の目的、目標を規定（29、30条）。また、教科に関する事項は文部科学大臣が定めることを規定（33条）。

　学校教育法施行規則（省令）：各学校段階の各教科等の構成、年間標準授業時数を規定（50、51条、別表第一）。また、教育課程の基準として、文部科学大臣が別に公示する学習指導要領によることを規定（52条）。

3　学習指導要領の基準性などの論点

　学習指導要領は、国民として共通に身につけるべき教育内容、すなわち<u>各学校で最低限指導することが求められる内容</u>であり、かつ必要に応じて

Ⅲ 学校教育法

示されていない内容を加えて教えることができるという基準性を有する（最低基準性、授業時数は標準）。

近年、国の役割は、目標・基準の設定と評価及び基盤整備に重点を置き、地方や学校の裁量を拡大する方向にある（「義務教育の構造改革」平成17年10月中教審答申など）。

表 教育課程に関する国・教育委員会・学校の役割分担

国	学習指導要領など、学校が編成する教育課程の基準を制定
教育委員会（設置者）	教育課程など学校の管理運営の基本的事項について規則を制定
学校（校長）	教育課程を編成、実施

4 学習指導要領に係る特例

(1) 私立学校の教育課程編成に係る宗教教育の特例（教基法15条2項）

原則：小学校の教育課程は、国語、社会、算数、理科、生活、音楽、図画工作、家庭及び体育の各教科、道徳、外国語活動、総合的な学習の時間並びに特別活動によつて編成するものとする。（施行規則50条①）

私立学校：宗教をもって道徳に代えることができる。（施行規則50条②）

(2) 特別支援教育

特別支援学校は、視覚障害者、聴覚障害者、知的障害者、肢体不自由者又は病弱者（身体虚弱者を含む）に対して、幼稚園、小学校、中学校又は高等学校に準ずる教育を施すとともに、障害による学習上又は生活上の困難を克服し自立を図るために必要な知識技能を授けることを目的とする（学教法72条）。73条(特別支援学校)。74条(特別支援学校のセンター的機能)。

○特別支援学級（学教法81条、施行規則138条）

○障害のある児童生徒の指導（施行規則140条）
・自立、障害に対する訓練などの意味で、児童生徒の実態に即した指導が必要
・普通の児童生徒と同じにではなく、各自の心身の状況に適合するように指導する必要
・通級による指導（施行規則141条）：他の小中学校等で受けた授業を本来の在籍校で受けた特別の教育課程に係る授業とみなすことができる

(3) **研究開発学校**（施行規則55条、昭和51年制度化）
　次の学習指導要領改訂の実証的資料を得る目的で、児童生徒の教育上適切な配慮がなされていることを前提に、文部科学省の指定を受けて現行の学習指導要領によらないで研究開発を行う。研究費用が国から出される。
　「総合的な学習の時間」の創設や小学校の外国語活動の導入などはこの実績による。

(4) **教育課程特例校**（施行規則55条の2、平成20年4月～）
　学習指導要領によらない教育課程を文部科学大臣が認めて学校を指定（平成15～19年度は「構造改革特別区域研究開発学校」制度）。
・主な指定要件
ア：学習指導要領で全ての児童生徒が履修すべきとされる内容が適切に取り扱われていること
イ：総授業時数の確保。児童生徒の発達段階に応じた内容の系統性への配慮
　・指定学校数（平成24年4月）2,591校

(5) 不登校児童生徒を対象とした教育課程の弾力化（施行規則56条）

学校生活への適応が困難なため長期間欠席している児童生徒の実態に配慮した特別の教育課程の編成を認める。（平成16年に特区事業を全国化）

5 学習指導要領の法制的な沿革
(1) 昭和22年版―試案

学教法、学教法施行規則を受けて、教育課程（当時は教科課程）の基準として「試案」の形で作成。

新たに児童の要求と社会の要求とに応じて生まれた教科課程にどのように生かしていくか、教師自身が自分で研究していく手引きとして書かれたもの。

※自由研究、新設の社会科など全教科を通じて、生活体験、活動、自発性などの概念を重視（経験体験重視）

(2) 昭和26年版（基本的には(1)と同じ）

施行規則は昭和25年に改正され、「小学校の教育課程については、学習指導要領の基準による」と改められる。

(3) 昭和33年版（告示により基準としての性格を明確化）

施行規則を、「小学校の教育課程については、この節に定めるもののほか（具体的には、教科名に加えて、授業時数を年間最低授業時数として明示）、教育課程の基準として文部大臣が別に公示する小学校学習指導要領によるものとする」と改正。

※系統性の重視、生活・経験重視

Ⅲ　学校教育法

(4) 昭和43年版

施行規則の一部改正が行われ、従来年間授業時数を最低時数として示していたのを、<u>標準時数</u>とすることに改めた。

※系統性の重視、教育の現代化（小学校への集合、関数、確率の導入など）

※昭和52年版以降は法制面では大きな変化はない。

〈参考〉学習指導要領の変遷

(1) 昭和52年告示版（小：55年度実施、中：56年度実施）——「<u>ゆとりと充実</u>」
- 基礎・基本の重視のため教育内容を精選
- 標準授業時数を削減
- 「内容の取扱い」の項から指導に関する事項を大幅に削減し、学校の創意工夫の余地を拡大

(2) 平成元年告示版（小：平成4年度実施、中：平成5年度実施）——「<u>新しい学力観</u>」
- 学力を、習得した知識・技能の量として捉える学力観から、知識・技能に加えて自ら考え、判断し、よりよく解決し、実現する創造的な資質や能力として捉えるもの
- 自ら学ぶ意欲や、思考力、判断力、表現力などを学力の基本とする学力観
- 小1、2の生活科の新設、道徳教育の充実などで社会の変化に自ら対応できる心豊かな人間の育成を実現
- 指導要領の内容としては、個性をいかす教育を目指し、教科の学習内容をさらに削減

複数学年にわたる内容をまとめて示したり、授業の一単位時間を弾力的に扱うことができるようにするなど、基準の大綱化や弾力化が図られた。

(3) 平成10年告示版（小中：平成14年度実施）——「<u>ゆとり</u>」の中で「<u>生きる力</u>」を育む

教育内容を基礎的基本的事項に厳選（教科の学習内容を大幅に削減）するとともに、選択学習の幅を拡大しており、<u>学習指導要領の最低基準性</u>が一層明確となった。

総合的学習の時間の創設（小学校中学年～高校）、情報科の創設（高校）教科の内容を二学年まとめて示す、授業の一単位時間は各学校が適切に定めるなど、

各学校の創意工夫を生かし特色ある教育、学校づくりを進めることを一層推進。
　※公立学校の学校完全週5日制が実施（学校教育法施行規則）（昭和61年臨教審提言）

(4)　平成15年の一部改正─学習指導要領の基準性の明確化
　学習指導要領は、最低基準であるとともに、発展的学習が可能であることを明確化。
　「歯止め規定」の見直し：学習指導要領に定める内容はすべての児童に指導するものであって、各学校においてこれに加えて指導することができる旨の規定を引き続き置くことを踏まえ、各教科における「詳細な事項は扱わないものとする」といった歯止め規定は一部を除き削除・改正。
　※学力低下論争……学習指導要領の改訂（平成20年告示）
　・学習指導要領（平成10年告示）が直接批判の対象（ゆとり教育批判）
　・従来の学力論争は教育界内部の論争という面が強かったが、今回は学者だけでなく昭和52年以降のゆとり教育による大学生の学力低下などを契機にマスメディア経由で国民に広まった
　・産業界、経済界からの「国際競争力を弱める」批判
　・社会階層化、経済的格差が学力格差を生み、それが拡大再生産されるという批判

(5)　平成20年告示版（小：平成23年度実施、中：平成24年度実施）
　・知・徳・体のバランスとれた「生きる力」の育成を目指し、基礎的な知識や技能の習得と思考力、判断力、表現力を育成
　・授業時数は約30年ぶりに増加（小で週当たり低学年2コマ、中・高学年1コマ増加／中で週当たり1コマ増加）
　・総合的な学習の時間は、各教科の中で教科の知識・技能を活用する学習活動を充実することを踏まえ、週1コマ程度縮減
　・小学5、6年生に「外国語活動」の時間を創設
　・選択教科の授業時数を縮減し、必修教科の授業時数を増加

III　学校教育法

《資料》学校教育法施行規則（教育課程関係抜粋）
昭和22年5月23日文部省令第11号
最終改正：平成24年3月30日文部科学省令第14号

第4章　小学校
第2節　教育課程
　第50条　小学校の教育課程は、国語、社会、算数、理科、生活、音楽、図画工作、家庭及び体育の各教科（以下この節において「各教科」という。）、道徳、外国語活動、総合的な学習の時間並びに特別活動によつて編成するものとする。
　2　私立の小学校の教育課程を編成する場合は、前項の規定にかかわらず、宗教を加えることができる。この場合においては、宗教をもつて前項の道徳に代えることができる。
　第51条　小学校の各学年における各教科、道徳、外国語活動、総合的な学習の時間及び特別活動のそれぞれの授業時数並びに各学年におけるこれらの総授業時数は、別表第1に定める授業時数を標準とする。
　第52条　小学校の教育課程については、この節に定めるもののほか、教育課程の基準として文部科学大臣が別に公示する小学校学習指導要領によるものとする。
　第53条　小学校においては、必要がある場合には、一部の各教科について、これらを合わせて授業を行うことができる。
　第54条　児童が心身の状況によつて履修することが困難な各教科は、その児童の心身の状況に適合するように課さなければならない。
　第55条　小学校の教育課程に関し、その改善に資する研究を行うため特に必要があり、かつ、児童の教育上適切な配慮がなされていると文部科学大臣が認める場合においては、文部科学大臣が別に定めるところにより、第50条第1項、第51条又は第52条の規定によらないことができる。
　第55条の2　文部科学大臣が、小学校において、当該小学校又は当該小学校が設置されている地域の実態に照らし、より効果的な教育を実施するため、当該小学校又は当該地域の特色を生かした特別の教育課程を編成して教育を実施する必要があり、かつ、当該特別の教育課程について、教育基本法（平成18年法律第120号）及び学校教育法第30条第1項の規定等に照らして適切であり、児童の教育上適切な配慮がなされているものとして文部科学大臣が定める基準を満たしていると認める場合においては、文部科学大臣が別に定めるところにより、第50条第1項、第51条又は第52条の規定の全部又は一部によらないことができる。
　第56条　小学校において、学校生活への適応が困難であるため相当の期

間小学校を欠席していると認められる児童を対象として、その実態に配慮した特別の教育課程を編成して教育を実施する必要があると文部科学大臣が認める場合においては、文部科学大臣が別に定めるところにより、第50条第1項、第51条又は第52条の規定によらないことができる。

第8章　特別支援教育
第138条　小学校若しくは中学校又は中等教育学校の前期課程における特別支援学級に係る教育課程については、特に必要がある場合は、第50条第1項、第51条及び第52条の規定並びに第72条から第74条までの規定にかかわらず、特別の教育課程によることができる。

第139条　前条の規定により特別の教育課程による特別支援学級においては、文部科学大臣の検定を経た教科用図書を使用することが適当でない場合には、当該特別支援学級を置く学校の設置者の定めるところにより、他の適切な教科用図書を使用することができる。

第140条　小学校若しくは中学校又は中等教育学校の前期課程において、次の各号のいずれかに該当する児童又は生徒（特別支援学級の児童及び生徒を除く。）のうち当該障害に応じた特別の指導を行う必要があるものを教育する場合には、文部科学大臣が別に定めるところにより、第50条第1項、第51条及び第52条の規定並びに第72条から第74条までの規定にかかわらず、特別の教育課程によることができる。
1　言語障害者
2　自閉症者
3　情緒障害者
4　弱視者
5　難聴者
6　学習障害者
7　注意欠陥多動性障害者
8　その他障害のある者で、この条の規定により特別の教育課程による教育を行うことが適当なもの

第141条　前条の規定により特別の教育課程による場合においては、校長は、児童又は生徒が、当該小学校、中学校又は中等教育学校の設置者の定めるところにより他の小学校、中学校、中等教育学校の前期課程又は特別支援学校の小学部若しくは中学部において受けた授業を、当該小学校若しくは中学校又は中等教育学校の前期課程において受けた当該特別の教育課程に係る授業とみなすことができる。

別表第1（第51条関係）

区分		第1学年	第2学年	第3学年	第4学年	第5学年	第6学年
各教科の授業時数	国語	306	315	245	245	175	175
	社会			70	90	100	105
	算数	136	175	175	175	175	175
	理科			90	105	105	105
	生活	102	105				
	音楽	68	70	60	60	50	50
	図画工作	68	70	60	60	50	50
	家庭					60	55
	体育	102	105	105	105	90	90
道徳の授業時数		34	35	35	35	35	35
外国語活動の授業時数						35	35
総合的な学習の時間の授業時数				70	70	70	70
特別活動の授業時数		34	35	35	35	35	35
総授業時数		850	910	945	980	980	980

※備考

1　この表の授業時数の1単位時間は、45分とする。

2　特別活動の授業時数は、小学校学習指導要領で定める学級活動（学校給食に係るものを除く。）に充てるものとする。

3　第50条第2項の場合において、道徳のほかに宗教を加えるときは、宗教の授業時数をもつてこの表の道徳の授業時数の一部に代えることができる。（別表第2及び別表第4の場合においても同様とする。）

3　学校と家庭・地域との連携

1　学校運営に保護者・地域住民等の意見を反映させる仕組み
(1)　学校評議員制度（平成 12 年 4 月導入）
　①根拠：「我が国の地方教育行政の今後の在り方について」（平成 10 年中教審答申）を踏まえ、学校教育法施行規則を改正（49 条）。
　②位置づけ：<u>校長が必要に応じて学校運営に関する保護者や地域住民の意見を聞くための制度</u>。<u>個人として意見を求めるもの</u>。実際の運営上は、学校評議員が一堂に会して意見を交換し合う機会を設ける例がみられる。我が国で初めて地域住民の学校運営への参画の仕組みを制度化。
　③学校数の割合：公立学校の 86.5％（平成 21 年 3 月）→ 80.2％（平成 24 年 3 月）。
　※学校運営協議会を設置している学校の約半数が学校評議員を廃止している

(2)　学校運営協議会制度（平成 16 年 9 月導入）
　①根拠：「今後の学校の管理運営の在り方について」（平成 16 年中教審答申）等を踏まえ、地方教育行政の組織及び運営に関する法律を改正（47 条の 5）。
　※学校運営協議会を置く学校のことを「コミュニティ・スクール」という（通称）
　②位置づけ：<u>学校の運営について、教育委員会の組織として、一定範囲で法的な効果を持つ意思決定を行う合議制の機関</u>として学校運営協議会を設置することを可能とした。
　③指定学校数：2,389 校（235 市町村）（平成 27 年 4 月）→ 2,806 校（294 市町村）（平成 28 年 4 月）。

(3) 学校評価の実施等に係る総合的な根拠規定の整備（平成 19 年 12 月）
　①根拠：「新しい時代の義務教育を創造する」（平成 17 年中教審答申）等を踏まえ、学校教育法及び同施行規則を改正。
　②位置づけ：学校評価の実施・公表に関し、<u>自己評価については義務</u>、<u>学校関係者評価については努力義務</u>として位置づけるとともに、評価結果の設置者への報告に関する規定を整備（施行規則 66、67 条）。
　③学校数：平成 26 年度に国公立学校のほぼ 100％が自己評価、95％以上が学校関係者評価を実施。自己評価で 94％、学校関係者評価で 92％が学校運営の組織的・継続的改善に有効と回答。

2　保護者・地域住民が<u>学校を支援する</u>仕組み

(1) 学校支援地域本部事業（平成 20 年度より事業実施）
　①根拠：法的根拠はない。国の財政措置：地方自治体向け補助事業。国が 1/3 を補助。
　②位置づけ：地域住民が、学校支援ボランティアとして学校や子どもたちの教育活動を支援する活動を組織的に継続して行うための体制整備を支援する事業。地域住民等のボランティアの集まりで任意団体である。
　③学校数：平成 27 年度は全国で 4,146 本部（小：6,568 校、中：3,039 校）（642 市町村）。
　※全公立小・中学校の 32％をカバー

(2) 放課後子ども教室事業（平成 19 年度より事業実施）
　①根拠：法的根拠はない。国の財政措置：地方自治体向け補助事業。国が 1/3 を補助。

②位置づけ：放課後や週末等に小学校の余裕教室等を活用した居場所を設け、地域住民の参画を得て、すべての子どもを対象に学習や様々な体験・交流活動、スポーツ・文化活動の機会を提供する取組。
③学校数：平成27年度は全国で14,392教室（1,077市町村）。
※全国公立小学校の48%をカバー
※子どもが犠牲となる犯罪・凶悪事件が相次いで発生し社会問題化したことや、子どもを取り巻く家庭や地域の教育力の低下が指摘される中、「地域子ども教室推進事業（文科省）」と「放課後児童健全育成事業（厚労省）」の放課後対策事業を、連携して実施することに当時の文部科学大臣及び厚生労働大臣が合意し、「放課後子どもプラン」を創設した
cf.「放課後児童健全育成事業」《厚労省》保護者が労働等により昼間家庭にいないおおむね10歳未満の児童に、適切な遊び及び生活の場を提供

3 関係法令

(1) <u>教育基本法（抄）</u>

（学校、家庭及び地域住民等の相互の連携協力）

第13条　学校、家庭及び地域住民その他の関係者は、教育におけるそれぞれの役割と責任を自覚するとともに、相互の連携及び協力に努めるものとする。

(2) <u>学校評議員関連法令</u>

○<u>学校教育法施行規則（抄）</u>

第49条　小学校には、設置者の定めるところにより、学校評議員を置くことができる。

2　学校評議員は、<u>校長の求めに応じ</u>、学校運営に関し<u>意見を述べる</u>こ

とができる。

3　学校評議員は、当該小学校の職員以外の者で教育に関する理解及び識見を有するもののうちから、校長の推薦により、当該小学校の設置者が委嘱する。

　※これらの規定は、幼稚園、中学校、高等学校、中等教育学校、特別支援学校に、それぞれ準用する

(3)　コミュニティ・スクール関連法令
　○地方教育行政の組織及び運営に関する法律（抄）
　第47条の5　教育委員会は、教育委員会規則で定めるところにより、その所管に属する学校のうちその指定する学校（以下この条において「指定学校」という）の運営に関して協議する機関として、当該指定学校ごとに、学校運営協議会を置くことができる。

2　学校運営協議会の委員は、当該指定学校の所在する地域の住民、当該指定学校に在籍する生徒、児童又は幼児の保護者その他教育委員会が必要と認める者について、教育委員会が任命する。

3　指定学校の校長は、当該指定学校の運営に関して、教育課程の編成その他教育委員会規則で定める事項について基本的な方針を作成し、当該指定学校の学校運営協議会の承認を得なければならない。

4　学校運営協議会は、当該指定学校の運営に関する事項（次項に規定する事項を除く）について、教育委員会又は校長に対して、意見を述べることができる。

5　学校運営協議会は、当該指定学校の職員の採用その他の任用に関する事項について、当該職員の任命権者に対して意見を述べることができる。この場合において、当該職員が県費負担教職員（第55条第1項、第58条

第1項又は第61条第1項の規定により市町村委員会がその任用に関する事務を行う職員を除く)であるときは、市町村委員会を経由するものとする。

6　指定学校の職員の任命権者は、当該職員の任用に当たつては、前項の規定により述べられた<u>意見を尊重</u>するものとする。

7　教育委員会は、学校運営協議会の運営が著しく適正を欠くことにより、当該指定学校の運営に現に著しい支障が生じ、又は生ずるおそれがあると認められる場合においては、その指定を取り消さなければならない。

8　指定学校の指定及び指定の取消しの手続、指定の期間、学校運営協議会の委員の任免の手続及び任期、学校運営協議会の議事の手続その他学校運営協議会の運営に関し必要な事項については、教育委員会規則で定める。

(4)　学校評価関連法令
○<u>学校教育法（抄）</u>
　第42条　<u>小学校</u>は、文部科学大臣の定めるところにより当該小学校の<u>教育活動その他の学校運営の状況</u>について評価を行い、その結果に基づき学校運営の改善を図るため必要な措置を講ずることにより、その教育水準の向上に<u>努めなければならない</u>。

　第43条　小学校は、当該小学校に関する保護者及び地域住民その他の関係者の理解を深めるとともに、これらの者との連携及び協力の推進に資するため、当該小学校の教育活動その他の学校運営の状況に関する情報を<u>積極的に提供</u>するものとする。

　　※これらの規定は、幼稚園、中学校、義務教育学校、高等学校、中等教育学校、特別支援学校、専修学校、各種学校に、それぞれ準用する

○<u>学校教育法施行規則（抄）</u>
　第66条　小学校は、当該小学校の教育活動その他の学校運営の状況に

ついて、自ら評価を行い、その結果を公表するものとする。

2　前項の評価を行うに当たつては、小学校は、その実情に応じ、適切な項目を設定して行うものとする。

第67条　小学校は、前条第一項の規定による評価の結果を踏まえた当該小学校の児童の保護者その他の当該小学校の関係者（当該小学校の職員を除く）による評価を行い、その結果を公表するよう努めるものとする。

第68条　小学校は、第66条第1項の規定による評価の結果及び前条の規定により評価を行つた場合はその結果を、当該小学校の設置者に報告するものとする。

　※これらの規定は、幼稚園、中学校、義務教育学校、高等学校、中等教育学校、特別支援学校、専修学校、各種学校に、それぞれ準用する

4　コミュニティ・スクール

(1)　制度の導入

地域とともにある学校づくりを推進するため、保護者や地域住民が学校運営に参画する「学校運営協議会」制度を導入（平成16年に「地方教育行政の組織及び運営に関する法律」の一部を改正）。

(2)　学校運営協議会の主な役割

○校長の作成する学校運営の基本方針の承認
○学校運営について、教育委員会又は校長に意見
○教職員の任用に関して、教育委員会に意見（教育委員会はその意見を尊重して教職員を任用）

図 コミュニティ・スクールのイメージ

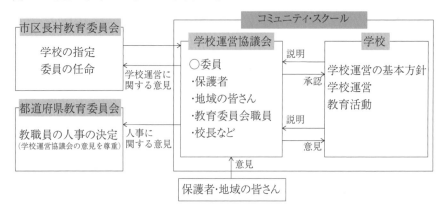

(3) 現状（平成27年4月現在）

全国2,389校（全国5道県235市区町村の教育委員会）がコミュニティ・スクールに指定。幼稚園95園、小学校1,564校、中学校707校、高等学校13校、特別支援学校10校と、小・中学校を中心に指定校の数は増加。

教育振興基本計画では、平成25～29年度の5年間で、コミュニティ・スクールの数の全公立小・中学校の1割（約3,000校）への拡大を掲げている。

表　コミュニティ・スクール数：44都道府県内2,389校（平成27年4月現在）
　　（幼稚園95、小学校1,564、中学校707、高等学校13、特別支援学校10）

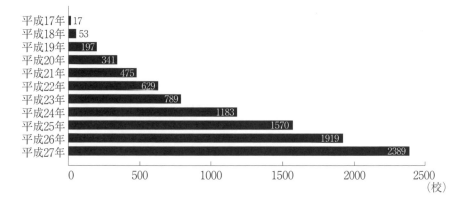

Ⅲ　学校教育法

図　平成27年度　コミュニティ・スクールの指定状況

○コミュニティ・スクール:44都道府県内　2,389校
　（幼稚園95、小学校1,564、中学校707、高等学校13、特別支援学校10）

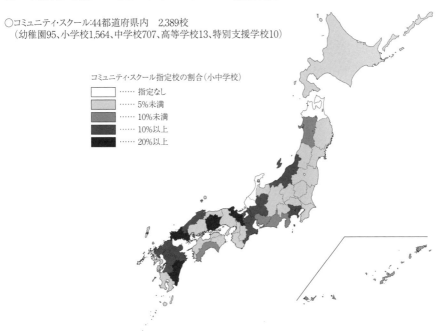

コミュニティ・スクール指定校の割合（小中学校）
- 指定なし
- 5％未満
- 10％未満
- 10％以上
- 20％以上

平成26年4月1日

幼稚園	94	園
小学校	1,240	校
中学校	565	校
高等学校	10	校
特別支援学校	10	校
合計	1,919	校

470校増 →

平成27年4月1日

幼稚園	95	園
小学校	1,564	校
中学校	707	校
高等学校	13	校
特別支援学校	10	校
合計	2,389	校

(4)　成果（「平成27年度コミュニティ・スクールの実態に関する調査」より）

　○コミュニティ・スクールに指定した理由（教育委員会回答）

「学校を中心としたコミュニティづくりに有効だと考えたから」
「学校支援活動の活性化に有効と考えたから」
「学校改善に有効と考えたから」

その他「教職員の意識改革に有効と考えたから」「学校評価の充実に有効と考えたから」「教育課程の改善・充実に有効と考えたから」「生徒指導上の課題解決に有効だと考えたから」など

○コミュニティ・スクールに指定された学校の成果（校園長回答）

「学校と地域が情報を共有するようになった」（91.4%）

「地域が学校に協力的になった」（85.1%）

「特色ある学校づくりが進んだ」（82.7%）

その他「学校関係者評価が効果的に行えるようになった」（79.5%）「地域と連携した取組が組織的に行えるようになった」（79.3%）「子供の安全・安心な環境が確保された」（79.2%）「管理職の異動があっても継続的な学校運営がなされている」（79.1%）「学校が活性化した」（76.5%）「保護者・地域による学校支援活動が活発になった」（74.4%）「学校に対する保護者や地域の理解が深まった」（73.6%）「校長のリーダーシップが向上した」（70.7%）など

さらに同調査では、地域との連携により学校運営の改善が図られる中で、教職員の意識改革や、学力や学習意欲の向上、生徒指導上の課題の解決等の成果認識があるほか、学校を核とした協働活動が行われることに伴って、地域の教育力の向上や地域の活性化等の成果認識も明らかとなっている。

(5) コミュニティ・スクールの課題（指定校校長回答）

（平成23年度コミュニティ・スクールの実態と成果に関する調査）

「学校運営協議会に対する一般教員の関心が低い」（59.1%）

「学校運営協議会の存在や活動が保護者・地域にあまり知られていない」（57.5％）

「会議の日程調整・準備に苦労する」（54.8％）

「管理職や担当教職員の勤務負担が大きい」（52.4％）

「委員謝礼や活動費などの資金が十分でない」（51.7％）

「適切な委員の確保・選定に苦労する」（51.3％）

27年度調査では、コミュニティ・スクール未指定の教育委員会が導入していない主な理由として「学校評議員制度や類似制度があるから」「地域連携がうまく行われているから」「すでに保護者や地域の意見が反映されているから」「コミュニティ・スクールの成果が明確でないから」「学校支援地域本部等が設置されているから」といった不要感が上位に挙げられる。

なお、平成25年度コミュニティ・スクールに関する調査を見ると、指定前後の課題に対する校長の課題認識の多くは、指定によって大きく解消される傾向が見られる。

(6) 今後のコミュニティ・スクールのあり方（平成27年12月21日中教審答申「新しい時代の教育や地方創生の実現に向けた学校と地域の連携・協働の在り方と今後の推進方策について」より）

◆コミュニティ・スクールの仕組みとしての学校運営協議会制度の基本的方向性

○学校を応援し、地域の実情を踏まえた特色ある学校づくりを進める役割を目的として明確化。

○現行の機能は引き続き備えた上で、教職員の任用に関する意見に関しては、柔軟な運用。

○<u>地域住民や保護者</u>が<u>学校支援に関する総合的な企画・立案</u>を行い、学校と連携・協力を促進。

○<u>校長のリーダーシップ</u>の発揮の観点から、学校運営協議会委員の任命に校長の意見を反映。

○小中一貫教育など学校間の円滑な接続に資するため、<u>複数校で一つの</u>学校運営協議会を設置できる仕組み。

◆制度的位置付けに関する検討

○学校が抱える複雑化・困難化した課題を解決し、子供たちの生きる力を育むためには、地域住民や保護者等の参画を得た学校運営が求められており、コミュニティ・スクールの仕組みの導入により、地域との連携・協働体制が組織的・継続的に確立される。

○このため、<u>全ての公立学校がコミュニティ・スクールを目指すべき</u>であり、学校運営協議会の制度的位置付けの見直しも含めた方策が必要。その際、基本的には学校又は教育委員会の自発的な意志による設置が望ましいこと等を勘案しつつ、教育委員会が、積極的にコミュニティ・スクールの推進に努めていくよう制度的位置付けを検討。

5　学校評価

(1)　目的と内容

各学校が自らの教育活動等の成果や取組を不断に検証することにより、

①学校運営の<u>組織的・継続的な改善</u>を図る

②各学校が保護者や地域住民等に対し、適切に<u>説明責任を果たし</u>、その理解と協力を得る

③学校に対する<u>支援や条件整備等の充実</u>につなげる

Ⅲ 学校教育法

表 学校評価の内容

	法令上の位置づけ	評価の内容
自己評価	・<u>実施・公表の義務</u> ・評価結果の設置者への報告の義務	・各学校が教育活動その他の学校運営の状況について自ら行う評価
学校関係者評価	・<u>実施・公表の努力義務</u> ・評価結果の設置者への報告の義務	・保護者、地域住民等の学校関係者が、自己評価の結果を踏まえて行う評価
第三者評価	・法令上の義務づけはない	・学校運営に関する外部の専門家を中心とした評価者により、専門的視点から行う評価

(2) 経緯

平成 19 年　　　学校教育法及び同法施行規則を改正

　　　　　　　・自己評価の実施・公表について義務化

　　　　　　　・学校関係者評価の実施・公表について努力義務化

　　　　　　　・評価結果の設置者への報告について義務化について規定

平成 20 年 1 月　「学校評価ガイドライン」の改訂

平成 20 年 7 月　「教育振興基本計画」に盛り込む

平成 22 年 7 月　「学校評価ガイドライン」を再度改訂

　　　　　　　　第三者評価に係る内容を追加

学校関係者評価の実施状況（平成 26 年度）

国公私で 85.7%（23 年度 83.9%より上昇）。国立 95%、公立 96%、私立 45%

※学校の情報提供：学校便り配布 86%、ホームページ作成 83%、直接説明 65%、メール配信 22%。全項目で上昇、地域に開かれた学校作りが進展

(3) 地域とともにある学校づくりと実効性の高い学校評価の推進

〔学校評価の在り方に関するワーキンググループとりまとめ（概要）（平

成24年3月12日)〕

　すべての学校で実効性の高い自己評価と学校関係者評価を一体的に実施。
①基本的考え方
・学校評価を、教育活動その他の学校運営の改善のための組織的な取組により進める
・学校評価の実施や学校からの情報提供を学校と地域の人々との関係づくりと捉えて積極的に進める
・設置者や国は、全ての学校において実効性の高い学校評価が行われるよう支援する
②実効性の高い学校評価とは
・学校、学校関係者及び設置者のそれぞれにとっても、学校運営の改善や教育水準の向上、子どもの成長につながっているという有用感のある取組
③実効性を高めるための各学校における取組
ア：学校内における取組の充実
・設置者の学校教育に関する方針を踏まえて、系統化・重点化した目標を設定する
・全教職員の参加と協働により組織的に学校評価を企画・実施する
・ＩＣＴ活用等により効率的・効果的に学校評価を行う体制を構築する
イ：学校関係者との連携・協働
・学校からの積極的な情報提供により、学校の説明責任を果たすとともに、学校関係者の学校への理解促進と連携強化を図る
・学校運営協議会等の既存の仕組みを活用して学校関係者評価委員を確保する
・学校関係者が回答しやすいよう、外部アンケートを工夫する
④実効性の高い学校評価の推進のための設置者と国の役割
ア：設置者による支援の充実

III　学校教育法

- 明確な学校教育に関する方針を策定し、各学校の評価と連動させる
- 研修等による継続的な人材育成を図る
- 中学校区単位等の学校間連携を促進する
- 指導主事の育成など教育委員会の組織体制を充実する
- 効率化と負担軽減のための学校のＩＣＴ環境を整備する
- 各学校の情報提供・発信の指針となるガイドライン等を策定する
- 地域や学校の実情等に応じ、第三者評価を実施する
- 学校評価と教育委員会の自己点検・評価を連動させる

イ：<u>国</u>による支援等

- 研修等により、実効性の高い学校評価を推進する人材を育成する
- 学校関係者が当事者意識を持って学校評価に参加できるよう、学校運営協議会等の取組を推進する
- 各大学において教員養成段階の取組を支援する
- 調査研究の実施や好事例の収集をもとに成果を普及する
- 各学校における実効性の高い学校評価の実施状況を調査・把握する
- 全ての学校で自己評価と学校関係者評価が一体的に行われるよう、制度面も含む施策を検討する

6　学校選択制

(1)　就学校の指定

　<u>市町村教育委員会は</u>、市町村内に小学校（中学校）が<u>2校以上ある場合</u>、就学予定者が<u>就学すべき小学校（中学校）を指定する</u>こととされている（学校教育法施行令第5条）。

(2) 通学区域

就学校の指定をする際の判断基準として、市町村教育委員会があらかじめ設定した区域をいう。

この「通学区域」については、法令上の定めはなく、就学校の指定が恣意的に行われたり、保護者にいたずらに不公平感を与えたりすることのないようにすることなどを目的として、道路や河川等の地理的状況、地域社会がつくられてきた長い歴史的経緯や住民感情等それぞれの地域の実態を踏まえ、各市町村教育委員会の判断に基づいて設定されている。

(3) 学校選択制

市町村教育委員会は、就学校を指定する場合に、就学すべき学校について、あらかじめ保護者の意見を聴取することができる（学校教育法施行規則第32条第1項）。この保護者の意見を踏まえて、市町村教育委員会が就学校を指定する場合を学校選択制という。便宜的に分類すると、主に以下のようなタイプがある。

表　タイプ別学校選択制

自由選択制	当該市町村内の全ての学校のうち、希望する学校に就学を認めるもの
ブロック選択制	当該市町村内をブロックに分け、そのブロック内の希望する学校に就学を認めるもの
隣接区域選択制	従来の通学区域は残したままで、隣接する区域内の希望する学校に就学を認めるもの
特認校制	従来の通学区域は残したままで、特定の学校について、通学区域に関係なく、当該市町村内のどこからでも就学を認めるもの
特定地域選択制	従来の通学区域は残したままで、特定の地域に居住する者について、学校選択を認めるもの

Ⅲ　学校教育法

(4) 就学校の変更及び区域外就学

①就学校の変更（学校教育法施行令第8条）

市町村教育委員会から指定された就学校が、保護者の意向や子どもの状況等に合致しない場合において、<u>保護者の申立により、市町村教育委員会が相当と認めるときには、市町村内の他の学校に変更することができる</u>（学校教育法施行令第8条）。

また、<u>市町村教育委員会は、就学校を指定する通知において、この保護者の申立ができる旨を示すこととなっている</u>（学校教育法施行規則第32条第2項）。

図　就学指定に係る市町村教育委員会の事務手続き

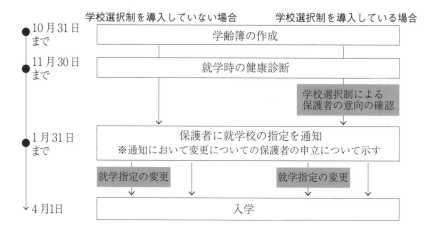

②区域外就学

一定の手続を経て、<u>関係市町村教育委員会間の協議が整えば、他の市町村等の学校にも就学することができる</u>（学校教育法施行令第9条）。

「区域外就学」の場合には、保護者はY市町村等の教育委員会の承諾を

Ⅲ　学校教育法

あらかじめ得た上で、地元のX市町村等の教育委員会に届け出る必要がある。その際、Y市町村等の教育委員会は、承諾をする前に、X市町村の教育委員会と協議しなければならない。

図　区域外就学のイメージ

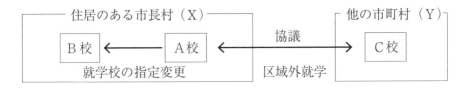

(5) 就学指導委員会

教育上特別な配慮が必要な児童・生徒については、就学校の指定に当たって、心身の故障の種類、程度等に関する慎重な判断が求められる。このため、市町村教育委員会には、就学指定について専門家による調査・審議を行う「就学指導委員会」を設置し、適正な就学手続きの実施を図ることが重要である（学校教育法施行令第18条の2）。

(6) 学校選択制に関する文部省（平成13年から文部科学省）の取組

平成8年の行政改革委員会、平成12年の教育改革国民会議、平成13年の総合規制改革会議から、それぞれ学校選択の弾力化について提言があり、文部省（その後文部科学省）はそれぞれ下表のような対応をしてきた。

表　学校選択制等就学校指定に係る制度の弾力化に関する文部科学省のこれまでの取組

平成9年度	通学区域の弾力的運用について通知（平成9年度）通学区域制度の運用に当たっては、各市町村教育委員会において、地域の実情に即し、保護者の意向に十分配慮した多様な工夫を行うよう通知

III　学校教育法

平成9年度 平成12年度(第2集) 平成14年度(第3集)	通学区域制度の運用に関する事例集を作成し、市町村教育委員会等に配付
平成14年度	学校教育法施行規則の一部を改正 ・就学校の指定の際、あらかじめ保護者の意見を聴取できること、その際の手続等を公表することを規定 ・就学校の変更の際、その要件及び手続を明確化し公表するものとすることを規定

　その後、平成17年12月の規制改革・民間開放推進会議から学校選択制のさらなる促進の答申が出されたため、文科省では①事例集の配布、②市町村教委に対し学校選択制の導入の是非について保護者等を含む地域住民の意向を踏まえた検討を求めることとした。
　また、学校教育法施行規則を平成19年3月に改正し、市町村教委が就学校を指定する通知において、指定の変更を保護者が申し立てられる旨を示した。

(7)　市町村の取組
　多数の市町村で導入されているいわゆる学校選択制については、保護者が学校により深い関心を持つこと、保護者の意向、選択、評価を通じて特色ある学校づくりを推進できることなどのメリットが指摘されている反面、学校の序列化や学校間格差が発生するおそれがあること、学校と地域とのつながりが希薄になるおそれがあることなどのデメリットも指摘されている。
　このため、いわゆる学校選択制の導入については、地域の実情や保護者の意向に即して各教育委員会において適切に判断することが重要である。

(8) 最近の状況

　学校選択制を目指す市町村もあれば、学校選択制を見直す市町村もあるなど、多様な動きとなっている。平成24年調査で自治体の内訳は、下記のとおりである。

表　学校選択制の実施状況（平成24年）

		小学校	中学校
A1	実施・廃止予定なし	234（15.1%）	195（15.6%）
A2	導入検討中又は導入を決定	26（ 1.7%）	18（ 1.4%）
	積極派	16.8%	17.0%
B1	非実施・導入検討なし	1,267（81.9%）	1,022（81.8%）
B2	非実施・廃止済	8（ 0.5%）	6（ 0.5%）
B3	廃止検討中又は廃止を決定	12（ 0.8%）	9（ 0.7%）
	慎重派	83.2%	83.0%

　この数は、平成13～20年にかけて、小学校で毎年20～30地域、中学校で13～30地域の伸びを示していたが、以後は伸びが停滞し、平成21年度以降はほぼ横ばいである。（上記A1+B3）

　このうち、自由選択制を取り入れている自治体が多い都道府県は順に①東京都（小5自治体、中23）②広島県（小6、中10）③埼玉県（中9）④北海道（小4、中3）などである。

III　学校教育法

表　学校選択制を導入している設置者数の推移

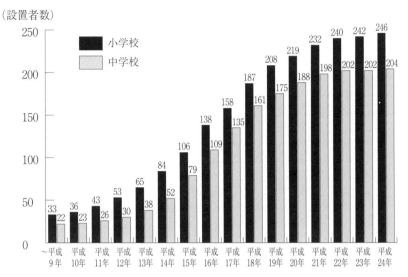

※　学校選択制を導入している設置者数
（ただし、平成24年10月1日現在の設置者に対して調査したものであるため、市町村合併の影響により当時の設置者数とは異なる）

〈参考〉公立小学校・中学校における学校選択制の実施状況について調査結果（平成24年10月1日現在）

表　学校選択制実施の形態（複数回答）

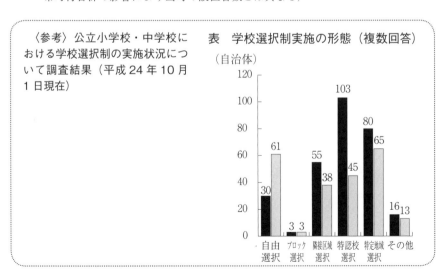

Ⅲ　学校教育法

〈参考〉文科省による学校選択制の自治体に対する実施調査（平成24年10月1日）

①学校選択制を導入して良かったこと
・子どもが自分の個性に合った学校で学ぶことができた（導入自治体の小49％、中60％）
・保護者の教育への関心が高まった（小36％、中47％）
・選択や評価を通して特色ある学校づくりができた（小33％、中35％）など

②学校選択制を導入しない理由
・学校と地域の連携が希薄になる恐れ（導入してない自治体の小74％、中74％）
・通学距離が長くなり安全の確保が困難（小61％、中60％）
・入学者が大幅に減少し適正な学校規模を維持できない恐れ（小57％、中56％）
・学校間の序列化や学校間格差が生じる恐れ（小42％、中47％）など

③廃止を検討又は決定した理由
・学校と地域の連携が希薄になった（対象自治体の小40％、中40％）
・入学者が大幅に減少し適正な学校規模を維持できない学校が生じた（小30％、中33％）
・通学距離が長くなり安全の確保が困難（小25％、中33％）
・当初期待していた効果が十分に得られない（小15％、中33％）

4 教科書

1 教科書とは

(1) 定義

「小学校、中学校、高等学校、中等教育学校及びこれらに準ずる学校において、教育課程の構成に応じて組織排列された教科の主たる教材として、教授の用に供せられる児童又は生徒用図書であり、文部科学大臣の検定を経たもの又は文部科学省が著作の名義を有するもの」(教科書の発行に関する臨時措置法第2条)

(2) 種類と使用義務

すべての児童生徒は、教科書を用いて学習する必要がある。教科書には、文部科学省の検定を経た教科書(文部科学省検定済教科書)と、文部科学省が著作の名義を有する教科書(文部科学省著作教科書)があり、<u>学校教育法第34条は、小学校においては、文部科学大臣の検定を経た教科用図書又は文部科学省が著作の名義を有する教科用図書を使用しなければならない</u>と定めている(この規定は、中学校、高等学校、中等教育学校、特別支援学校にも準用されている)。

なお、高等学校、中等教育学校の後期課程、特別支援学校並びに特別支援学級において、適切な教科書がないなど特別な場合には、これらの教科書以外の図書(一般図書)を教科書として使用することができる。

Ⅲ　学校教育法

2　教科書が使用されるまで
(1)　著作・編集
　現在の教科書制度は、<u>民間の教科書発行者による教科書の著作・編集</u>が基本。各発行者は、学習指導要領、教科用図書検定基準等をもとに、創意工夫を加えた図書を作成し検定申請する。

(2)　検定
　図書は、文部科学大臣の検定を経てはじめて、学校で教科書として使用される資格を与えられる。発行者から検定申請された申請図書は、教科書として適切であるかどうかを文部科学大臣の諮問機関である<u>教科用図書検定調査審議会</u>に諮問されるとともに、文部科学省の教科書調査官による調査が行われる。<u>審議会での専門的・学術的な審議</u>を経て答申が行われると、文部科学大臣は、この答申に基づき検定を行う。<u>教科書として適切か否かの審査</u>は、<u>教科用図書検定基準</u>に基づいて行われる。

〈参考〉いわゆる「近隣諸国条項」について（教科用図書検定基準（告示））
・各教科固有の条件〔社会科〕／選択・扱い及び組織・分量
　(4)　近隣のアジア諸国との間の近現代の歴史的事象の扱いに国際理解と国際協調の見地から必要な配慮がされていること。

①高等学校教科用図書検定基準（地理歴史科・公民科）においても同様の基準が規定されている
②昭和56年度高校歴史教科書の検定について、「侵略」を「進出」に修正させていたなどの報道を契機に、中国・韓国からの記述の修正を求める申し入れ（昭和57年7月）
③政府として中国・韓国の批判に耳を傾け、政府の責任において是正する旨の宮沢官房長官談話を発表（同年8月）
④文部省は、これを受け、教科用図書検定基準を改正（いわゆる「近隣諸国条項」を追加）するとともに、文部大臣談話を発表（同年11月）

(3) 採択

　検定済教科書は、通常、1種目（教科書の教科ごとに分類された単位をいう。例：小学校国語（1～6年）、中学校社会（地理的分野）、高等学校数学Ⅰ）について数種類存在するため、この中から学校で使用する1種類の教科書が決定（採択）される必要がある。採択の権限は、公立学校については所管の教育委員会に、国・私立学校については、校長にある。採択された教科書の需要数は、文部科学大臣に報告される。

(4) 発行（製造・供給）及び使用

　文部科学大臣は、報告された教科書の需要数の集計結果に基づき、各発行者に発行すべき教科書の種類及び部数を指示する。この指示を承諾した発行者は、教科書を製造し、供給業者に依頼して各学校に供給する。供給された教科書は、児童生徒の手に渡り、使用される。

(5) 義務教育教科書の無償給与制度について

　国・公・私立の義務教育諸学校（小・中学校、中等教育学校の前期課程及び特別支援学校の小・中学部）で使用される教科書については、全児童生徒に対し、国の負担によって無償で給与されている。

《趣旨》憲法26条の義務教育無償の精神をより広く実現するとともに、保護者の教育費負担の軽減のみならず、わが国の次代を担う児童生徒の国民的自覚を深めるという教育的意義を有する。

3　教科書検定

(1) 意義

教科書の検定とは、民間で著作・編集された図書について、文部科学大臣が教科書として適切か否かを審査し、これに合格したものを教科書として使用することを認めること。

　教科書検定制度は、教科書の著作・編集を民間に委ねることにより、著作者の創意工夫に期待するとともに、検定を行うことにより、適切な教科書を確保することをねらいとして設けられているもの。

　なお、検定において欠陥を指摘する際には、記述内容を具体的に指示するものではなく、どのような記述とするかは申請図書の著作・編集者の判断に委ねられている。

　また、教科書の記述に関して、国の歴史認識を問われる場合があるが、教科書検定においては、国が特定の歴史認識や歴史事実を確定するという立場で行うものではない。

(2)　**必要性**

　小・中・高等学校の学校教育においては、国民の教育を受ける権利を実質的に保障するため、全国的な教育水準の維持向上、教育の機会均等の保障、適正な教育内容の維持、教育の中立性の確保などが要請されている。

　このような要請にこたえるため、小・中・高等学校等の教育課程の基準として学習指導要領を文部科学大臣が定めるとともに、教科の主たる教材として重要な役割を果たしている教科書について検定を実施している。

(3)　**検定を行う時期**

　検定は、それぞれの教科書について、おおむね4年ごとの周期で行われる。文部科学大臣は、検定を行うに当たっては、その前年度に検定の申請を行うことのできる図書の種目及び期間を告示することとしている。

〈参考〉教科書が使用されるまで

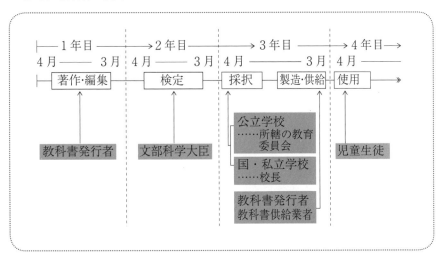

(4) 教科書検定に関する根拠規定
○学校教育法
・文部科学大臣の指定した教科用図書等の使用義務について規定（34条１項）
・検定の申請に係る教科用図書に関し調査審議させるための審議会等について政令で定めることを規定（34条３項）
・この法律施行のために必要な事項については文部科学大臣が定めることを規定（142条）
学校教育法施行令
・法に規定する審議会は「教科用図書検定調査審議会」と規定（41条）
文部科学省組織令
・文部科学省に「教科用図書検定調査議会」を置くことを規定し、

Ⅲ　学校教育法

　　　同審議会は学校教育法の規定に基づきその権限に属する事項を処理することを規定（75条、77条1項）
　　・その他必要な事項については教科用図書検定調査審議会令で定めることを規定（77条2項）
　　┌教科用図書検定調査審議会令┐
　　　　・審議会の組織等について規定
○教科用図書検定規則（省令）
　　・教科書検定に係る手続きについて規定
　　・検定の基準は文部科学大臣が別に公示する教科用図書検定基準によることを規定（3条）
○教科用図書検定基準（告示）
　　・教科書検定を行う際の審査の基準について規定
　　〈審査の観点〉
　　①学習指導要領への準拠性　②児童生徒の発達段階への適応性
　　③教材の客観性・公正性・中立性　④内容の正確性

〔関係法令〕
①学校教育法（昭和22年法律第26号）（抄）
　第34条　小学校においては、文部科学大臣の検定を経た教科用図書又は文部科学省が著作の名義を有する教科用図書を使用しなければならない。
　3　第1項の検定の申請に係る教科用図書に関し調査審議させるための審議会等（中略）については、政令で定める。
　※34条の準用：第49条（中学校）、第49条の8（義務教育学校）、第62条（高等学校）、第70条（中等教育学校）、第82条（特別支援学校）
　第142条　この法律に規定するもののほか、この法律施行のため必要な

事項で、地方公共団体の機関が処理しなければならないものについては政令で、その他のものについては文部科学大臣が、これを定める。

②学校教育法施行令（昭和28年政令第340号）（抄）

（法第34条第3項の審議会等）

第41条　法第34条第3項（法第49条、第49条の8、第62条、第70条第1項及び第82条において準用する場合を含む）に規定する審議会等は、教科用図書検定調査審議会とする。

③文部科学省組織令（平成12年政令第251号）（抄）

第75条　法律の規定により置かれる審議会等のほか、本省に、次の審議会等を置く。

〔教科用図書検定調査審議会〕

第77条　教科用図書検定調査審議会は、学校教育法の規定に基づきその権限に属させられた事項を処理する。

2　前項に定めるもののほか、教科用図書検定調査審議会に関し必要な事項については、教科用図書検定調査審議会令（昭和25年政令第140号）の定めるところによる。

④教科用図書検定調査審議会令（昭和25年5月19日政令第140号）（抄）

第1条　教科用図書検定調査審議会（以下「審議会」という）は、委員30人以内で組織する。（以下略）

⑤教科用図書検定規則（平成元年4月4日文部省令第20号）（抄）

第1条　学校教育法（昭和22年法律第26号）第34条第1項（同法第49条、49条の8、第62条、第70条第1項及び第82条において準用する場合を含む）に規定する教科用図書の検定に関し必要な事項は、この省令の定めるところによる。

第2条　この省令において「教科用図書」とは、小学校、中学校、義務

教育学校、中等教育学校、高等学校並びに特別支援学校の小学部、中学部及び高等部の児童又は生徒が用いるため、教科用として編修された図書をいう。

第3条　<u>教科用図書（以下「図書」という）の検定の基準は、文部科学大臣が別に公示する教科用図書検定基準</u>の定めるところによる。

⑥義務教育諸学校教科用図書検定基準（平成21年3月4日文部科学省
　　告示第33号、平成28年4月1日改正）（抄）

第1章 総則

（1）……学校教育法に規定する小学校、中学校、義務教育学校、中等教育学校の前期課程並びに特別支援学校の小学部及び中学部において使用される義務教育諸学校教科用図書について、その検定のために必要な審査基準を定めることを目的とする。

（2）　本基準による審査においては、その教科用図書が、教育課程の構成に応じて組織排列された教科の主たる教材として、教授の用に供せられる児童又は生徒用図書であることにかんがみ、知・徳・体の調和がとれ、生涯にわたって自己実現を目指す自立した人間、公共の精神を尊び、国家・社会の形成に主体的に参画する国民及び我が国の伝統と文化を基盤として国際社会を生きる日本人の育成を目指す教育基本法に示す教育の目標並びに学校教育法及び学習指導要領に示す目標を達成するため、これらの目標に基づき、第2章及び第3章に掲げる各項目に照らして適切であるかどうかを審査するものとする。（以下略）

(5)　**家永教科書検定訴訟**

　家永三郎元東京教育大学教授が自著の<u>高等学校用日本史教科書</u>に対する検定を不服として、国を相手として提起した一連の訴訟。

※昭和37年度の不合格処分及び38年度の条件付合格処分に関して提起した

Ⅲ　学校教育法

損害賠償請求(第一次訴訟)、41年度の改訂不合格処分の取消しを求めた行政訴訟(第二次訴訟)、55年度の検定及び58年度の改訂検定に関して提起した損害賠償請求(第三次訴訟)の3件の訴訟がある

これらの訴訟を通じて、原告(家永元教授)は教科書検定制度及びその運用が違憲・違法であると主張するとともに、戦後の教育政策の在り方についてまで争点を広げた。

第二次訴訟について昭和45年に東京地裁判決(いわゆる杉本判決)が出され、検定処分を違法として取消しを認めたため大きな反響が起こった。控訴審でも50年に国側の敗訴となったが、**最高裁**ではその後の学習指導要領の改訂により訴えの利益が消滅した可能性があるとして、57年に東京高裁に差し戻し、平成元年の差戻し審判決は訴えの利益の消滅を確認して訴えを却下したため、原告側敗訴で終結した。

第一次訴訟については、昭和49年に東京地裁がほぼ国側の主張を認め(高津判決)、さらに61年の控訴審判決において国側の主張が全面的に認められ原告の請求は棄却された。平成5年の**最高裁**判決は控訴審判決をほぼ踏襲し、国側の全面勝訴。

第三次訴訟については平成元年の第一審判決で検定制度の合憲、合法性が再確認されたが、控訴審判決(川上判決)は、検定制度自体は合憲としながらも検定における裁量権の逸脱を一部認めた。

平成9年の**最高裁**判決では、検定制度自体は合憲としながらも検定における裁量権の逸脱を7件中4件認めた。

主な法律上の争点としては、教科書検定が表現の自由(憲法21条)や学問の自由(憲法23条)を侵害するか、教育行政は教育内容にも及び得るか、教科書検定は教育に関する不当な支配に当たるか(旧教育基本法10条)などである。

Ⅲ　学校教育法

表　家永訴訟　憲法・教育基本法上の争点

争点	家永氏の主張	国の主張	最高裁判決 （平成9年8月29日　三次訴訟）
表現の自由、検閲の禁止違反（憲法21条）	憲法21条は、表現・出版の自由の保障のもとで、教科書を執筆・出版する自由を国民に保障している。検定はかかる国民の自由を不当に制限するものであるから違憲である。 また、検定は、出版物の事前審査であるから、検閲に当たる。	教科書検定は、特定の図書に対して学校において使用し得る法律上の資格を付与、設定する行政処分であり、講学上の特許（設権行為）に属する。 検定は、教科書として適切かどうかを認定するもので、表現の自由とは無関係である。不合格図書も教科書として採択されないだけで、一般図書として自由に出版できるのであるから、検閲ではない。	表現の自由といえども無制限に保障されるものではなく、公共の福祉による合理的で必要やむを得ない限度の制限を受けることがあるが、普通教育の場においては、教育の中立・公正、一定水準の確保等の要請があり、これを実現するためには、これらの観点に照らして不適切と認められる図書の教科書としての発行、使用等を禁止する必要があること、その制限も、右の観点からして不適切と認められる内容を含む図書についてのみ、教科書という特殊な形態において発行することを禁ずるに過ぎないことなどを考慮すると、教科書の検定による制限は、合理的で必要やむを得ない限度のものというべきである。 本件検定は、一般図書としての発行を妨げるものではなく、発表禁止や発表前審査などの特質がないから、検閲に当たらない。
学問の自由違反（憲法23条）	検定は、著者の学問研究の結果の発表を制限するもので、学問の自由を侵害する。	小・中・高等学校の教科書は、学問研究の結果の発表ではなく、一定の教育的配慮のもとに書かれるべきものである。 学問研究の自由は、小・中・高等学校の教科書にまで及ぶものではない。	教科書は、教育課程の構成に応じて組織排列された教科の主たる教材として、普通教育の場で使用される児童・生徒用の図書であって、学術研究の結果の発表を目的とするものではない。 本件検定は、申請図書に記述された研究結果が、いまだ学界において支持を得ていなかったり、当該科目、当該学年の児童・生徒の教育課程で取り上げるにふさわしい内容と認められない場合などに、教科書の形態における研究結果の発表を制限するにすぎないから、憲法23条に違反しない。

III 学校教育法

教育の自由違反（憲法26条）	検定は、公権力により、教育内容を一方的、かつ画一的に押し付け、国民の自由な教育を受ける権利を侵害する。	検定は、全国の教育水準を一定に保ち、子どもに適切な教育内容を与えることにより国民の教育を受ける権利を十全に保障するため行うもので、まさに憲法26条の趣旨を表現するものである。	憲法上、社会公共的な問題について、国民全体の意思を組織的に決定、実現すべき立場にある<u>国</u>は、子ども自身の利益の擁護や子どもの成長に対する社会公共の利益と関心にこたえるため<u>必要かつ相当と認められる範囲</u>において、<u>子どもに対する教育内容を決定する権能を有しており、教育行政が許容される目的のために必要かつ合理的と認められる規制を</u>施すことは禁止されていないから、文部大臣が行う<u>教科書の検定は、憲法26条、教育基本法10条に反しない。</u>
教育内容への関与（旧教育基本法10条）	行政の教育内容への介入は、教育基本法10条で禁止されているにもかかわらず、検定は権力的に教育内容に加入しており、違憲である。	教育行政は法律の定めるところにより、国民の教育意思を実現する権限と責任を負うものであって、当然教育内容にも及び得る。検定は、教育基本法にも定める教育目標を実現するために必要な条件整備の一環として行われるもので教育基本法10条の趣旨に沿うものである。	

※その他、<u>法治主義違反</u>（憲法13条、41条、73条6号）、<u>適正手続違反</u>（憲法31条）も争点となった（略）

4 教科書採択

(1) 採択の権限

　教科書の採択とは、種目（国語、算数などの教科書の科目ごとに分類した単位）ごとに数種類発行されている教科書の中から、学校で使用する教科書を決定すること。その権限は、<u>公立学校</u>では、その学校を設置する<u>市町村・都道府県の教育委員会</u>が、<u>国・私立学校</u>では<u>校長</u>が実施。

Ⅲ　学校教育法

(2) 採択の仕組み（共同採択）

　公立小・中学校の教科書については、<u>教員の教科書研究</u>や<u>児童生徒の転校時における利便</u>、また<u>迅速確実な教科書供給</u>などの理由から、都道府県教育委員会が<u>採択地区（市町村、これらをあわせた区域</u>。政令市の場合は区、区をあわせた区域）を設定し、<u>採択地区内</u>では、市町村教育委員会が協議して、都道府県教育委員会の指導・助言・援助を受けつつ、種目ごとに<u>同一の教科書を採択</u>しなければならないこととなっている。

　※義務教育諸学校の教科用図書の無償措置に関する法律（以下、「無償措置法」と略）

　採択地区内の市町村は、共同採択を行うため<u>採択地区協議会</u>を設けなければならず、ここに学校の教員等からなる調査員を置くなどして共同調査・研究を行っている。

　※高等学校の教科書の採択について法令の具体的な定めはないが、各学校の実態に即して、公立の高等学校については、採択の権限を有する所管の教育委員会が採択を行っている

　現在の共同採択制度については、<u>採択権限を有する市町村教育委員会の意向が適切に反映されにくい</u>等の課題が指摘される一方、<u>小規模自治体では教科書の十分な調査研究が困難</u>であるとの指摘もある。

　※採択地区数：580地区（平成27年4月）cf.478地区（平成10年4月）
　　一地区は平均3市町村で構成

　義務教育諸学校の教科書については、採択期間の制度を設け、一定期間継続して同一の教科書を採択することとしている。

(3) 採択を行う時期

　義務教育諸学校用教科書については、使用年度の前年度の8月31日までに行わなければならない。高等学校用教科書については、法令の定めは

Ⅲ　学校教育法

ないが、需要数報告期限との関係で、ほぼ同じ時期に採択が行われる。

　4～5月　　各発行者から見本本の送付
　5～6月頃　都道府県教委における調査研究、選定資料の作成
　　　　　　※都道府県教委において4～8月の間教科用図書選定審議会を設置
　5～8月頃　採択地区等における調査研究・採択決定
　(6～7月　 教科書展示会)
　8月31日　<u>小・中学校使用教科書についての採択期限</u>
　9月16日　教科書需要数(翌年度における児童生徒・教員の使用見込み数)の報告期限
　翌年4月　各学校で教科書の使用開始

(4)　採択の法的な仕組み
　①国
　○文部科学省は、都道府県・市町村教育委員会に対し、公正かつ適正な教科書採択の実施について**指導・助言**を行う　……地教行法48条
　②都道府県
　○都道府県教委は、市町村教委の行う採択事務について、適切な**指導、助言、援助**を行わなければならない　……無償措置法10条
　○指導、助言、援助を行うときは、あらかじめ<u>教科用図書選定審議会</u>の意見を聞かなければならない　……無償措置法11条
　○教科用図書選定審議会は、都道府県教委の諮問に応じ、次に掲げる事項を調査審議し、又は建議する　……無償措置法施行令8条
　　ア：都道府県教委の行う採択基準や選定資料の作成その他指導、助言、援助に関する重要事項
　　イ：都道府県が設置する小中学校等において使用する教科書の採択に関

III 学校教育法

する事項

○都道府県教委は、あらかじめ市町村教委の意見を聞いて、**市町村、こ
れらを併せた地域に教科用図書採択地区を設定しなければならない**
　……無償措置法12条（平成27年4月1日～　それまでは「市、郡、
これらをあわせた地域」）

（政令市の場合、区又は区をあわせた地域　……無償措置法16条）

③市町村

○**市町村立の小中学校**で使用する教科書の**採択権限は、当該市町村教委
にある**　……地教行法21条6号

○市町村教委は、都道府県教委の指導、助言、援助により、種目ごとに
1種の教科書を採択する　……無償措置法13条1項

○**採択地区が2以上の市町村**のときは、地区内の市町村教委は、**協議
を行うための協議会（採択地区協議会）を設けて協議の結果に基づき
種目ごとに同一の教科書を採択しなければならない**　……無償措置
法13条4項、5項

・この規定が市町村教委間で協議を行う法的根拠だが、採択地区協議会
自体も法定の組織となる

・市町村教委間で行う協議が整わない場合、都道府県教委が適切な指導、
助言、援助を行うことが制度上予定されており、国は、これにより採
択の適切な実施に努めるよう指導している

・また、採択地区協議会等、他市町村の教委との協議に臨む前に、それ
ぞれの教委が採択方針を予め決めておくことや、協議が一度で整わな
い場合にそなえ、再協議が可能なスケジュールで採択事務を進めると
ともに、再協議の手続きを定めておくなど、採択事務に関するルール
をそれぞれの地区で定め、予め公表することにより、採択手続きを明

確にしておくなどの取組を行うよう指導している
○採択は8月31日までに行わなければならない　……無償措置法施行令14条

〈参考条文〉
①地方教育行政の組織及び運営に関する法律（抄）（昭和31年6月30日法律第162号）
（教育委員会の職務権限）
第21条　<u>教育委員会</u>は、当該地方公共団体が処理する教育に関する事務で、次に掲げるものを管理し、及び執行する。
6　<u>教科書その他の教材の取扱い</u>に関すること
②義務教育諸学校の教科用図書の無償に関する法律（抄）（昭和37年3月31日法律第60号）
（趣旨）
第1条　義務教育諸学校の教科用図書は、無償とする。
2　前項に規定する措置に関し必要な事項は、別に法律で定める。
③義務教育諸学校の教科用図書の無償措置に関する法律（抄）（昭和38年12月21日法律第182号）
（定義）
第2条　この法律において「義務教育諸学校」とは、学校教育法（昭和22年法律第26号）に規定する小学校、中学校、義務教育学校、中等教育学校の前期課程並びに特別支援学校の小学部及び中学部をいう。
（教科用図書の無償給付）
第3条　国は、毎年度、義務教育諸学校の児童及び生徒が各学年の課程において使用する教科用図書で第13条、第14条及び第16条の規定により採択されたものを購入し、義務教育諸学校の設置者に無償で給付するものとする。
（採択地区）
第12条　<u>都道府県の教育委員会は、当該都道府県の区域について、市町村の区域又はこれらの区域を併せた地域に、教科用図書採択地区</u>（以下この章において「採択地区」という。）<u>を設定しなければならない</u>。
2　都道府県の教育委員会は、採択地区を設定し、又は変更しようとするときは、あらかじめ市町村の教育委員会の意見をきかなければならない。
（教科用図書の採択）
第13条　都道府県内の<u>義務教育諸学校</u>（都道府県立の義務教育諸学校を除く。）において使用する<u>教科用図書の採択</u>は、第10条の規定によつて当該都道府県の教育委員会が行なう指導、助言又は援助により、種目（教科用図書の教科ごとに

Ⅲ　学校教育法

分類された単位をいう。以下同じ。）ごとに一種の教科用図書について行なうものとする。

　4　第1項の場合において、<u>採択地区が2以上の市町村の区域を併せた地域であるとき</u>は、当該採択地区内の市町村の教育委員会は、<u>協議により規約を定め、当該採択地区内の市町村立の小学校、中学校及び義務教育学校において使用する教科用図書の採択について協議を行うための協議会（次項及び第17条において「採択地区協議会」という。）を設けなければならない。</u>

　5　前項の場合において、当該採択地区内の市町村教育委員会は、採択地区協議会における協議の結果に基づき、種目ごとに同一の教科用図書を採択しなければならない。

　④**義務教育諸学校の教科用図書の無償措置に関する法律施行令（抄）**（昭和39年2月3日政令第14号）

　（採択の時期）

　第14条　義務教育諸学校において使用する教科用図書の採択は、当該教科用図書を使用する年度の前年度の8月31日までに行わなければならない。

　⑤**教科書の発行に関する臨時措置法（抄）**（昭和23年7月10日法律第132号）

　第7条　市町村の教育委員会、学校教育法（昭和22年法律第26号）第2条第2項に規定する国立学校及び私立学校の長は、採択した教科書の需要数を、都道府県の教育委員会に報告しなければならない。

　2　都道府県の教育委員会は、都道府県内の教科書の需要数を、文部科学省令の定めるところにより、文部科学大臣に報告しなければならない。

　⑥**教科書の発行に関する臨時措置法施行規則（抄）**（昭和23年8月13日文部省令第15号）

　第14条　都道府県の教育委員会は、前条の教科書需要票に基づき、教科書需要集計一覧表を別に定める様式により作成して、9月16日までに文部科学大臣に提出しなければならない。

(5)　沖縄県八重山地区の採択問題

　①経緯

　ア：沖縄県八重山地区（石垣市、八重山郡（竹富町、与那国町）の3市町で構成）において、採択地区内の小中学校が使用する教科書について調査研究を行い、教科ごとに一点に選定する目的の、<u>八重山地区協議会（以下「協議会」という）</u>を設置

イ：協議会では、平成23年8月23日に国語等の全15種目について選定・答申し、公民は育鵬社を選定・答申（平成23年までは、公民は東京書籍を使用）

ウ：8月26日、石垣市及び与那国町では、協議会の選定結果どおりに採択されたが、27日、竹富町では、公民については協議会の選定結果とは別の教科書会社（東京書籍）を採択

エ：9月8日に3市町の全教育委員が参集して議論。公民教科書について東京書籍を「選定」することを多数決で可決
　・石垣市教育長と与那国町教育長から、この協議は無効である旨表明

オ：10月26日、文部科学大臣が考え方を示す（衆議院文部科学委員会）
　・現時点の状況では、8月23日の協議会の答申が無償措置法の規定による「協議の結果」であり、それに基づいて採択を行った教委（石垣市・与那国町）に対しては、教科書の無償給与をすることになる
　・「協議の結果」に基づいて採択を行っていない教委（竹富町）については、国の無償給与の対象にはならないが、地方公共団体自ら教科書を購入し、これを生徒に無償で給与することまで、法令上禁止されているものではない
　・教科書無償の趣旨を全うするためには、竹富町において教科書を購入し、これを生徒に無償で給与していただくほかないと考える

カ：竹富町では、民間からの寄付を財源にして東京書籍版の公民教科書（約1万6000円）を購入し採択した

②法的問題

地教行法23条6号（教育委員会の採択権限）と無償措置法13条4項（採択地区内の教育委員会で同一教科書を採択すること）との関係

Ⅲ　学校教育法

ア：参・義家議員提出の質問主意書に対する答弁（平成23年9月27日閣議決定）

「地教行法23条6号は、教育委員会が管理し執行する事務として、「教科書その他の教材の取扱いに関すること」と規定しており、公立小学校及び中学校等において使用する教科用図書の採択については、当該学校を設置する地方公共団体の教育委員会が行うこととされているが、無償措置法12条1項の規定に基づいて設定された採択地区が2以上の市町村の区域をあわせた地域であるときは、当該採択地区内の市町村立の小学校及び中学校において使用する教科用図書については、同法13条第4項の規定により、当該採択地区内の市町村の教育委員会が協議して種目ごとに同一の教科用図書を採択しなければならないとされており、採択地区内の市町村の教育委員会は、同項の規定による協議の結果に基づいて、同一の教科用図書を採択すべきものと考えている」

イ：衆・照屋寛徳議員提出の質問主意書に対する答弁（平成23年10月7日閣議決定）

「特別法とは、一般法に対するもので、当該一般法の適用領域の一部について特別の定めをするものをいうと解している。

地教行法及び無償措置法には、それぞれ適用領域を異にする部分もあることから、両法の全体がこのような一般法・特別法の関係にあるとはいえないが、教科用図書の採択についての教育委員会の権限については、地教行法23条6号が、教育委員会が管理し執行する事務として、「教科書その他の教材の取扱いに関すること」と規定し、一般的に、公立小学校及び中学校等において使用する教科用図書の採択については、当該学校を設置する地方公共団体の教育委員会が行うこととしているのに対し、無償措置法13条4項は、無償措置法12条1項の規定に基づいて設

定された採択地区が2以上の市町村の区域をあわせた地域であるときは、当該採択地区内の市町村立の小学校及び中学校において使用する教科用図書について、当該採択地区内の市町村の教育委員会が協議して種目ごとに同一の教科用図書を採択しなければならないとして、地教行法23条6号が規定する教科用図書の採択の権限の行使について特別の定めをしているところである。……」

(6) **教科書採択手続の改善**
（平成24年9月28日都道府県教委教育委員長宛　文部科学省初等中等教育局長通知）（抄）
①採択地区の適正規模化
　各市町村教育委員会の意向等を的確に踏まえ、採択地区がより適切なものとなるよう不断の見直しに努める。
②市町村教育委員会と採択地区との関係の明確化
　無償措置法第13条4項は、地方教育行政の組織及び運営に関する法律第23条第6号が規定する教科書の採択の権限の行使について特別の定めをしており、採択地区内の市町村教育委員会は、無償措置法第13条4項の規定による協議の結果に基づいて、同一の教科書を採択する必要がある。
　そのため、複数の市郡を合わせた採択区域の場合には、採択地区協議会などにおける市町村教育委員会間の協議に当たって、協議が調わない場合の再協議の手続きや、最終的な合意形成の方法をあらかじめ教育委員会間の調整のもと定めるよう指導するとともに、協議が調わない場合には適切な指導・助言を行い、採択地区内で同一の教科書になるよう指導に努めること。
③適正かつ公正な採択手続の確保
　引き続き、教職員の投票によって採択教科書が決定されるなど、採択権

者の責任が不明確になることがないよう、採択手続きの適正化を図る。
　さらに、教科書発行者の宣伝行為についてその実態を把握し、事前に適切な対策を講ずるなど、採択の公正確保の一層の徹底に努める。
　④開かれた採択の一層の推進
　引き続き、採択結果・理由など、採択に関する情報の積極的な公表に努める。

Ⅲ　学校教育法

5　国旗国歌の指導

1　現状
　児童生徒が将来、国際社会において尊敬され、信頼される日本人として成長していくためには、我が国のみならず他国も含めた国旗・国歌の意義を理解し、それらを尊重する態度を育てることが重要。

2　これまでの取組等
(1)　学習指導要領における国旗・国歌の取扱い……《資料①、②参照》
　○社会科では、小・中学校において、発達の段階に応じて、我が国の国旗と国歌の意義を理解させ、これを尊重する態度を育てるとともに、諸外国の国旗と国歌も同様に尊重する態度を育てること等を指導する
　○音楽科では、小学校の全学年において国歌を歌えるよう指導する
　○特別活動では、小・中・高等学校において、入学式や卒業式などにおいて、その意義を踏まえ、国旗を掲揚するとともに、国歌を斉唱するよう指導する

(2)　政府統一見解（「学校における国旗・国歌の指導について」）
　平成6年10月13日衆議院予算委員会（村山内閣）
　①学習指導要領は、学校教育法の規定に基づいて、各学校における教育課程の基準として文部省告示で定められたものであり、各学校においては、この基準に基づいて教育課程を編成しなければならないものである
　②学習指導要領においては、「入学式や卒業式などにおいては、その意義を踏まえ、国旗を掲揚するとともに、国歌を斉唱するよう指導する

Ⅲ　学校教育法

ものとする」とされており、したがって、校長教員は、これに基づいて児童生徒を指導するものである

③このことは、児童生徒の内心にまで立ち入って強制しようとする趣旨のものではなく、あくまでも教育指導上の課題として指導を進めていくことが必要である

(3)　国旗・国歌の法制化……《資料③参照》

平成 11 年 8 月 13 日に「国旗及び国歌に関する法律」が公布、即日施行。

長年の慣行により国民の間に国旗・国歌として定着していた「日章旗」・「君が代」について、成文法でその根拠を定めたもの。

この法律の施行に伴って、学校におけるこれまでの国旗及び国歌に関する指導の取扱いを変えるものではない。

(4)　教員の懲戒処分に関する裁判例……《資料④、⑤参照》

①ピアノ伴奏　平成 19 年 2 月 27 日最高裁判決

東京都日野市立の小学校の音楽専科の教員が、入学式の際に国歌斉唱のピアノ伴奏を命じた校長の職務命令に従わなかったことに対して受けた戒告処分の取消を請求した事件について、最高裁は、入学式等において音楽専科の教諭によるピアノ伴奏で国歌斉唱を行うことは、法令の趣旨にかなうものであり、本件職務命令は、その目的及び内容において不合理であるということは言えず、憲法 19 条の思想・良心の自由を侵すものではないとした。

②起立斉唱　平成 23 年 5 月 30 日最高裁判決

都立高校の教員が、卒業式における起立斉唱を命じた校長の職務命令に従わなかったことを理由に再雇用を拒否されたとして都教委に損害賠償を求めた事件について、最高裁は、本件職務命令は、外部的行動の制限を介

Ⅲ　学校教育法

して思想及び良心の自由についての間接的な制約となる面はあるものの、職務命令の目的、内容、制約の様態等を総合的に較量すれば、制約を許容し得る程度の必要性及び合理性が認められ、憲法19条の思想・良心の自由を侵すものではないとした。

※処分の程度について、平成24年1月16日の最高裁判決……《資料⑤参照》

(5)　入学式及び卒業式での国旗掲揚・国歌斉唱の実施状況

　平成14年度卒業式及び15年度入学式での国旗掲揚・国歌斉唱の実施状況は、多くの都道府県等において全校実施となり、全体としても概ね全校実施に近い状況。

　これを受け、16年春以降は、全国的な調査及びその結果を受けた指導通知の発出は行っていない。

《資料①》新学習指導要領における国旗・国歌の取扱い		
小学校	社会	〔第3学年及び第4学年〕 2　内容　(6)エ　人々の生活や産業と国内の他地域や外国とのかかわり 3　内容の取扱い　(7)イ　エについては、我が国や外国には国旗があることを理解させ、それを尊重する態度を育てるよう配慮すること。 〔第5学年〕 2　内容　(1)ア　世界の主な大陸と海洋、主な国の名称と位置、我が国の位置と領土 3　内容の取扱い　(1)ア　アの「主な国」については、近隣の諸国を含めて取り上げるものとすること。その際、我が国や諸外国には国旗があることを理解するとともに、それを尊重する態度を育てるよう配慮すること。 〔第6学年〕 2　内容　(3) 　ア　我が国と経済や文化などの面でつながりが深い国の人々の生活の様子 　イ　我が国の国際交流や国際協力の様子及び平和な国際社会の実現に努力している国際連合の働き

III　学校教育法

中学校	音楽	第3　指導計画の作成と内容の取扱い (3)　国歌「君が代」は、いずれの学年においても歌えるよう指導すること。 (なお、第1学年における共通教材として「日のまる」を取り扱うこととされている) (※平成20年3月の改訂において、「歌えるよう指導すること」とされた)
	特別活動	3．入学式や卒業式などにおいては、その意義を踏まえ、国旗を掲揚するとともに、国歌を斉唱するよう指導するものとする。
	社会	内容の取扱い　(5) ア　(ウ)「国家間の相互の主権の尊重と協力」との関連で、国旗及び国歌の意義並びにそれらを相互に尊重することが国際的な儀礼であることを理解させ、それらを尊重する態度を育てるよう配慮すること。
	特別活動	第3　指導計画の作成と内容の取扱い 3．入学式や卒業式などにおいては、その意義を踏まえ、国旗を掲揚するとともに、国歌を斉唱するよう指導するものとする。
高等学校	特別活動	第3　指導計画の作成と内容の取扱い 3．入学式や卒業式などにおいては、その意義を踏まえ、国旗を掲揚するとともに、国歌を斉唱するよう指導するものとする。

《資料②》小学校学習指導要領「音楽」新旧対照表
第6節　音楽
第3　指導計画の作成と内容の取扱い
1．指導計画の作成に当たっては、次の事項に配慮するものとする

平成20年改訂	平成10年改訂
(3)国歌「君が代」は、いずれの学年においても<u>歌えるよう</u>指導すること。	(3)国歌「君が代」は、いずれの学年においても指導すること。

〈参考：記述変更の理由〉
○改訂前の小学校学習指導要領「音楽」の「<u>解説</u>」(※)において、「入学式や卒業式等必要なときには、いつでも歌えるようにしておかなければならない」と記述している
※小学校指導要領解説「音楽」(抄)
　音楽科としては、このような意味から、国歌「君が代」をいずれの学年においても指導し、<u>入学式や卒業式等必要なときには、児童がいつでも歌えるよう</u>

Ⅲ 学校教育法

にしておかなければならない
○小学校学習指導要領「特別活動」(改訂前後とも)において、「入学式や卒業式などにおいては、その意義を踏まえ、国旗を掲揚するとともに、国歌を斉唱するよう指導するものとする」と記述されている
○パブリックコメント等において、「指導するだけではなく、しっかりと歌えるようにすべきだ」等の意見が寄せられた

官報(平成11年8月13日)《資料③》

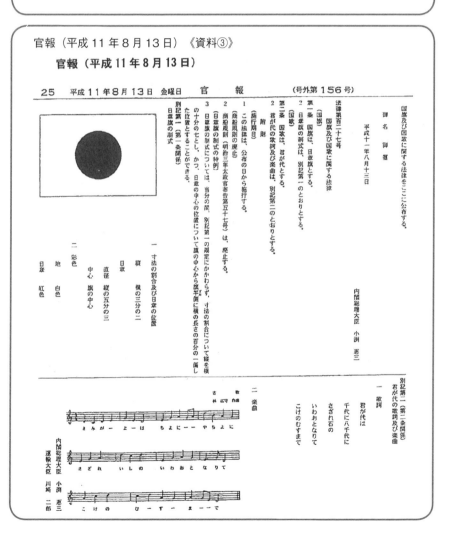

Ⅲ　学校教育法

《資料④》東京都日野市立小学校教員戒告処分取消請求事件概要

(1) 事案概要

　入学式の際に国歌斉唱のピアノ伴奏をするようにとの校長の職務命令に従わなかったことに対してなされた戒告処分の取消請求。

平成11年	4月1日	原告教諭は日野市立南平小学校に音楽専科の教諭として勤務。
	4月6日	入学式において、校長の職務命令に反して、国歌斉唱の際、ピアノ伴奏をしなかった。(テープ伴奏により対応)
	6月11日	東京都教育委員会が当該教員に対して戒告処分
	7月21日	原告教諭が東京都人事委員会に不服申立て
	10月26日	東京都人事委員会が不服申立てを棄却
平成15年	12月3日	東京地裁判決
平成16年	7月7日	東京高裁判決
<u>平成19年</u>	<u>2月27日</u>	<u>最高裁判決</u>

(2) 最高裁判決（抜粋）〔本件職務命令の**憲法19条**違反について〕

○学校の儀式的行事において「君が代」のピアノ伴奏をすべきでないとして<u>本件入学式の国歌斉唱の際のピアノ伴奏を拒否することは、上告人にとっては、上記の歴史観ないし世界観に基づく1つの選択ではあろうが、一般的には、これと不可分に結び付くものということはできず、上告人に対して本件入学式の国歌斉唱の際にピアノ伴奏を求めることを内容とする本件職務命令が、直ちに上告人の有する上記の歴史観ないし世界観それ自体を否定するものと認めることはできない</u>というべきである

○<u>本件職務命令</u>は、上記のように、公立小学校における儀式的行事において広く行われ、南平小学校でも従前から入学式等において行われていた国歌斉唱に際し、音楽専科の教諭にそのピアノ伴奏を命ずるものであって、<u>上告人に対して、特定の思想を持つことを強制したり、あるいはこれを禁止したりするものではなく、特定の思想の有無について告白することを強要するものでもなく、児童に対して一方的な思想や理念を教え込むことを強制するものとみることもできない</u>

○<u>入学式等において音楽専科の教諭によるピアノ伴奏で国歌斉唱を行うことは、これらの規定〈(注) 憲法15条2項、地方公務員法30条、同法32条 (法令及び上司の職務上の命令に従う義務) 及び、学校教育法及びこれに基づく学習指導要領のこと。〉の趣旨にかなうものであり、南平小学校では従来から入学

Ⅲ　学校教育法

式等において音楽専科の教諭によるピアノ伴奏で「君が代」の斉唱が行われてきたことに照らしても、<u>本件職務命令は、その目的及び内容において不合理であるということはできない</u>というべきである
○<u>本件職務命令は、上告人の思想及び良心の自由を侵すものとして**憲法19条**に反するとはいえない</u>と解するのが相当
※判決文中の「上告人」は戒告処分を受けた原告教員を指す

東京都再雇用拒否損害賠償上告事件概要（平成23年5月30日最高裁）
(1) 事案概要
・元 都立高等学校の教諭であった上告人は、在職中の平成16年3月の卒業式に、校長から国歌斉唱の際に起立斉唱行為を命ずる旨の職務命令を受けたにも関わらず、起立斉唱しなかったため、同月都教委から戒告処分を受けた
・上告人は、本処分以降は起立斉唱について拒否することはなかったが、平成19年3月に定年退職するに先立って行った再任用選考にあたり、都教委は、上記不起立行為が非違行為であることを理由として不合格とした
・こうした経緯の中、校長から発せられた職務命令は、上告人の思想及び良心の自由を侵害する違憲、違法なものであり、再雇用職員の採用選考において、上告人がこの職務命令に違反したことを理由とする不合格は、裁量権の逸脱、乱用にあたるとして、都に対し国家賠償法に基づき損害賠償の支払いを求めたもの

(2) 判決概要
○<u>起立斉唱行為を求める本件職務命令は、上告人の有する歴史観ないし世界観それ自体を否定するものということはできず、個人の思想及び良心の自由を直ちに制約するものと認めることはできない</u>
○もっとも、<u>起立斉唱行為が個人の歴史観ないし世界観に反する特定の思想の表明に係る行為そのものではないとはいえ、個人の歴史観ないし世界観に由来する行動と異なる外部的行為を求められることとなり、その限りにおいて、思想及び良心の自由の間接的な制約となる面があることは否定しがたい</u>
○しかしながら、このような<u>間接的な制約</u>が許されるか否かは、職務命令の目的及び内容並びにこのような制限を介して生ずる制約の態様等を<u>総合的に較量して、当該職務命令に上記の制約を許容し得る程度の必要性及び合理性が認められるか否かという観点から判断するのが相当である</u>
○<u>本件職務命令は、高等学校教育の目標や卒業式等の儀式的行事の意義、在り方等を定めた関係法令等の諸規定の趣旨に沿い、かつ、地方公務員の地位の性質及びその職務の公共性を踏まえた上で、生徒等への配慮を含め、教育上の行事にふさわしい秩序の確保とともに当該式典の円滑な進行を図るもので</u>

Ⅲ　学校教育法

あり、上記の制約を許容しうる程度の必要性及び合理性が認められる
○以上の諸事情を踏まえると、本件職務命令は、上告人の思想及び良心の自由を侵すものとして憲法19条に違反するとはいえないと解するのが相当
※判決文中の「上告人」は処分を受けた原告教員を指す

《資料⑤》東京都懲戒処分等取消請求事案の概要（平成24年1月16日最高裁判決）
(1) 事案1
　平成17年度の卒業式及び周年式典の国歌斉唱の際、起立して斉唱するよう職務命令を受けたにもかかわらず、国歌斉唱時に起立しなかったことから、東京都教委員会は職務命令違反及び信用失墜行為により停職処分（1月・3月）を行った。
　このため上告人らは停職処分の取消し及び精神的苦痛を受けたことによる慰謝料等を請求し提起したもの。
（経緯）
平成18年　3月　　都教委から懲戒処分（停職1月（1人）・停職3月（1人））
平成18年10月　　提訴
平成21年　3月　　都教委勝訴（東京地裁）→控訴
平成23年　3月　　都教委勝訴（東京高裁）→上告
平成24年　1月　　停職1月：違法、停職3月：適法

(2) 事案2
　卒業式の国歌斉唱の際に、起立して斉唱するよう又はピアノ伴奏するようにとの校長からの職務命令を受けたにもかかわらず、これに従わなかったことから東京都教育委員会は職務命令違反により戒告処分を行った。
　このため、戒告処分の取消し及び精神的苦痛を受けたことによる慰謝料等を求めて提訴したもの。
（経緯）
平成16年　5月　　都教委から懲戒処分（戒告（2人））
平成18年12月　　提訴
平成21年　2月　　都教委勝訴（東京地裁）→控訴
平成23年　3月　　都教委敗訴（東京高裁）→上告
平成24年　1月　　戒告：適法

Ⅲ 学校教育法

(3) 事案3
　卒業式、入学式及び周年行事の国歌斉唱の際に、起立して斉唱するよう又はピアノ伴奏するようにとの校長からの職務命令を受けたにもかかわらず、これに従わなかったことから、東京都教育委員会は職務命令違反により減給処分（1月）及び戒告処分を行った。
　このため、戒告処分の取消し及び精神的苦痛を受けたことによる慰謝料等を求めて提訴したもの。
（経緯）
平成16年3月他　都教委から懲戒処分（減給1月（1人）・戒告（166人））
平成19年2月　提訴
平成21年3月　都教委勝訴（東京地裁）→控訴
平成23年3月　都教委敗訴（東京高裁）→上告
平成24年1月　減給1月：違法、戒告：適法

東京都各停職処分取消等請求上告事件（平成24年1月16日最高裁）
(1) 事案概要（前頁 事案1）
　卒業式及び周年式典の国歌斉唱の際、起立して斉唱するよう職務命令を受けたにもかかわらず、国歌斉唱時に起立しなかったことから、東京都教委員会は職務命令違反及び信用失墜行為により停職処分（Aに対して1月・Bに対して3月）を行った。
（経緯途中略）平成24年1月　A（停職1月）：違法、B（停職3月）：適法

(2) 判決概要
○本件職務命令が憲法19条に違反するものでないことは、最高裁判決の趣旨に徴して明らか
○懲戒権者は、諸般の事情を考慮して、懲戒処分をすべきかどうか、また、懲戒処分をする場合にいかなる処分を選択すべきかを決定する裁量権を有しており、その判断は、それが社会観念上著しく妥当を欠いて裁量権の範囲を逸脱し、又はこれを濫用したと認められる場合に、違法となるものと解される
○本件職務命令の違反に対し、学校の規律や秩序の保持等の見地から重きに失しない範囲で懲戒処分をすることは、基本的に懲戒権者の裁量権の範囲内に属する事柄ということができると解される
○他方、不起立行為に対する懲戒において戒告を超えてより重い減給以上の処分を選択することについては、本件事案の性質等を踏まえた慎重な考慮が必要となるものといえる
　　不起立行為に対する懲戒において戒告、減給を超えて停職の処分を選択

Ⅲ　学校教育法

することが許容されるのは、過去の非違行為による懲戒処分等の処分歴や不起立行為の前後における態度等に鑑み、<u>学校の規律や秩序の保持の**必要性**</u>と処分による不利益の内容との権衡の観点から当該処分選択することの**相当性**を基礎付ける具体的な事情が認められる場合であることを要すると解すべきである

○上告人Aについては、<u>過去２年度の３回の卒業式等における不起立行為による懲戒処分を受けていることのみを理由</u>に懲戒処分として停職処分を選択した都教委の判断は、<u>停職期間の長短にかかわらず、処分の選択が重きに失するものとして社会観念上著しく妥当を欠き</u>、停職処分は懲戒者としての裁量権の範囲を超えるものとして違法の評価を免れないと解するのが相当である

○上告人Bについては、過去に、不起立行為以外の非違行為による３回の懲戒処分及び不起立行為による２回の懲戒処分を受け、前者のうち２回は卒業式における<u>国旗の掲揚の妨害と引き降ろし及び服務事故再発防止研修における国旗や国歌の問題に係るゼッケン着用をめぐる抗議による進行の妨害</u>といった<u>積極的に式典や研修の進行を妨害する行為</u>に係るものである上、更に国旗や国歌に係る対応につき<u>校長を批判する内容の文書の生徒への配布</u>等により<u>２回の文書訓告</u>を受けており、このような過去の処分歴に係る一連の非違行為の内容や頻度等に鑑みると、懲戒処分において停職処分を選択した都教委の判断は、<u>停職期間（３月）の点を含め、処分の選択が重きに失するものとして社会観念上著しく妥当を欠くものとはいえず、停職処分は懲戒権者としての裁量権の範囲を超え又はこれを濫用したものとして違法であるとはいえない</u>と解するのが相当である

Ⅲ　学校教育法

〈参考〉大阪府条例第 83 号
大阪府の施設における国旗の掲揚及び教職員による国歌の斉唱に関する条例
（目的）
第 1 条　この条例は、国旗及び国歌に関する法律（平成 11 年法律第 127 号）、教育基本法（平成 18 年法律第 120 号）及び学習指導要領の趣旨を踏まえ、府の施設における国旗の掲揚及び教職員による国歌の斉唱について定めることにより、府民、とりわけ次代を担う子どもが伝統と文化を尊重し、それらを育んできた我が国と郷土を愛する意識の高揚に資するとともに、他国を尊重し、国際社会の平和と発展に寄与する態度を養うこと並びに府立学校及び府内の市町村立学校における服務規律の厳格化を図ることを目的とする。

（定義）
第 2 条　この条例において「府の施設」とは、府の教育委員会の所管に属する学校の施設その他の府の事務又は事業の用に供している施設（府以外の者の所有する建物に所在する施設及び府の職員の在勤する公署でない施設を除く。）をいう。
2　この条例において「教職員」とは、府立学校及び府内の市町村立学校のうち、学校教育法（昭和 22 年法律第 26 号）第 1 条に規定する小学校、中学校、高等学校及び特別支援学校に勤務する校長、教員その他の者をいう。

（国旗の掲揚）
第 3 条　府の施設においては、その執務時間（地方自治法（昭和 22 年法律第 67 号）第 244 条第一項に規定する公の施設にあっては、府民の利用に供する時間）において、その利用者の見やすい場所に国旗を掲げるものとする。

（国歌の斉唱）
第 4 条　<u>府立学校及び府内の市町村立学校の行事において行われる国歌の斉唱にあっては、教職員は起立により斉唱を行うものとする</u>。ただし、身体上の障がい、負傷又は疾病により起立、若しくは斉唱するのに支障があると校長が認める者については、この限りでない。
2　前項の規定は、<u>市町村の教育委員会による服務の監督の権限を侵すものではない</u>。

（附則）
この条例は、公布の日から施行する。

Ⅲ 学校教育法

〈参考〉大阪府教育基本条例案（抄）※成立はしなかった
第3節 職務命令違反に対する処分の手続
（職務命令）
第35条 この節において職務命令とは、職務上の特に重要な命令として書面で行うものをいう。

（職務命令に対する不服の申立て）
第36条 職務命令に不服のある教員等は、当該職務命令のあった日から三十日以内に限り不服の申立てを行うことができる。ただし、過去に不服の申立てを行った結果が適正と決定された職務命令と同一の職務命令を除く。
2 府教育委員会は不服の申立てのあった日から30日以内に、職務命令が適正又は不当であるかを決定しなければならない。
3 職務命令が不当であると決定された場合、府教育委員会は、当該職務命令を取り消さなければならない。
4 府費負担教職員については、本条の規定に沿って、市町村教育委員会に不服の申立てを行うものとし、別に府規則で定める。

（職務命令違反に対する処分）
第37条 職務命令に違反した教員等は、戒告又は減給とする。
2 過去に職務命令に違反した教員等が、職務命令に違反した場合の標準的な懲戒処分は、停職とする。
3 前項による停職処分を行ったときは、教員等の所属及び氏名を併せて公表する。ただし、前条に基づく不服の申立てが有効になされており、停職処分が取り消される可能性のある場合は、停職処分が確定したのちに公表を行うものとする。
4 教員等に対して、第二項に基づく停職処分を行ったときは、府教育委員会は、分限処分に係る対応措置として、第30条第6項に基づき警告書の交付及び指導研修を実施し、必要に応じ同条第7項から第14項までに定める措置を実施しなければならない。

（常習的職務命令違反に対する処分）
第38条 前条第四項で規定される指導研修が終了したのちに、5回目の職務命令違反又は同一の職務命令に対する3回目の違反を行った教員等に対する標準的な分限処分は、免職とする。ただし、第36条に規定する不服の申立てが有効になされている場合は、要件に該当することが確定したのちに免職とする。
2 前項の規定は、府教育委員会が教員等を懲戒処分により免職とすることを妨げない。

Ⅳ 地方教育行政

1 教育委員会

1 教育委員会制度

(1) 役割

　○戦前の教育事務は、国の監督事務。戦後は地方の事務(教育の地方分権)
　○首長から独立した行政委員会として、教育行政を執行する合議制の機関。教育行政の①権力の集中を排除（執行機関の多元主義）、②政治的中立性、③継続性・安定性を確保。④地域住民の意向の反映（レイマン・コントロール）

(2) 教育委員会の職務権限（「地方教育行政の組織及び運営に関する法律」（以下「地教行法」と略す）21条各号に列挙）
　学校教育、社会教育、スポーツ、文化に関すること。
　※「文化」は「教育」に含めて定義（地教行法4条2項の定義に注意）
　《例》・学校、図書館、博物館、公民館などの教育機関の設置、管理運営
　　　　・学校その他の教育機関の職員の任免その他の人事に関すること
　　　　・教科書その他の教材の取扱いに関すること　等

(3) 首長の事務分担（地教行法22条）
　①・大学、私立学校に関すること
　　・教育財産の取得・処分、契約の締結、予算の執行に関すること
　　・教育長及び教育委員の任免（同4、7条）
　②スポーツ・文化は条例の定めるところにより首長が管理執行できる（地教行法23条）※平成20年4月施行の法改正により導入

Ⅳ　地方教育行政

(4) 国と地方の関係（地教行法第5章）——指導行政の重視
○指導、助言、援助（地教行法48条）という非権力的作用を中心として運営

> 〈参考〉地方教育行政の組織及び運営に関する法律（「地教行法」）の構成
> 第1章　総則
> 第2章　教育委員会の設置及び組織
> 第3章　教育委員会及び地方公共団体の長の職務権限
> 第4章　教育機関―市町村立学校の教職員に関する規定を含む
> 第5章　文部科学大臣及び教育委員会相互間の関係等
> 第6章　雑則―指定都市及び中核市の特例に関する規定を含む

2　教育委員会制度の概要（平成27年4月1日改正法施行後）
(1) 教育委員会制度の構成
　○教育委員会は、地域の学校教育、社会教育、文化、スポーツ等に関する事務を担当する機関として、全ての都道府県及び市町村等に設置
　○首長から独立した行政委員会としての位置付け
　○教育委員会(狭義)は教育長が招集する。教育行政における重要事項(学校の設置廃止や教職員の人事など)や基本方針を決定し、それに基づいて教育長が具体の事務を執行
　○月1～2回の定例会のほか、臨時会や非公式の協議会を開催（実態）
　○教育委員は非常勤で、原則4人。地方公共団体の長が議会の同意を得て任命。任期は4年で、再任可
　○教育長は常勤で、地方公共団体の長が議会の同意を得て任命。任期は3年で、再任可

Ⅳ 地方教育行政

図 教育委員会制度

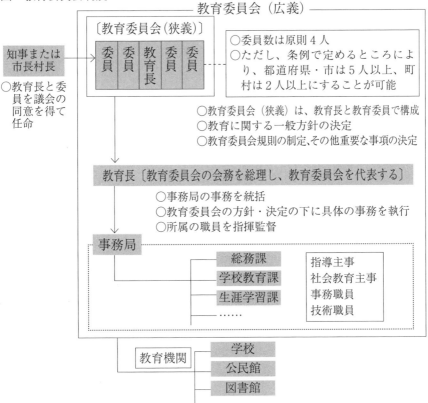

3 教育委員会制度に関する法律上の根拠
(1) 教育委員会に関する根拠法令
　①地方自治法
　執行機関として地方自治体に置かなければならない行政委員会として教育委員会を規定。

Ⅳ　地方教育行政

※行政委員会：合議制の行政官庁。権限行使につき一般行政権に対して独立性を保つ

　地方自治法第138条の4　普通地方公共団体にその執行機関として<u>普通地方公共団体の長の外</u>、法律の定めるところにより、<u>委員会又は委員を置く</u>。

　地方自治法第180条の5　執行機関として法律の定めるところにより普通地方公共団体に<u>置かなければならない委員会及び委員</u>は、下の通りである。
　　　　　　　　　一　<u>教育委員会</u>　二　選挙管理委員会　三　人事委員会又は公平委員会　四　監査委員

②地教行法（「地方教育行政の組織及び運営に関する法律」）教育委員会制度について組織、職務権限を規定。

(2)　**教育委員会の設置**

　都道府県、市町村、全部事務組合、一部事務組合に設置（地教行法2条）。

(3)　**教育委員会の組織**

　○教育長及び4人の委員で組織。ただし、条例で定めるところにより、都道府県・市は5人以上の委員、町村は教育長及び2人以上の委員とすることも可（3条）

　○教育長と委員は、地方公共団体の長が議会の同意を得て任命（4条）
　　任期は教育長が3年、委員は4年で、再任可（5条）

　○政治的中立性確保のため、同一政党所属の委員の制限等を規定（4条4項、7条2～3項、11条6項）

　○教育長は、教育委員会の会務を総理し、教育委員会を代表する（13条1項）

ここで「会務を総理する」とは、①教育委員会の会議を主宰し、②教育委員会の権限に属するすべての事務をつかさどり、③事務局の事務を統括し、所属の職員を指揮監督する、ことを指す

(4) **教育委員会の職務権限**
　○学校その他の教育機関の設置・管理・廃止、教育機関の職員の身分取扱い、社会教育、スポーツ、文化財保護に関する事務等（21条）

4　教育委員会制度の意義
(1) **権力の集中を排除（「執行機関の多元主義」）**
　首長に権限が集中して行政の公正さが損われるのを防ぐ必要。

〈参考〉国と地方の違い
　（国は教育委員会制度をとらないのに、なぜ地方では教育委員会制度をとるのか）

　①執行機関と立法機関との関係の違い
　国は議院内閣制（憲法66条～69条）。内閣が国会の多数決に基づいて組織され、その信任のもとで運営される。
　地方の首長はいわゆる大統領制。議会とは独立して選挙で選任（地自法17条）。議会からの独立性が強く権限も強い。
　②国は地方公共団体に対し、基本的に基準の設定、指導・助言を行う立場。学校を直接管理しない。
　地方公共団体は、学校を設置し、直接管理する立場。

Ⅳ　地方教育行政

(2) 政治的中立性の確保

個人の精神的な価値の形成を目指して行われる教育においては、その内容が中立公正であることが極めて重要。このため、教育行政の執行に当たっても、個人的な価値判断や特定の党派的影響力から中立性を確保することが必要。

(3) 継続性・安定性の確保

教育、特に義務教育は、子どもの健全な成長発達のため、学習期間を通じて一貫した方針の下、安定的に行われることが必要。

また、教育は、結果が出るまで時間がかかり、その結果も把握しにくい特性から、学校運営の方針変更などの改革・改善は漸進的なものであることが必要。

〔権力の集中排除、中立性・継続性・安定性を確保する仕組み〕

①首長からの独立性（地方自治法138条の4・180条の5、地教行法2条）

行政委員会の一つとして、独立した機関を置き、教育行政を単独で担当させる。⇒首長への権限の集中を防止し、中立的・専門的な行政運営を担保。

②合議制（地教行法3条・14条）

教育長と多様な属性を持った複数の委員による合議により、様々な意見や立場を集約した中立的な意思決定を行う。⇒教育行政の方針が一個人の価値判断により左右されることを防ぐ。

③教育長と委員の身分保障（地教行法5条1項・7条4項）

任期中は、一定の事由がある場合を除いては、失職・免職されない。

④教育長と委員の政治活動の制限（地教行法11条6項、12条1項）

教育長と教育委員は、政治的団体の役員となったり、積極的な政治活動をすることが禁止されている。⇒政治的中立性を確保。

Ⅳ　地方教育行政

⑤同一政党所属の制限（地教行法4条4項、7条2～3項）

同一政党所属者を委員と教育長の半数未満に制限。⇒委員会の中立性を確保。

⑥委員の交代時期は重ならない（地教行法施行令18・20条）

例えば定数4人の場合、最初に任命される委員の任期は、4年1人、3年1人、2年1人、1年1人とずらし、以後原則毎年1人ずつ交代（途中辞職の場合は前任者の残任期間）。

⇒ア：委員の交代により急激に教育行政の方針が変わることを避ける
　イ：首長・議員の任期が4年であるため、委員の任命を通じて教育行政の安定性、中立性が脅かされるのを防ぐ

(4) 地域住民の意向の反映（レイマン・コントロール）

教育は、地域住民にとって身近で関心の高い行政分野であり、専門家のみが担うのではなく、広く地域住民の参加を踏まえて行われることが必要。

〔地域住民の意向を反映する仕組み〕

<u>住民から任命される教育委員で構成される教育委員会が、専門的な行政官で構成される事務局を指揮監督する</u>、いわゆるレイマン・コントロールの仕組みにより、専門家の判断のみによらない、広く地域住民の意向を反映した教育行政を実現（地教行法4条2項）。

2 教育委員会制度の変遷

教育委員会制度の歩みと改革（概要）

(1) 教育委員会制度創設（昭和 23 年）旧「教育委員会法」
〇教育の地方分権
〇教育行政への民意の反映
・全ての市町村に教育委員会を設置（昭和 27 年）

(2) 教育委員公選制度見直し（昭和 31 年）「地方教育行政の組織及び運営に関する法律（地教行法）」
〇教育委員の公選廃止（任命制の導入）
　　……教育委員会に党派的対立が持ち込まれる弊害を解消
〇教育長の任命承認制度の導入
　　……教育長の任命にあたって、国や都道府県教育委員会が承認
〇教育委員会による予算・条例原案の送付権を廃止
　　……一般行政との調和

(3) 教育における「団体自治」を強化（平成 12 年地方分権一括法による改正）
〇教育長の任命承認制度の廃止
　　……地方の責任による教育長の任命
〇指導等に関する規定の見直し
　　……「行うものとする」から「行うことができる」に
〇市町村立学校に対する都道府県の基準設定権の廃止

Ⅳ 地方教育行政

……地方の主体性尊重

(4) 教育における「住民自治」を強化（平成 14 年・16 年改正）
○教育委員の構成の多様化
　……委員の年齢、性別、職業等に著しい偏りが生じないよう配慮すること、保護者が含まれるよう努めることを規定
　……地域の多様な意向の反映
○教育委員会会議の原則公開
　……教育行政の説明責任を果たす
○教育行政に関する相談窓口の明示
　……地域の意見に的確に対応
○学校運営協議会を設置可能に（平成 16 年改正）
　……地域住民、保護者が学校運営に参画可能に
　……学校運営協議会の権限：①学校運営の基本方針の承認
　②学校運営について教育委員会または校長に意見
　③教職員の任用について、教育委員会に意見

(5) 国、教育委員会の責任を明確化（平成 20 年改正）→ P23
○教育委員会の責任体制の明確化
　…地方教育行政の理念を明記
　…合議制の教育委員会が自ら行うべき事務（基本方針策定や教職員人事等）を規定
○教育委員会の体制の充実
　…市町村教育委員会事務局への指導主事等配置の努力義務化
○教育における地方分権の推進

…教育委員の数を弾力化し、教育委員への保護者選任を義務化
　　…文化・スポーツの事務を条例により首長が担当できるようにする
　　…同一市町村内の県費負担教職員の転任は市町村教委の内申に<u>基づく</u>
○教育における国の責任の果たし方
　　…国が是正・改善の「指示」「是正要求」ができる旨を規定
○私立学校に関する教育行政

(6) 教育行政における権限と責任の明確化（平成27年改正）
○教育委員長と教育長の一本化
　　……教育委員長を廃止し、教育長が教育委員会の会務を総理し、教育委員会を代表
　　……教育委員会のチェック機能の強化
○首長と教育委員会の連携強化
　　……首長と教育委員会で構成する総合教育会議を首長が招集し、教育施策等を協議・調整
　　……教育に関する「大綱」を首長が策定
○国から教育委員会に対する「是正の指示」の要件の見直し
　　……いじめ自殺等の事件後でも再発防止のために指示ができることを明確化

1　教育委員会制度創設（昭和23年）旧「教育委員会法」

(1) 米国教育使節団報告書（昭和21年3月31日→P14）による勧告
　○中央行政官庁（文部省）に属していた人事や教育に関する権限を行使する地方分権的制度（＝教育委員会制度）を採用

Ⅳ 地方教育行政

○教育委員会を都道府県・市町村に置き、学校の認可・教員の免許状の付与・教科書の選定に関する権限を行使
○教育委員会の委員は公選とし、住民が広く教育行政に参画

(2) **教育委員会法の成立（昭和23年7月15日）**
　○教育行政の民主化、地方分権、自主性確保を根本理念とする
　【骨子】
　　ア．教育委員会は、地方公共団体の合議制の独立的な行政機関。
　　イ．教育委員会は都道府県および市町村に設置。
　　ウ．都道府県教育委員会は7人の委員で、市町村教育委員会は5人の委員で組織。うち1人は地方議会の議員の互選。残りは住民が投票して選ぶ。
　　エ．委員の任期は4年。
　　オ．教育委員会は都道府県知事、市町村長等に属していた教育・学術・文化に関する事務を管理・執行。小・中学校教員の人事権は市町村教育委員会の所管。
　　カ．教育委員会に教育長を置き、教育委員会が一定の有資格者の中から任命。
　　キ．教育に関する予算は、教育委員会が必要な経費を見積もり地方公共団体の長の査定を受けるが、意見が整わない場合は長が査定した予算案に教育委員会の見積もりをそえて議会に提出し、議会の判断を待つ。
○教育委員会は23年11月1日に発足。当初は、都道府県および五大都市に設置され、その他の市町村は25年までが設置期限であったが、最終的には27年11月1日に全国の市町村に教育委員会が設置

Ⅳ 地方教育行政

2 教育委員公選制度等見直し（昭和31年）「地教行法」

○教育委員会の全面設置により、委員の選任方法、教育委員会の地位などの論議が活発化。また、教育委員会制度が地方行政の総合的・効率的運営の障害となっているとか、財政窮乏の一因となっている等の批判や教育委員会廃止論が強まる

○教育委員会の全面設置後間もない事情を踏まえ、教育委員会の健全な育成のための改革を加える「地方教育行政の組織及び運営に関する法律」（地教行法）が31年6月成立、10月1日施行

○旧「教育委員会法」の根本理念を踏襲しつつ、地方公共団体における教育行政と一般行政との調和を進め、教育の政治的中立と教育行政の安定を確保することを目標とし、国、都道府県、市町村一体としての教育行政制度を樹立しようとするもの

【概要】

骨子

ア．都道府県、市町村のすべてに教育委員会を設置。

イ．<u>教育委員</u>の直接公選制を改め、地方公共団体の<u>長が議会の同意を得て任命</u>。

ウ．都道府県の教育長は文部大臣の、市町村の教育長は都道府県教育委員会の承認を得て、それぞれ教育委員会が任命。（<u>教育長の任命承認制</u>）

エ．<u>教育委員会の予算・条例原案の送付権を廃止</u>し、教育財産の取得・処分権、教育事務関係の契約権等は地方公共団体の長の権限とする。

オ．県費負担教職員の任命権は、市町村教育委員会の内申をまって、都道府県教育委員会が行使。

カ．文部大臣は都道府県および市町村に対し、都道府県教育委員会は市町村に対し、必要な指導、助言、援助。また、文部大臣は、地方公共団体の長または教育委員会の教育事務の処理が違法または著しく不適切な場合には、必要な是正措置を要求できる。（措置要求）

3 地方分権一括法による改正（平成12年）

○地方分権推進委員会の勧告（教育長の任命承認制度の廃止、文部大臣と都道府県教委・市町村教委との関係の見直し等）も踏まえ、地方分権の推進を図る「地方分権一括法」の施行に伴い、地教行法でも国と都道府県、市町村の関係について一部改正

ア．教育長の任命承認制度の廃止

　地方公共団体の人事に国や都道府県が外部から関与することを改める観点から、教育長の任命に文部大臣や都道府県教育委員会の承認を必要とする任命承認制度を廃止。

イ．指導等に関する規定の見直し

　地方公共団体の判断を過度に制約することのないよう、文部大臣から都道府県・市町村に対する、また都道府県教育委員会から市町村に対する必要な指導、助言、援助を「行うものとする」から「行うことができる」に見直し。

ウ．都道府県の基準設定の廃止

　市町村の自主性・主体性を尊重する観点から、市町村立学校の管理運営に関する基準を都道府県教育委員会が定めることができる制度を廃止。

Ⅳ 地方教育行政

4　住民自治の強化、教育委員会の活性化（平成 14・16 年改正）
○教育委員会に組織マネジメントの発想を導入すべきとの教育改革国民会議の報告（平成 12 年）を受けて、教育における住民自治の強化、教育委員会の活性化を図った
○学校運営協議会に関する規定の整備（平成 16 年）

5　教育基本法改正を受けた制度の弾力化等（平成 20 年）
○教育基本法の改正を受け、また当時、高校の世界史の未履修問題やいじめ自殺事案における教育委員会の不適切な対応等を踏まえ、教育委員会の責任体制の明確化や体制の充実、教育における地方分権の推進、国の責任の果たし方、私立学校に関する教育行政について改正

(1)　施行期日
○平成 20 年 4 月 1 日

(2)　教育委員会の責任体制の明確化
○地方教育行政の基本理念を明記する
○合議制の教育委員会は、①基本的な方針の策定、②教育委員会規則の制定・改廃、③教育機関の設置・廃止、④職員の人事、⑤活動の点検・評価、⑥予算等に関する意見の申し出については自ら管理執行することを規定する
○教育委員会は学識経験者の知見を活用し、活動状況の点検・評価を行うこととする

Ⅳ 地方教育行政

(3) 教育委員会の体制の充実
○市町村は近隣の市町村と協力して教育委員会の共同設置等の連携を進め教育行政の体制の整備・充実に努めることとする
○市町村教育委員会は指導主事を置くように努めることとする
○教育委員の責務を明確化し、国・都道府県が教育委員の研修等を進めることとする

(4) 教育における地方分権の推進
○教育委員の数を弾力化し、教育委員への保護者の選任を義務化する
○文化・スポーツの事務を首長が担当できるようにする
○県費負担教職員の同一市町村内の転任については、市町村教育委員会の内申に基づき、都道府県教育委員会が行うこととする

(5) 教育における国の責任の果たし方
○教育委員会の法令違反や怠りによって、緊急に生徒等の生命・身体を保護する必要が生じ、他の措置によってはその是正を図ることが困難な場合、文部科学大臣は是正・改善の「指示」ができる旨の規定を設ける
○教育委員会の法令違反や怠りによって、生徒等の教育を受ける権利が侵害されていることが明らかである場合、文部科学大臣は、講ずべき措置の内容を示して、地方自治法の「是正の要求」を行う旨の規定を設ける
○上記の「指示」や「是正の要求」を行った場合、文部科学大臣は、当該地方公共団体の長及び議会に対してその旨を通知する

(6) 私立学校に関する教育行政
　○知事は、私立学校に関する事務について、必要と認めるときは、教育委員会に対し、学校教育に関する専門的事項について助言・援助を求めることができる旨の規定を設ける

6　教育行政における権限と責任の明確化（平成27年改正）
　→次章

Ⅳ　地方教育行政

3　平成27年の制度改正
（平成26年6月20日公布、27年4月1日施行）

1　教育行政における権限と責任の明確化
　この改正は、教育の政治的中立性、継続性・安定性を確保しつつ、地方教育行政における責任体制の明確化、迅速な危機管理体制の構築、地方公共団体の長と教育委員会との連携の強化、地方に対する国の関与の見直し等制度の抜本的な改革を行うもの。
（平成26年7月17日文科省初等中等教育局長通知）

　この制度改正に至った背景には、教育現場で起きる問題に的確で速やかな対応が行われず、教育を受ける機会が妨げられたり、子どもの生命や身体が危険に晒されたりする事態が生じていたことがある。このため、官邸に設けられた教育再生実行会議（内閣総理大臣、文部科学大臣、有識者等で構成）で教育行政における責任体制の確立が議論となり、第二次提言「教育委員会制度等の在り方について」（平成25年4月15日）がなされた。
　（→「4　教育再生実行会議提言のポイント」参照）

2　これまでの教育委員会の課題と新たな教育委員会の姿
(1)　平成27年改正前の教育委員会（★の部分が27年に改正された）
　・教育委員会は、教育委員長が主宰する（★）会議で、教育行政における重要事項や基本方針を決定し、それに基づいて教育長が具体の事務を執行
　・教育委員は、非常勤で、原則5人（★）。任期は4年で再任可

Ⅳ　地方教育行政

・教育委員長（★）は教育委員会を代表し、教育委員のうちから教育委員会が選挙（★）
　任期は１年で再任可（★）
・教育長は常勤で、教育委員のうちから教育委員会が任命（★）
　（教育委員長との兼任不可）（★）

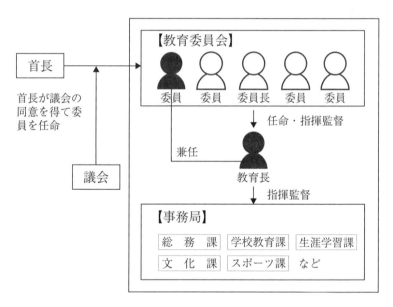

(2)　**教育委員会制度の課題と新たな教育委員会の姿**

・教育委員長と教育長のどちらが責任者かわかりにくい
　…**教育行政における責任体制の明確化**
・教育委員会の審議が形骸化している
　…**教育委員会の審議の活性化**
・いじめ等の問題に対して必ずしも迅速に対応できていない

…迅速な危機管理体制の構築
⇒ Point ① 教育委員長と教育長を一本化　⇒ P201
⇒ Point ② 教育委員会のチェック機能の強化　⇒ P204
・地域住民の民意が十分に反映されていない
　　…地域の民意を代表する首長との連携の強化。ただし、政治的中立性は引き続き確保
⇒ Point ③ 総合教育会議を設ける　⇒ P204
⇒ Point ④ 首長が教育に関する大綱を策定　⇒ P207
・地方教育行政に問題がある場合に、国が最終的に責任を果たせる必要がある
　　…いじめによる自殺等が起きた後においても、再発防止のために国が教育委員会に指示できることを明確化
⇒ Point ⑤ 文科大臣の「是正の指示」を改正　⇒ P209

3　改革の5つのポイント

⑴　教育委員長と教育長を一本化した新「教育長」の設置（地教行法3～5条）

○教育委員長と教育長を一本化した新たな責任者（新教育長）を置く

①従来は、教育委員長が教育委員会の代表者であり、教育委員会の会議の主宰者でもあった。ただし、教育委員長は教育委員から選出される非常勤の役職であった。

　一方、教育長は、教育委員の一人から教育委員会によって選出される常勤の職であり、合議制の執行機関である教育委員会の指揮監督の下に、教育委員会の権限に属するすべての事務をつかさどると同時に、すべての教育委員会の議事に助言をする立場にあった。

この教育委員長と教育長の間で責任の所在が不明確であるとか、緊急事態発生時に非常勤の教育委員長では迅速な会議の招集が難しいなどの問題点が指摘され、従来の教育委員長と教育長を一本化した新「教育長」が設けられることとなった。これにより、第一義的な責任者が教育長であることが明確になった。また、緊急時にも、常勤の教育長が教育委員会会議の招集のタイミングを判断することができるようになった。

②法施行（平成27年4月1日）以後の移行措置

・旧「教育長」の在職

旧法下で任命された旧教育長は、施行日以後も、教育委員としての任期満了までは在職する。この間に教育委員長が任期満了した場合、改めて委員長を選任する必要がある。

・教育委員長の任期

施行日以後、旧教育長が在職していて、その教育長が委員として任期満了（辞職、罷免等により欠けた場合を含む。）となった場合は、教育委員長の任期も同時に満了する。

○**教育長は、首長が議会同意を得て、直接任命・罷免を行う（4条1項）**

教育委員は、地方公共団体の首長（知事・市町村長）が議会の同意を得て任命するが、これまで首長は、常勤の教育長予定者を教育委員の一人として任命しておき、教育委員会が教育委員の中から教育長（通常は首長が教育長予定者としていた常勤可能な者）を互選で選ぶ仕組みがとられていた。したがって、形式的には教育長は教育委員会の選任によるが、実質的には首長によって選任されてきたといえる。

今回の改正で、従来の実質に合わせて、教育長は首長が議会の同意を得て任命することとなった。これにより、任命責任が明確化されることになる。

Ⅳ 地方教育行政

【注】①これまでの教育長は、教育委員会の委員の一人であったが、新「教育長」は教育委員会の構成員ではあるが委員ではない。

②これまでの教育長は、任命に議会同意を必要とする教育委員会の委員としての特別職の身分と、教育委員会が任命する教育長としての一般職の身分を併せ有していたが、新「教育長」は、地方公共団体の長が議会の同意を得て任命する特別職の身分のみとなり、一般的に地方公務員法は適用されない。

○**教育長は、教育委員会の会務を総理し、教育委員会を代表する（13条1項）**
① 「教育委員会の会務を総理」するとは、これまでの委員長の「教育委員会の会議を主宰」する職務と、これまでの教育長の「教育委員会の権限に属するすべての事務をつかさどる」及び「事務局の事務を統括し、所属の職員を指揮監督する」職務を意味する。
② 新「教育長」は、執行機関である教育委員会の補助機関ではなく、教育委員会の構成員であり、代表者である。
　これまで規定されていた「教育委員会による教育長への指揮監督権」は法律上規定されていないが、教育委員会は引き続き合議体の執行機関であるため、教育長は教育委員会の意思決定に基づき事務をつかさどる立場にあることに変わりはなく、教育委員会の意思決定に反する事務執行を行うことはできない。

○**教育長の任期は、3年とする（委員は4年）（5条）**
新「教育長」の任期については、①地方公共団体の長の任期（4年）よりも1年短くすることで、地方公共団体の長の任期中少なくとも1回は自らが教育長を任命できること、②教育長の権限が大きくなることを踏まえ、委員よりも任期を短くすることで、委員によるチェック機能と議会同意に

Ⅳ　地方教育行政

よるチェック機能を強化できること、③計画性を持って一定の仕事を行うためには3年は必要と考えられることから、3年とするもの。

(2)　教育長へのチェック機能の強化と会議の透明化

　新「教育長」が教育行政に大きな権限と責任を有することとなったことを踏まえ、教育委員会の委員による教育長のチェック機能を強化するとともに、住民に対して開かれた教育行政を推進する観点から、会議の透明化を図っている。

　①教育委員会の委員による教育長に対するチェック機能の強化
　・教育委員から教育長に対し教育委員会会議の招集を求めることができる（14条2項）

　1/3以上の委員から教育委員会会議の招集の請求があれば、教育長は「遅滞なく」（一般的には次の定例会より前の合理的な期間内に）教育委員会会議を招集する必要がある。

　・教育長は、委任された事務の執行状況を教育委員会に報告する（25条3項）

　②会議の透明化
　原則として、会議の議事録を作成し、ホームページ等を活用して公表するよう努めなければならない。（14条9項）
　また、教育委員会会議の開催時間や場所等の工夫により、会議をより多くの住民が傍聴できるようにすることが望ましい。

(3)　すべての地方公共団体に「総合教育会議」を設置（1条の4）

　新たに総合教育会議を設置することにより、教育に関する予算の編成・執行や条例提案など重要な権限を有している首長と教育委員会が、十分な

Ⅳ 地方教育行政

意思疎通を図り、地域の教育の課題やあるべき姿を共有して、より一層民意を反映した教育行政の推進を図ることとした。

これにより、首長が教育行政に果たす責任や役割が明確になるとともに、首長が公の場で教育行政について議論することが可能になる。また、首長と教育委員会が協議・調整することにより、両者が教育政策の方向性を共有し、一致して執行にあたることが可能になる。

○**首長は総合教育会議を設ける。会議は首長が招集し、首長・教育委員会により構成される**

①教育委員会は、協議する必要があると考えるときは、総合教育会議の招集を求めることができる。

②総合教育会議には、教育委員会からは教育長及び全ての委員の出席が基本だが、緊急時には、首長と教育長のみで総合教育会議を開くことも可能。

その際、

・事前に対応の方向性について教育委員会の意思決定がある場合や教育長に対応を一任している場合は、その範囲内で、教育長は調整や決定を行うことが可能

・そうでない場合は、総合教育会議では態度を保留し、教育委員会で再度検討の上、改めて首長と協議・調整を行うことが必要

③必要があると認める時は、関係者・学識経験者から意見を聞くことができる。

（例）大学教員や、学校運営協議会の委員、ＰＴＡ関係者、地元の企業関係者等

○**会議では、大綱の策定、教育条件の整備等重点的に講ずべき施策、緊急の場合に講ずべき措置について協議・調整を行う。調整された事項**

Ⅳ 地方教育行政

については、構成員は調整の結果を尊重しなければならない

①総合教育会議では、以下の1)〜3)について協議と調整を行う。

1) <u>大綱</u>の策定（→(4)参照）

2) 教育条件整備など地域の実情に応じた教育・学術・文化の振興を図るための<u>重点施策</u>

（例）学校等の施設の整備、教職員の定数等

幼稚園・保育所・認定こども園を通じた幼児教育・保育の連携、青少年健全育成と生徒指導の連携、総合的な放課後対策、子育て支援など首長と教育委員会との連携が必要な事項

3) 児童、生徒の生命・身体に現に被害が生じ、又は被害が見込まれる場合の<u>緊急措置</u>

（例）いじめ自殺や通学路での交通事故死発生後の再発防止が必要な場合
　　　災害発生により、生命・身体の被害、校舎の倒壊などが生じ防災部局と連携する場合
　　　災害時の避難先での児童・生徒の授業や生活支援の体制を緊急に構築するため福祉部局と連携する場合

②「協議」とは自由な意見交換のこと。「調整」とは、教育委員会の権限に属する事務について、予算の編成・執行や条例提案、大学、私立学校、児童福祉、青少年健全育成などの首長の権限に属する事務との調和を図るために双方で合意することを意味する。

【注】教育委員会制度を設けた趣旨に鑑み、<u>教科書採択、個別の教職員人事等、特に政治的中立性の要請が高い事項は協議題とするべきではない。</u>
　　一方、教科書採択の<u>方針</u>、教職員の人事の<u>基準</u>については、予算等の首長の権限に関わらない事項であり、調整の対象外だが<u>協議は考えられる。</u>

Ⅳ　地方教育行政

③総合教育会議で調整が行われた事項については、構成員は調整の結果を尊重しなければならない。調整のつかない事項は、教育委員会・首長それぞれが、執行権限に基づき判断することになる。

〇総合教育会議は、原則公開

①会議の議論を公開し、住民への説明責任を果たすとともに、その理解と協力の下で教育行政を行う趣旨を徹底するため、会議は、個人の秘密を保つ必要があるとき、会議の公正が害されるおそれが認められるときその他公益上必要があると認めるときを除き原則として公開する。

②首長は、会議終了後、遅滞なくその議事録を作成し公表するよう努めなければならない。

(4) 教育に関する「大綱」を首長が策定（1条の3）

首長は民意を代表する立場であるとともに、教育行政においては、大学及び私立学校を直接所管し、教育委員会の所管事項に関する予算の編成・執行や条例提案など重要な権限を有している。また、近年の教育行政においては福祉や地域振興などの一般行政との密接な連携が必要となっている。これらを踏まえ、首長に大綱の策定を義務付けることにより、地域住民の意向のより一層の反映と地方公共団体における教育、学術及び文化の振興に関する施策の総合的な推進を図ることとしている。

〇首長は、総合教育会議において、教育委員会と協議し、教育基本法第17条に規定する基本的な方針を参酌して、教育の振興に関する施策の大綱を策定する

①大綱は、地方公共団体の教育、学術及び文化の振興に関する総合的な施策について、その目標や施策の根本となる方針を定めるものであ

Ⅳ 地方教育行政

り、詳細な施策の策定を求めているものではない。
②大綱は、教育基本法に基づき策定される国の教育振興基本計画における基本的な方針を参考にして、地域の実情に応じて定められる。
③大綱の記載事項は各地方公共団体の判断。主として、学校耐震化、統廃合、少人数教育の推進、放課後対策、幼稚園・保育所・認定こども園を通じた幼児教育・保育の充実等、予算や条例等の首長の権限に係る事項についての目標や根本方針が考えられる。
④大綱は、教育行政における地域住民の意向をより一層反映させるため首長が策定するが、教育行政に混乱を生じないよう、総合教育会議で首長と教育委員会が十分に協議・調整を尽くす必要がある。

【注】首長と教育委員会で調整がついた事項を大綱に記載した場合は、首長と教育委員会の双方に尊重義務がかかる。他方、調整のついてない事項を大綱に記載しても、教育委員会は尊重義務を負わず、教育委員会が執行権限を有する事項は教育委員会が判断する。

⑤都道府県教育委員会は、県費負担教職員の人事権を有し、市町村に対し必要な指導、助言、援助を行うことができるから、その権限の範囲内で、都道府県の大綱で市町村立学校等に係る施策について記載することは可能。
⑥地方公共団体が教育基本法17条2項に規定する教育振興基本計画を定めている場合、その中の目標や施策の根本方針の部分が大綱に該当すると考えられるため、首長が総合教育会議で教育委員会と協議・調整のうえ当該計画を大綱に代える判断をした場合は別途大綱を策定する必要はない。

Ⅳ 地方教育行政

(5) 国の「是正の指示」の要件を見直し（50条）

〈参考〉教育における国の責任の果たし方
　平成19年の地教行法改正の際、当時、高校の世界史未履修やいじめ自殺事案における教育委員会の不適切な対応が社会問題となったことを踏まえ、教育委員会の法令違反や事務の怠りによって、児童、生徒の権利侵害が発生したり、緊急の生命・身体の保護の必要性が生じた場合に、公教育及び教育行政の最終的な責任は国にあるという観点から、自治事務である地方教育行政に関して、国による「是正の要求」を文科大臣が行う場合には、当該教育委員会が講ずべき措置の内容を示して行うものとする規定及び「指示」を文部科学大臣が行うことを定める地方自治法の特例規定が設けられた。

①**是正の要求**（地方自治法245条の5）（地教行法49条：平成19年改正）
※沖縄八重山地区教科書採択問題と関連（→P166）
《**地方自治法**》教育委員会の事務処理が①<u>法令違反</u>の時又は②<u>著しく不適正で公益を害している</u>時、文部科学大臣は是正・改善の要求ができる。
（※他の行政分野でも各大臣が行える）
（都道府県に対しては直接。市町村に対しては都道府県が是正要求するよう都道府県に対して指示）
《**地教行法**》教育委員会の<u>法令違反</u>や<u>怠り</u>によって、<u>生徒等の教育を受ける権利が侵害されている</u>ことが明らかである場合は、文部科学大臣は、<u>講ずべき措置の内容を示して</u>、地方自治法の「是正の要求」を行うものとする。
（※文科大臣のみに与えられた責務）

【注】教育再生実行会議提言では、この部分の改正も意図していたが、実現しなかった。
　　→4.参照（P210）

②**是正の指示**（地教行法50条：平成19年改正）
※いじめ自殺の再発防止と関連
　教育委員会の<u>法令違反</u>や<u>怠り</u>によって、<u>緊急に生徒等の生命・身体を保護する必要</u>が生じ、他の措置によってはその是正を図ることが困難な場合、文部科学大臣は是正・改善の「指示」ができる。

【注】この要件では、いじめ自殺等の事件が発生した場合、すでに保護すべき生命が存せず、再発防止のための是正の指示が出せないことになる。そのため、今回この部分が改正対象となった。

○文科大臣の是正の指示の要件を、「児童、生徒等の生命又は身体の保護のため、緊急の必要があるとき」から「児童、生徒等の生命又は身体に現に被害が生じ、又はまさに被害が生ずる恐れがあると見込まれ、その被害の拡大又は発生を防止するため、緊急の必要があるとき」に改めた

・教育委員会の法令違反や事務の管理及び執行に怠りがある場合において、児童、生徒等の生命又は身体に<u>現に被害が生じ</u>、又はまさに被害が<u>生ずるおそれがあると見込まれ</u>、その<u>被害の拡大又は</u>発生を<u>防止するため</u>、緊急の必要があり、他の措置によってはその是正を図ることが困難なときは、文部科学大臣は、教育委員会に対し指示することができることとした

　この改正は、現行法の指示の要件を拡大して国の関与を強化するものではなく、いじめ自殺等の事件発生後においても、同種の事件の再発を防止するために指示ができることを明確にすることを趣旨として行うもの

4　教育再生実行会議の提言のポイント

　平成27年の制度改正に至った背景として、教育再生実行会議の第二次提言「教育委員会制度等の在り方について」(平成25年4月15日) がある。

　その概要は以下のとおりであるが、その後、文科大臣の諮問を受けた中央教育審議会の議論やその後の法案作成過程での与党との意見調整等を経て、この提言の一部は修正されて法案化された。

　【注】以下「◎」は最終的に実現、「×」は実現せず、「▲」は修正

Ⅳ 地方教育行政

(1) 地方教育行政の権限と責任を明確にし、全国どこでも責任ある体制を築く。

◎ 地方公共団体における教育行政の責任体制を明確にするため、<u>首長が任免を行う教育長</u>が、地方公共団体の<u>教育行政の責任者</u>として教育事務を行うよう現行制度を見直す。首長による教育長の任命・罷免に際しては、<u>議会の同意を得る</u>こととし、議会が教育長の資質・能力をチェックする。

◎ 教育長を教育行政の責任者とすることに伴い、<u>教育委員会の性格</u>を改め、その機能は、地域の教育の在るべき姿や基本方針などについて闊達な審議を行い、教育長に対し<u>大きな方向性を示す</u>とともに、<u>教育長</u>による教育事務の執行状況<u>に対するチェック</u>を行うこととする。

◎ 政治的中立性等を確保するため、特に、教育長が教育の基本方針や教育内容に関わる事項を決定する際には、教育委員会で審議することとするなどの制度上の措置を講ずる。

▲ 上記の方針の下、新たな地方教育行政体制において、教育委員会で審議すべき事項とその取扱い、教育委員の任命方法、<u>教育長の罷免要件</u>（※注参照）等の詳細な制度設計については、今後、中央教育審議会において更に専門的に審議されることを期待する。その際、新たな教育行政組織の名称について、役割や機能が国民に分かりやすいものとなるように配慮する必要がある。

【注】教育再生実行会議では、「教育長の不適切な事務執行により学校運営等に著しい支障が生じている時や選挙で首長が交代した時などには、首長が議会の同意を得て教育長を罷免できるようにすべき」という意見があった。

中教審の段階では議論が集約されなかったが、最終的には法案提出前の

Ⅳ 地方教育行政

与党における検討段階で、教育長の罷免要件は現行のままとして政治的中立性を担保しつつ、教育長の任期を4年から3年に短縮することにより、首長在任中に首長の意向に沿った教育長選任の機会が生じるよう、改正の方向性が示された。

(2) 責任ある教育が行われるよう、国、都道府県、市町村の役割を明確にし、権限の見直しを行う。

【国の責任】 責任ある教育行政が確実に行われるよう、具体の教育行政については、原則として地方公共団体自らが判断し、責任を負うべきとの前提に立った上で、地方公共団体の教育行政が法令の規定に違反したり（×）（※注参照）、子どもの生命・身体（◎）や教育を受ける権利（×）が侵害されたりする場合には、最終的には、国が、是正・改善の指示等を行えるようにすることにより、その責任をしっかりと果たせるようにする。

【人事行政—県市の役割分担】 国は、県費負担教職員の人事権について、小規模市町村を含む一定規模の区域や都道府県において人事交流の調整を行うようにする仕組みを構築することを前提とした上で、小規模市町村等の理解を得て、市町村に委譲することを検討する。また、指定都市について、税財源措置の方策等に関して関係道府県・指定都市等の理解を得た上で、教職員の人事権者と給与負担者を一致させることを検討する（◎）（※注参照）。学校についても、教職員の人事についての校長の権限を強化するため、市町村の教育行政部局は、校長の意向の反映に努めることとする。

【注】教育再生実行会議では、八重山地区の教科書採択問題（P166参照）に見られたような、教育委員会が法令に従わない場合にこれを是正させるべく、

Ⅳ 地方教育行政

国による是正・改善の指示を強化すべきとの考え方をとっていた。

これに対し、中教審では賛否が分かれたが、中でも「国が是正の要求等をした場合に地公共団体がこれに応じた措置を講じないときに、国が<u>違法確認訴訟</u>を提起できる地方自治法 251 条の 7 の制度が平成 25 年 3 月から施行されており、地方自治法に基づく是正の要求を経てこの制度の活用を図ればよく、地方分権の時代に国の関与を強化すべきではない」という強い意見があり、最終的には、この改正は見送られた。

【注】指定都市は給与は負担していないが、教職員の任免に関する事務を行っている(地教行法 58 条)。この人事権者と給与負担者が違う「ねじれ現象」については、平成 25 年 3 月の閣議決定で「関係者の理解を得て、指定都市に給与負担を移譲する」方向性が確認された。その後、25 年 11 月に道府県と政令市の間で一定の税源移譲について合意がなされ、29 年度から実現される予定となっている。

(3) **地方教育行政や学校運営に対し、地域住民の意向を適切に反映する。**

◎ 国及び地方公共団体は、教育行政や学校が閉鎖的になることなく、地域と共にある学校づくりを進めるため、コミュニティ・スクールや学校支援地域本部等の設置に努めることとする。その際、こうした取組を検証しつつ、より実効性のあるものとなるよう支援策を講じる。

◎ 地方教育行政の遂行に当たっては、首長の意向とともに、**コミュニティ・スクールを地域住民の意向を学校教育に反映する重要なルート**とすることによって、地域住民も含めた関係者が、当事者意識を持って、地域総がかりで学校を支援し、学校の質を高めていく。

Ⅳ　地方教育行政

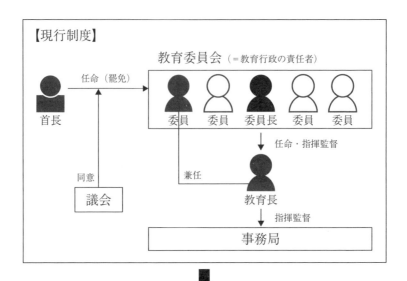

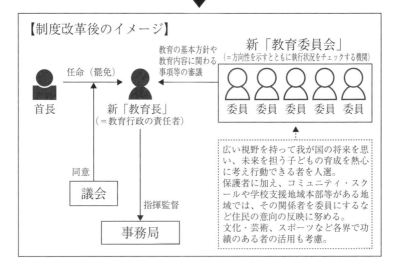

※新「教育委員会」で審議すべき事項とその取扱い、委員の任命方法、新「教育長」の罷免要件等の詳細な制度設計については、今後、中央教育審議会において更に専門的に審議

Ⅳ　地方教育行政

5　中央教育審議会における議論

　中央教育審議会では、平成 25 年 4 月 25 日に文部科学大臣から「今後の地方教育行政の在り方について」諮問を受け、審議を重ねて平成 25 年 12 月 13 日に答申を取りまとめた。

　文科大臣の諮問では、「これら（＝教育再生実行会議の提言事項）を踏まえ、……特に、改革の方向性を踏まえた具体的実施方法や法制化に関わる事項を中心に御審議いただきたい」とされ、中教審に対して、教育再生実行会議の提言の是非の議論でなく、提言を踏まえた具体化策の検討を依頼する意図が明確であった。

　このため、中教審の審議は、基本的に教育再生実行会議の提言に沿ったものになったが、それでも教育委員会制度の在り方については、特に首長と教育委員会の関係をめぐって執行機関の多元主義、政治的中立性の観点から意見が対立し、答申では①教育行政の権限と責任を首長に一元化し、教育委員会を執行機関とはしない案と②教育委員会を執行機関として残しつつ首長に一定程度の教育行政への関与を認める別案との両論併記となった。

　その後、議論はさらに与党（自民党・公明党）審議に委ねられ、最終的には、①教育長と教育委員長を一本化して教育行政の権限と責任の所在を明確化しつつ、②首長からの一定程度の教育行政への関与を認めるという、中教審の両案の中間的な案で取りまとめられ、これに基づいた改正案が国会提出された。最終的には 26 年 6 月に内閣提出の改正案が原案どおり国会で成立し、27 年度から施行された。

Ⅳ 地方教育行政

【制度改革案のイメージ】

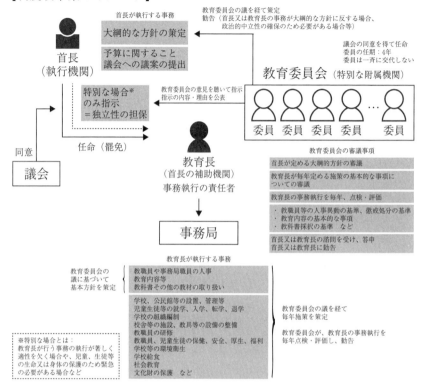

特徴と問題点

◆教育行政の権限と責任は首長に一元化

　⇒権限と責任の所在は明確化するが、執行機関の多元主義は放棄

◆強い権限を持つ常勤の首長が教育長の上司になる

　⇒首長が教育長の日常の業務に指示を行わない仕組みを担保できるか?

Ⅳ 地方教育行政

【別案のイメージ】

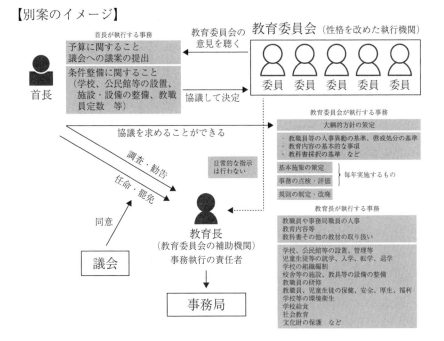

特徴と問題点

◆教育行政の権限は首長にはない（執行機関の多元主義、政治的中立性保は確保）

◆現状とどこが違うかわかりにくい。首長の意向をさらに反映させる仕組みが必要か？
　⇒教育委員会の役割を合議体らしい方針提示とチェックに限定している点が現行制度との違い

4 教育委員会の現状

(1) 新制度への移行状況(平成27年12月1日)

①教育長の任命

新教育長を任命 都道府県・指定都市45%(30/67)市町村32%(552/1,718)

それ以外は経過措置により旧教育長が在職

②新教育長の任命経緯

旧教育長辞職を受け新たに任命 都道府県・指定都市90%(27/30) 市町村60%(329/552)

③新教育長の内訳

旧教育長の続投 都道府県・指定都市44%(13/30)市町村54%(299/552)

④総合教育会議の開催状況

既に開催 都道府県・指定都市100%(67/67)市町村91%(1,519/1,718)

⑤大綱を既に作成 都道府県・指定都市57%(38/67) 市町村54%(934/1,718)

(2) 教育委員会制度の現状(平成26年度間、旧制度下)

表 教育委員会の設置状況(平成27年5月1日現在)

	都道府県	市町村等	市	特別区	町	村	全部教育事務組合	共同設置	一部事務組合	広域連合
教育委員会数	47	1,815	790	23	741	182	0	1	76	2
(構成比・%)	—	(100.0)	(43.5)	(1.3)	(40.8)	(10.0)	(0.0)	(0.1)	(4.2)	(0.1)

※出典:教育行政調査(中間報告)

IV 地方教育行政

表 教育委員の状況（平成27年5月1日現在、報酬は平成25年4月1日現在）

		都道府県	市町村
総数		232人	7,261人
平均在職年数		3.6年	4.8年
平均年齢		58.9歳	59.3歳
女性の割合		39.7%	37.9%
職種	医師、教員等	33.6%	24.1%
	会社役員等	48.3%	19.5%
	農林漁業等	1.3%	8.6%
	商店経営等	3.0%	7.3%
	その他	2.2%	5.8%
	無職	11.6%	34.7%
教職経験者の割合		19.0%	28.1%
保護者の割合		30.6%	30.7%
平均報酬（月額）	委員長	235,189円	（指定都市）279,975円
			（特別区）296,950円
			（市）75,292円
			（町村）54,497円
	委員 （注：教育長たる 教育委員は除く）	203,630円	（指定都市）239,567円
			（特別区）241,473円
			（市）61,073円
			（町村）45,081円

※出典：教育行政調査（中間報告）、地方公務員給与の実態

表 教育長の状況（平成27年5月1日現在、報酬は平成25年4月1日現在）

	都道府県	市町村
総数	46人	1,716人
平均在職年数	2.1年	3.5年
平均年齢	60.2歳	63.7歳
女性の割合	2.2%	3.6%
行政経験者の割合	60.9%	30.8%
教育行政経験者の割合	73.9%	80.2%

Ⅳ 地方教育行政

教職経験者の割合	41.3%	70.4%	
平均報酬（月額）	763,883 円	（指定都市）	671,115 円
		（特別区）	779,135 円
		（市）	626,767 円
		（町村）	527,540 円

※出典：教育行政調査（中間報告）、地方公務員給与の実態

表　教育委員会会議（委員協議会等を含む）の開催回数（平成26年度間）

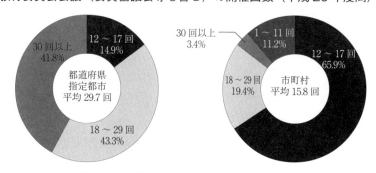

※構成比の数値は、小数点以下第2位を四捨五入しているため、合計が100％とならない場合がある（以下の各図表において同じ）

表　教育委員会会議（委員協議会等を含む）の開催回数（平成26年度間・市町村規模別）

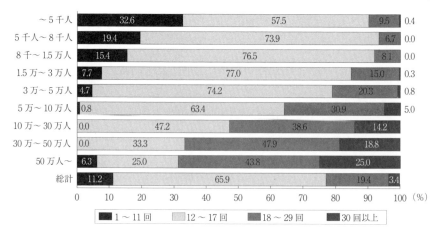

Ⅳ 地方教育行政

表 教育委員会会議の運営上の工夫（平成26年度間、括弧内25年度間）

	都道府県・指定都市	市町村
土日・祝日の開催	7.5%（4.5%）	5.4%（5.9%）
夕方以降の時間帯（17時00分～）の開催	13.4%（14.9%）	15.7%（15.0%）
傍聴者が多数入場できる、大規模な会場での開催	22.4%（11.9%）	13.6%（11.4%）
移動（出張）教育委員会の開催及びそれに準ずるもの	16.4%（16.4%）	20.5%（21.3%）
教育委員会会議の議題についての教育委員を対象とした事前勉強会の開催	76.1%（70.1%）	15.7%（13.1%）
教育委員会会議では、議案の承認にとどまらず、委員からの提案に基づき議題を設定	11.9%（10.4%）	8.7%（10.0%）
教育委員会会議開催前の事前資料の配布	91.0%（94.0%）	69.5%（68.5%）
教育委員会会議の開催日時や議案等の情報をホームページに掲載するなどして積極的に告知	98.5%（97.0%）	42.3%（40.5%）

表 教育委員会と首長との意見交換会の実施（平成26年度間）

	実施なし	実施あり		
		1回	2回	3～15回
都道府県・指定都市	38.8%（43.3%）	31.3%（32.8%）	16.4%（13.4%）	10.5%（10.5%）
市町村	62.9%（63.3%）	27.8%（28.0%）	6.9%（6.1%）	2.4%（2.6%）

※（ ）内は平成25年度間の数値

表 文化・スポーツに関する事務を首長が管理・執行している教育委員会（平成26年度間）

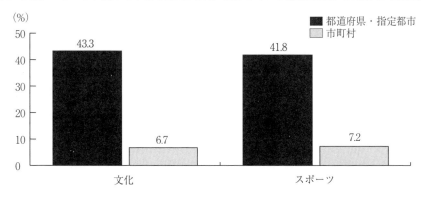

Ⅳ　地方教育行政

表　指導主事の平均配置人数（平成 27 年、充て指導主事を含む）

都道府県	99.1 人
市町村	5.4 人

表　市町村規模別指導主事の平均配置人数（平成 25 年度）

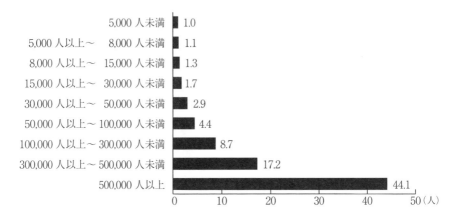

表　市町村（指定都市を含む）における事務の共同処理

近隣地方公共団体と協議会を設置	職員を共同設置	近隣地方公共団体へ事務を委託
13.7%	2.9%	5.8%

5 大阪府教育基本条例

1 概要

(1) 当初の案（抄）（平成 23 年 9 月 26 日府議会提出）

○前文（抜粋）

　教育行政からあまりに政治が遠ざけられ、教育に民意が十分に反映されてこなかった結果生じた不均衡な役割分担を改善し、<u>政治が適切に教育行政における役割を果たし</u>、民の力が確実に教育行政に及ばなければならない。

○教育行政に対する政治の関与

・<u>知事</u>が、府教委との協議を経て、高校教育で<u>府立高校等が実現すべき目標を設定</u>

・府教委の委員が目標を実現する責務を果たさない場合等は罷免事由に該当

○府立高校の運営

・通学区域は府内全域

・3年連続で入学定員割れ等の場合、他の学校と統廃合

○学力テストの結果の公開

・府内の小中学校の学力テスト、府独自の学力テストの市町村別・学校別の結果を公開

(2) 「教育の政治的中立性」に関する質問主意書に対する政府答弁

①平成 23 年 12 月 7 日（衆・渡辺喜美君提出）

〔質問主意書（抄）〕

1　教育の政治的中立性の意味は何か。

2　報道によれば、大阪府議会に提案されている教育基本条例案に関し

Ⅳ　地方教育行政

て、大阪府教育委員会からの問い合わせに応じ、<u>文部科学省は「知事による教育目標の設定は、地方教育行政組織法に抵触する」</u>との見解をまとめ、回答したという。これは、教育の政治的中立性を根拠とするものか。事実であれば、知事による教育目標の設定が違法と考える<u>根拠を説明</u>されたい。

〔政府答弁書〕

1について

「教育の政治的中立性」とは、教育基本法（平成18年法律第120号）第14条第2項が「法律に定める学校は、特定の政党を支持し、又はこれに反対するための政治教育その他政治的活動をしてはならない。」と規定しているなど、多数の者に対して強い影響力を持ち得る教育に、一党一派に偏した政治的主義・主張が持ち込まれてはならないことを意味するものであると理解している。

2について

地方公共団体が処理する教育に関する事務の管理及び執行については、地方教育行政の組織及び運営に関する法律（昭和31年法律第162号）第23条及び第24条がそれぞれ教育委員会及び地方公共団体の長の職務権限を規定した上、その例外として、同法第24条の2が教育委員会の職務権限に属する事項のうち、条例によって特に地方公共団体の長が管理し、及び執行することとすることができる事項を規定しているところであり、<u>地方公共団体が処理する教育に関する事務のうち同法第24条が規定する事務以外の事務は、同法第24条の2の規定に基づく条例が定められている場合を除き</u>、同法第23条の規定により、<u>全て教育委員会が管理し、及び執行すべきものとされている。このような同法の規定に照らすと、同法第24条の2が規定する事項を除き、かかる職務権限の分担を条例で変更することは許されない</u>と考えられる。

Ⅳ 地方教育行政

　また、お尋ねの「知事による教育目標の設定」については、その具体的な内容が明らかでないため一概にお答えすることは困難であるが、地方公共団体における<u>「教育目標」の設定</u>は、その内容が、同法第24条の規定により又は同法第24条の2規定に基づく条例により地方公共団体の長の職務権限に属するとされた事項に係るものである場合を除き、<u>教育委員会の職務権限に属するもの</u>であり、<u>地方公共団体の長にその職務権限はない</u>と考えられる。

〔質問主意書（抄）〕②平成24年1月26日（衆・山内康一君提出）
1　地方公共団体の長は、教育関係の予算を執行する職務権限を有するか。
2　地方公共団体の長は、教育関係の予算を編成する職務権限を有するか。
3　地方公共団体の長が、以下の観点から、教育目標を設定することについて、法律上認められると考えるか。
1．予算の執行を行う観点　　2．予算の編成を行う観点

〔政府答弁書〕
1及び2について

　地方自治法（昭和22年法律第67号）第149条第2号が、地方公共団体の長が担任する事務として、「予算を調製し、及びこれを執行すること」と規定し、地方教育行政の組織及び運営に関する法律（昭和31年法律第162号。以下「地教行法」という。）第24条第5号が、地方公共団体の長が管理し執行する教育に関する事務として、「教育委員会の所掌に係る事項に関する予算を執行すること」と規定しており、<u>地方公共団体の長は、地方公共団体が処理する教育に関する事務に係る予算を調製し、執行する職務権限を有する</u>ものと解される。

3について

　お尋ねの「教育目標を設定すること」については、その具体的な内容が

Ⅳ　地方教育行政

明らかでないため一概にお答えすることは困難であるが、地方公共団体が処理する教育に関する事務に係る<u>目標の設定</u>は、その内容が、地教行法<u>第24条</u>の規定により又は地教行法<u>第24条の2</u>の規定に<u>基づく条例により地方公共団体の長の職務権限に属するとされた事項に係るものである場合には</u>、地方公共団体の長に<u>その職務権限がある</u>と考えられる。

(3)　大阪府教育基本条例（修正後）の概要
　〇教育行政に対する政治の関与
　・<u>知事</u>は、府教委と協議して（協議が調わなかったときは府教委の意見を付して知事が府議会に提出）、<u>教育振興基本計画案を作成。計画は府議会の議決が必要</u>
　・<u>計画の中で、大阪府の教育の振興に関する基本的な目標・施策の大綱を設定</u>
　・知事・府教委は、毎年度、計画の進捗の点検・評価を実施し、評価結果を議会に提出・公表
　　その際、計画に定めた目標を達成するために教育委員が行った取組、活動状況等について、<u>教育委員自ら点検・評価</u>。知事は、教育委員の点検・評価結果に基づいて、<u>地教行法に規定する罷免事由に該当するかどうか判断</u>

2　関係条文
(1)　教育振興基本計画、議案提出関係
　〇教育基本法
　（教育振興基本計画）

Ⅳ　地方教育行政

第17条2項　地方公共団体は、前項の計画を参酌し、その地域の実情に応じ、当該地方公共団体における教育の振興のための施策に関する基本的な計画を定めるよう努めなければならない。

○地方自治法

第149条　普通地方公共団体の長は、概ね左に掲げる事務を担任する

1　普通地方公共団体の議会の議決を経べき事件につきその議案を提出すること。

第180条の6　普通地方公共団体の委員会又は委員は、左に掲げる権限を有しない。但し、法律に特別の定があるものは、この限りでない。

2　普通地方公共団体の議会の議決を経べき事件につきその議案を提出すること。

○地教行法

（教育委員会の意見聴取）

第29条　地方公共団体の長は、歳入歳出予算のうち教育に関する事務に係る部分その他特に教育に関する事務について定める議会の議決を経るべき事件の議案を作成する場合においては、教育委員会の意見をきかなければならない。

(2)　**教育委員関係（平成 27 年改正前）**

（任命）

第4条　委員は、当該地方公共団体の長の被選挙権を有する者で、人格が高潔で、教育、学術及び文化（以下単に「教育」という。）に関し識見を有するもののうちから、地方公共団体の長が、議会の同意を得て、任命する。

3　委員の任命については、そのうち委員の定数の2分の1以上の者が

Ⅳ 地方教育行政

同一の政党に所属することとなつてはならない。

4　地方公共団体の長は、第1項の規定による委員の任命に当たつては、委員の年齢、性別、職業等に著しい偏りが生じないように配慮するとともに、委員のうちに保護者……である者が含まれるようにしなければならない。

（任期）

第5条　委員の任期は、4年とする。ただし、補欠の委員の任期は、前任者の残任期間とする。

（罷免）

第7条　地方公共団体の長は、委員が心身の故障のため職務の遂行に堪えないと認める場合又は職務上の義務違反その他委員たるに適しない非行があると認める場合においては、当該地方公共団体の議会の同意を得て、これを罷免することができる。

4　委員は、前3項の場合を除き、その意に反して罷免されることがない。

(3)　職務権限関係

　○地教行法（27年改正前）　……23条、24条、24条の2

Ⅴ 教員

1 教員に係る法制度

1 教員に係る法体系

○「教育基本法9条」

①法律に定める学校の教員は、自己の崇高な使命を深く自覚し、絶えず研究と修養に励み、その職責の遂行に努めなければならない。

②前項の教員については、その使命と職責の重要性にかんがみ、その身分は尊重され、待遇の適正が期せられるとともに、養成と研修の充実が図られなければならない。

○「学校教育法」

7条……学校には、校長及び相当数の教員を置かなければならない。

8条……校長及び教員(教育職員免許法の適用を受ける者を除く)の資格に関する事項は、別に法律で定めるもののほか、文部科学大臣がこれを定める。

9条……次のいずれかに該当する者は、校長又は教員となることができない。

　　　　1号　成年被後見人又は被保佐人
　　　　2号　禁錮以上の刑に処せられた者
　　　　3号　教員免許失効の日から3年以内の者
　　　　4号　教員免許取上げ処分から、3年以内の者
　　　　5号　憲法又は政府の破壊を主張する政党その他の団体のメンバー

37条1項……小学校には、校長、教頭、教諭、養護教諭及び事務職員を置かなければならない。

37条2項……小学校には、前項に規定するもののほか、副校長、主幹教諭、指導教諭、栄養教諭その他必要な職員を置くことができる。

V 教員

37条3項……第1項の規定にかかわらず、副校長を置くときその他特別の事情のあるときは教頭を、養護をつかさどる主幹教諭を置くときは養護教諭を、特別の事情のあるときは事務職員を、それぞれ置かないことができる。

○教員養成・教員免許制度—「教育職員免許法」
○教育公務員の任免、服務、研修などの制度—「教育公務員特例法」
　（いわゆる「教特法」、一般法は「地方公務員法」）
○教職員の定数、給与などの制度
・「学校教育の水準の維持向上のための義務教育諸学校の教職員の人材確保に関する特別措置法（いわゆる「人確法」）」
　⇒義務教育諸学校の教員の給与について、一般公務員に比較して優遇措置を義務付け
・「公立の義務教育諸学校等の教育職員の給与等に関する特別措置法」
（いわゆる「給特法」）……4％の教職調整額などを規定
・「公立義務教育諸学校の学級編制及び教職員定数の標準に関する法律」
（いわゆる「義務教育標準法」）……40人学級など定数を規定。別途「高校標準法」も存在）など

2　教職員の種類と職務

(1)　校長：①校務をつかさどり②所属職員を監督する（学教法37条4項、49条、49条の8、62条）

①「校務をつかさどる」：学校の運営に必要な一切の事務を掌理し、処理すること
校務の内容については、<u>教職員</u>に関すること、<u>施設設備</u>に関すること、<u>児童生徒</u>に関すること、<u>教育活動</u>に関することなどに大別できる（東京地

Ⅴ 教員

裁判決　昭和32年8月20日参照)。
〈法令上の主な規定〉

| 教職員 |──　所属職員の進退に関する意見の市町村教委への申出（地教行法39条)、勤務場所を離れる研修の承認(教特法22条2項)

| 施設設備 |──　学校施設の目的外使用の同意（政令）
　　　　　　　防火管理者の決定・消防計画の作成実施（消防法）

| 児童生徒 |──　退学・停学・訓告の処分、課程修了の認定、卒業証書の授与など

※学校教育法施行規則第26条　校長及び教員が児童等に懲戒を加えるに当つては、児童等の心身の発達に応ずる等教育上必要な配慮をしなければならない

　2　懲戒のうち、退学、停学及び訓告の処分は、校長（大学にあつては、学長の委任を受けた学部長を含む）が行う。

　3　前項の退学は、公立の小学校、中学校……又は特別支援学校に在学する学齢児童又は学齢生徒を除き、次の各号のいずれかに該当する児童等に対して行うことができる。

　一　性行不良で改善の見込がないと認められる者
　二　学力劣等で成業の見込がないと認められる者
　三　正当の理由がなくて出席常でない者
　四　学校の秩序を乱し、その他学生又は生徒としての本分に反した者

　4　第2項の停学は、学齢児童又は学齢生徒に対しては、行うことができない。

　第57条　小学校において、各学年の課程の修了又は卒業を認めるに当たつては、児童の平素の成績を評価して、これを定めなければならない。

　第58条　校長は、小学校の全課程を修了したと認めた者には、卒業証書を授与しなければならない。

| 教育活動 |──　授業終始の時刻の設定（学教法施行規則60条）、非常災
　　　　　　　害時の臨時休業及び教育委員会への報告（学教法施行規

則63条）など

校長は教育指導に関して教師のリーダーとしての役割の発揮とともに学校の行政的管理をも行うという2つの役割を果たす職務を担っている。

※職員会議
・法律に根拠を有するものではない
・法的には、校長が職務を遂行するに当たつて、それを<u>補助する機関</u>として位置づけられるもの。学校運営上必要な一切の仕事は、学校段階においては、<u>最終的には校長の責任と権限</u>に基づいて処理されなければならない。職員会議を<u>決定機関、諮問機関として位置づける考え方は適切ではない</u>

② 「所属職員を監督する」：<u>当該学校に勤務する職員すべてに対して、監視（状況の把握）、許可、承認、命令、取消等を行うこと</u>をいう。一方、教職員の「任免その他の人事」に関する権限は教育委員会に属する。したがって校長は所属職員について教育委員会の任命権、服務監督権の下に、監督を行うこととなる。

◇職務上の監督と身分上の監督（昭和49年5月8日東京高裁判決）
・職務上の監督とは、所属職員の職務執行についての監督で校長が教職員の職務時間中の職務たる行為に関して監督するもの
・身分上の監督とは、直接に職務の執行に関する事項ではなく、職務の内外を問わず公務員としての身分に伴なう行動の規制である
（例）信用失墜行為の禁止（地方公務員法33条）、政治的行為の制限（同36条）、営利企業等の従事制限（同38条）など

(2) 副校長
①設置の趣旨及び任用等
校長のリーダーシップの下、<u>組織的、機動的な学校運営</u>が行われるよう、

V 教員

学校の組織運営体制や指導体制の充実を図るため、平成20年度から新たな職として<u>副校長</u>（幼稚園においては、副園長）、<u>主幹教諭</u>、<u>指導教諭を置くことができる</u>ことになった。

　新たな職は、任意に設定することができる職であり、その設置については、学校や地域の状況を踏まえ、各地方公共団体において判断されるものである。

　副校長等の新たな職への任用に当たっては、適切な選考を実施し、それぞれの職にふさわしい者が任用されること、選考の基準を要綱等で定め公表することなどを通じて、適正かつ公正な選考を行うことが求められる。また、新たな職が適切に機能し、各教職員の適切な役割分担と協力の下で教育活動や校務運営が円滑かつ効果的に行われるよう、校長が適正な校務分掌を整えることが必要となる。

　各地方公共団体において、新たな職を配置する場合には、その職務に応じ、給与などについて適切に処遇する必要がある。

②職務内容
　ア：「副校長は、<u>校長を助け、命を受けて校務をつかさどる。</u>」（学教法37条5項、49条、49条の8、62条）
　イ：「副校長は、校長に事故があるときはその職務を代理し、校長が欠けたときはその職務を行う。この場合において、副校長が二人以上あるときは、あらかじめ定めた順序で、その職務を代理し、又は行う。」（37条6項）
　ウ：「副校長を置くときその他特別の事情のあるときは教頭を（中略）置かないことができる。」（同条3項）
　・副校長は、校長から命を受けた範囲で校務の一部を自らの権限で処理することができる。一方、教頭は、校長を助けることの一環として校務を整理するにとどまるものである

V 教員

・副校長も授業などの具体的教育活動を行い得るが、行う場合には、各相当学校の教諭の相当免許状を有していることが必要である。なお、副校長の資格については、省令に定めがある
・副校長と教頭を併せて置く学校においては、教頭は校長及び副校長を補佐する立場にある

(3) 教頭

「教頭は、校長（副校長を置く小学校にあっては、校長及び副校長）を助け、校務を整理し、及び必要に応じ児童の教育をつかさどる。」（学教法37条7項、49条、49条の8、62条）

「教頭は、校長（副校長を置く小学校にあっては、校長及び副校長）に事故があるときは校長の職務を代理し、校長（副校長を置く小学校にあっては、校長及び副校長）が欠けたときは校長の職務を行う。」（37条8項）

※昭和49年9月1日に規定。それまでは省令（当時の学教法施行規則22条の2）

①「小学校においては、教頭を置くものとする。ただし、特別の事情のあるときは、これを置かないことができる。②教頭は教諭を以ってこれにあてる。③教頭は校長を助け、校務を整理する。」

……旧施行規則の第2項は、教諭に教頭の職務を付加して行わせることとし、公立学校の場合、任命権行使の対象となる職とは考えられず、公立の小中の教頭は市町村教育委員会が命じていた。法改正により、教頭職は任命権行使の対象となり、県教育委員会が任命することになった。

校長を助ける「補佐機能」と校務を整理する「調整機能」は切り離して並例的に把握されるべきものではなく、補佐機能の中の最も重要な機能として調整機能が位置づけられなければならない。すなわち、校長が意思決定をするのに必要な情報を収集整理し解決されるべき問題点を明確にしつ

Ⅴ 教員

つ意見を具申するとともに、校長の学校管理を容易にするよう教職員の意見を調整し、指導助言を与えることになる。

(4) 主幹教諭（設置の趣旨等は(2)①参照）

「主幹教諭は、校長（副校長を置く小学校にあっては、<u>校長及び副校長）及び教頭を助け</u>、命を受けて<u>校務の一部を整理</u>し、並びに児童の教育をつかさどる。」（学校教育法37条9項、49条、49条の8、62条など）

「……養護をつかさどる主幹教諭を置くときは、養護教諭を（中略）置かないことができる。」（同法37条3項、49条、49条の8）

（職務内容）

・主幹教諭は、命を受けて相当する校務について一定の責任を持って取りまとめ、整理し、<u>他の教諭等に対して指示することができる</u>
・一方、主任は、教諭をもって充てるものであり、校長の監督を受け、担当する校務に関する事項について連絡調整及び指導、助言に当たるものである
・なお、主幹教諭を置く学校における主任の取扱いについては省令において定めることとしている
・養護教諭は必ず置かなければならない職であるが、養護教諭を養護をつかさどる主幹教諭に発令する場合などは、例外的に養護教諭を置かないことができる

(5) 指導教諭（設置の趣旨等は(2)①参照）

「指導教諭は、児童の教育をつかさどり、並びに教諭その他の職員に対して、教育指導の改善及び充実のために必要な指導及び助言を行う。」（学校教育法37条10項、49条、49条の8、62条など）

（職務内容）

V 教員

　指導教諭は、学校の教員として自ら授業を受け持ち、所属する学校の児童生徒の実態等を踏まえ、他の教員に対して教育指導に関する指導、助言を行う。
　指導教諭を配置することによって、個々の教員の授業の指導力が向上し、各学校において質の高い教育実践が行われることが期待される。一方、教育委員会に置かれる指導主事は、教育委員会事務局の職員として当該教育委員会が所管する学校全体の状況を踏まえ、各学校の校長や指導教諭も含めた教員を対象として、教育課程、学習指導その他学校教育に関する専門的事項について、指導、助言を行うものである。

(6)　教諭
　「教諭は児童の教育をつかさどる。」（学教法37条11項、49条、49条の8、62条）
　教諭は、教育活動に関する事項をその職務とするものであるが、教育以外の校務も学校の構成員としての教諭の職務に属する。
・学教法の教職員の職務に関する規定は、それぞれの職についた教職員が果たすべき<u>主たる職務について定め</u>ているものであって、それ以上に<u>当該職務に限定する趣旨のものではない</u>（昭和42年9月29日東京高裁判決）
・実際の教育に携わる教員の自主性や創意工夫は大切にする必要があり、これに対する過度な干渉は慎むべきではあるが、「子どもの教育内容及び方法については、その実施に当たる教員がその教育専門家としての立場から父母住民に対し直接責任を負う形で決定し実施する自由あるいは権利を有しており、これに教育委員会や校長が介入することは許されない」という主張は何ら法的根拠のない誤ったものである（昭和51年5月21日最高裁永山中学校事件判決）

Ⅴ　教員

(7) 主任（教諭をもって充てられる職務として、主任等がある）

昭和50年12月26日文部省令の改正、昭和51年3月1日から施行され、それを踏まえて、各教育委員会において学校管理規則の改正を行い、主任の制度化が実施された。

※学校教育法施行規則第22条の3（当時）
1　小学校には教務主任及び学年主任を置くものとする。ただし、特別の事情のあるときは、教務主任又は学年主任を置かないことができる。
2　教務主任及び学年主任は、教諭をもってこれに充てる。
3　教務主任は、校長の監督を受け、教育計画の立案その他の教務に関する事項について連絡調整及び指導、助言に当たる。
4　学年主任（略）。

①主任制度化の趣旨

調和のとれた学校運営が行われるためにふさわしい校務分掌の仕組みを整えるためのものであり、主任等の設置状況を踏まえ全国的に共通した基本的なものについて、その設置と職務内容を設置基準として明確にすること（「それぞれの職務に係る事項について、連絡調整及び指導、助言に当たることを明確化」）により、主任等の役割の充実を期待し、全国の各学校がそれぞれいっそう有機的一体性をもって教育活動を活発にし、教育水準の維持向上を図ること。

②主任等の性格（「等」は進路指導主事、事務長などを含むため）

主任は、"教育計画の立案その他教務に関する事項"などの職務内容について、他の教員に対して指導助言を行い、また各教員間の連絡調整等を行うもの。教諭等としての職務を担当すると同時に、主任等としての職務を併せ担当するもの。主任等は、校長・教頭のように独立した職として設けられているものではない。

また、他の教員を指導監督するという、いわゆる中間管理職ではない。なお、主任等は、指導助言、連絡調整を行うものではあるが、校長、教頭の指示を受けて、これを関係教職員に伝達する場合もあり、その意味において一種の指示に類することを行う場合もあり得る。

③主任等の選任、発令

主任等は、職ではないので、任命行為として行われるものではなく、教諭に対し、校務分掌を命ずる職務命令として命じられる。したがって、県費負担教職員の場合も、主任等を命ずるのは、任命権者たる都道府県教育委員会ではなく、服務監督権者である市町村教育委員会ないし校長である。

主任の発令方法については、学校管理規則などの教育委員会規則で定めることとされている。

A方式　校長の意見を聴いて、教育委員会が命ずる方式
B方式　教育委員会の承認を得て校長が命ずる方式
C方式　校長が命じて教育委員会に報告する方式

主任等の選任は、最終的には調和のとれた校務分掌の確立という観点から、校長の権限と責任において決定すべきものであり、職員会議にその選任を全て委ねたり、単なる持ちまわりとすることは不適切である。また、管理運営事項であり、職員団体との交渉事項とはならない。

3　教職員の身分取扱い、養成制度など

(1)　沿革―公立学校の教職員の身分

①戦前

ア：教育はすべて国の事務と考えられ、公立学校の教員は国家の公務を担当する者として官吏又は待遇官吏の身分を有していた

Ⅴ　教員

〈教員養成〉師範学校における教員養成が原則

師範学校などの特定の教員養成学校における独占的教員養成制度。

例えば明治19年の師範学校令では、師範学校は教員となるべきものを養成するところとされ、師範学校の目的、教員の持つべき徳性を規定。

「師範学校は教員となるべきものを養成する所とす。但生徒をして順良信愛威重の気質を備へしむることに注目すべきものとす」（師範学校令第1条）

……学費支給制、就職義務、全寮寄宿舎制（起床、就寝、食事、清掃等に一定の方式。上級生と下級生の厳格な秩序）

②戦後

イ：地方自治の原則により、地方公共団体の行う教育事業は当該地方公共団体の事務とし、昭和22年の地方自治法では、公立学校の教員を教育吏員として地方公共団体の職員としたが、なお官吏の身分を有するものとした

ウ：昭和23年の教育委員会法では、このうち事務職員の身分について地方公務員に切り替え

エ：昭和24年の教育公務員特例法によって、公立学校の教職員はすべて地方公務員の身分を有するものとされた

オ：昭和31年の地教行法の制定に際し、県費負担教職員たる市町村立の義務教育諸学校等の教職員の任命権については、都道府県教育委員会がこれを行使することとされた

〈教員養成〉教員養成の開放制、免許状授与権限は都道府県教育委員会

師範学校などの特定大学ではなく、教育職員免許法の定める就業年限（4年制大学を原則）と、教員養成課程の課程認定を受けた大学での単位の修得を基本的要件とする開放制の教員養成に転換。

○教育職員免許法の原則─免許状主義、開放制と大学における教員養

成の原則、現職教育の重視（教職検定を設け、現職教員が在職年数＋単位修得等により上級免許状を取得可能）（「上進」）

○開放制の課題
・師範教育と比較して、教員に必要な学力の低下
・教師としての使命感や職能的訓練の不足
・教員の計画的養成の必要性

〈参考〉師範教育に対して形式主義、画一主義、権威への盲従などの批判もあった（田中耕太郎「教育基本法の理論」）。

(2) **地方公務員法**
○公立学校の職員は地方公務員としての身分を有しており、他の法律により特例規定が定められていない限り、公立学校の教職員の身分取扱いは原則として地方公務員法の定めるところによる
○地公法は地方公務員の人事行政の基本基準を確立するものであり、人事機関としての人事委員会・公平委員会を定めるとともに、職員の任用、給与、勤務時間その他の勤務条件、分限及び懲戒、服務、研修及び勤務成績の評定、勤務条件に関する措置要求など職員の利益の保護、職員団体に関する所用規定などが設けられている
○地公法は、一般職のすべての地方公務員に適用されるが、非常勤講師や非常勤の学校医等は特別職であり、地公法の適用はない
○地方公務員には、労働組合法、労働関係調整法は適用されない
　しかし、労働基準法は一部の規定を除き、地方公務員にも適用される
・労基法が適用されないのは、労働条件の決定に関する労使対等の原則（2条）、「災害補償」及び「就業規則」に関する規定（75～93条）
・労働組合法が適用されないため、労働組合の結成、団体協約の締結、

団体交渉に代わり、職員団体の制度が認められている（52〜56条）
・用務員、給食調理員など単純労務職員については、一般の職員と扱いを異にし、「地方公営企業労働関係法」「地方公営企業法」が適用され、労働組合法及び労働関係調整法も適用される

(3) 市町村立学校職員給与負担法―県費負担教職員制度

　市町村立の小学校、中学校などの教職員の給与は、学校の設置者である市町村から受けることなく、都道府県が負担し支給することとされ、これらの職員を「県費負担教職員」という。

　このような制度は、市町村の財政力の差異による教員給与の格差を避け、教育の一定水準を担保するため、昭和15年以来採られている。

(4) 地方教育行政の組織及び運営に関する法律

　昭和31年の地教行法の制定により、県費負担教職員の任命権は都道府県教育委員会に属することとされた。これにより、教職員の広域的な人事交流が円滑に行われるとともに、教職員の人事管理について給与を負担する都道府県とその身分が属する市町村との調整が図られることとなった。

　……地教行法37条（任命権者の特例）、38条（市町村教委の内申）、39条（校長の意見の申出）など

(5) 教育公務員特例法

　教員の職務と責任の特殊性に基づき、その身分取扱い等について特例を定めるもので、国公法及び地公法に対する特例法。

①教育公務員の範囲

　公立の小・中・高校では、校長、副校長、教頭、教諭、助教諭、養護教諭、

養護助教諭、栄養教諭、常勤講師（施行令10条で実習助手、寄宿舎指導員に準用）など。

②特例の内容

ア：採用、昇任の方法──競争試験ではなく選考による（11条）

イ：条件付採用期間──1年間（12条……6月の特例）

ウ：研修──研修の必要性と研修機会の供与及び1年間の初任者研修、10年経験者研修（21～25条）

エ：兼職、兼業──要件の緩和（17条）

オ：政治的行為の制限──教育の政治的中立性をより確実に保障する観点から公立学校の教育公務員については国家公務員の例による（18条）

カ：給与──教員の職務と責任の特殊性に基づき条例で定める（13条）

※国立大学法人化に伴い、国立学校の教員に準拠する旨の規定はなくなっている（旧25条の5）

(6) いわゆる人材確保法

義務教育諸学校の教員の給与について、一般の公務員に比較して必要な優遇措置を財政上、計画的に実現することによって、優れた人材を確保し、もって学校教育の水準の維持向上を図るもの。

(7) 公立の義務教育諸学校等の教育職員の給与等に関する特別措置法（給特法）

教育職員の職務と勤務態様の特殊性に基づき、<u>教員については、超過勤務手当制度を適用せず、勤務時間の内外を問わず包括的に評価して本棒の4%相当の教職調整額を一律に支給する</u>制度を規定。

関連して、「公立の義務教育諸学校等の教育職員を正規の勤務時間を超えて

Ⅴ 教員

勤務させる場合等の基準を定める政令」によって、時間外勤務を命ずる場合を
　①校外実習　②修学旅行　③職員会議　④非常災害
の4点に限定（いわゆる「超勤4項目」）。

2 教員の資質向上

1 **養成（免許制度）** ……〈参考1〉
　○教員養成は、<u>一般大学と教員養成系大学とがそれぞれの特色を発揮しつつ実施（開放制の原則）</u>
　○教員は、教育職員免許法により授与された各相当の免許状を有する者でなければならない（<u>免許状主義</u>）
　　……免許状は、<u>大学</u>の教職課程において、所要の単位を修得し、教育実習を受けることにより<u>都道府県教育委員会</u>から授与される

2 **採用**
　○各都道府県教育委員会・指定都市教育委員会が任命権者として採用選考試験を実施
　・国は、面接の重視など、人物評価を重視した選考を行うよう、通知等で指導しており、
　・各都道府県・指定都市教育委員会では、優れた多様な人材を確保するため、受験年齢制限の緩和や、特定の資格等を持つ者・民間企業等経験を持つ者等に対する特別選考が行われている
　・さらに、豊富な社会経験を積んだ優れた人材を登用するため、特別免許状制度や特別非常勤講師制度の活用等も行われている

Ⅴ 教員

3 研修……〈参考2〉

○国及び都道府県・指定都市・中核市教育委員会等が様々な教員研修を実施

〔国（独立行政法人教員研修センター）〕

各地域で中心的な役割を担う校長等に対する学校経営研修や喫緊の重要課題についての指導者養成研修等を実施。

〔都道府県等教育委員会等〕

・<u>教育公務員特例法に基づく研修</u>（国立及び私立は対象外）

①<u>初任者研修</u>（昭和63年創設）……〈参考3〉

②<u>10年経験者研修</u>（平成15年創設）……〈参考4〉

・その他の研修

各教育委員会等において、教職経験に応じた研修（5年、15年経験者研修等）や、職能に応じた研修（校長・教頭研修、教務主任研修等）、民間企業等における社会体験研修や大学院派遣研修（長期派遣研修等）等を実施。

4 教員免許更新制……〈参考5〉

(1) 制度の概要

その時々で教員として必要な資質能力が確実に保持されるよう、最新の知識技能への刷新を図るための制度として、平成19年6月に教育職員免許法が改正され、平成21年4月より教員免許更新制を実施。

※不適格教員の排除を目的とした制度ではない

①教員免許状の有効期間

・普通免許状及び特別免許状に10年間の有効期間を定め、有効期間の満了までに30時間以上の免許状更新講習を修了することが必要

②現に免許状を有する者の取扱い
- 現に免許状を有している現職教員等は、10年ごとに免許状更新講習（受講料3万円程度）を修了したことの確認を受けなければならない
- 現職教員等で講習を修了できなかった者の免許状は、その効力を失う

(2) 制度の実施状況
○平成28年度は、必修領域798講習（124,968人分）、選択必修講習1,742講習（214,518人分）、選択講習7,537講習（170,070人分）を認定
○平成27年度に実施された免許状更新講習の事後評価では、受講者の約95％が、「よい」「だいたいよい」との好意的評価をしている

表　免許状更新講習の修了状況

平成27年3月31日に修了確認期限を迎えた現職教員数（国立・公立・私立の合計）	90,879人	
うち、修了確認等がなされた者	90,635人	(99.73%)
うち、修了確認等がなされなかった者	244人	(0.27%)
	確認期限前に辞職した者（免許状失効なし）	197人	(0.22%)
	免許状が失効した者	47人	(0.05%)

5　教職大学院……〈参考6〉
○教員養成に特化した専門職大学院である「教職大学院」制度を平成19年3月創設
①実践的な指導力を備えた新人教員の養成
②現職教員を対象に、スクールリーダー（中核的中堅教員）の養成を行うとともに、力量ある教員養成のモデルを制度的に提示することにより、学部段階をはじめとする教員養成に対してより効果的な取組を示す
○修業年限2年、45単位以上修得。10単位以上は学校における実習が

V 教員

義務
○実務家教員の割合：4割以上など
○平成27年度27校888人（国立21校、私立6校）
　入学者数874人（充足率98.4％）現職教員390人（45％）学部新卒学生等484人（55％）
　教員就職率（26年3月卒業者）94.4％（教員養成系修士卒は55.2％）

Ⅴ 教員

〈参考１〉教員養成・免許制度について
1 制度の概要
(1) 免許状主義と開放制の原則
・免許状主義……教員は、教育職員免許法により授与される各相当の免許状を有する者でなければならない（免許法第３条第１項）
・開放制の原則……わが国の教員養成は、一般大学と教員養成系大学とがそれぞれの特色を発揮しつつ行っている

(2) 免許状の種類
・それぞれ学校種別（中学校・高等学校については教科別）
①普通免許状（10年有効）……専修免許状（修士課程修了程度）・一種免許状（大学卒業程度）・二種免許状（短大卒業程度）
②特別免許状（10年有効）　③臨時免許状（有効期限３年）
◇授与権者……都道府県教育委員会
◇免許状の有効範囲
・普通免許状：全ての都道府県
・特別免許状・臨時免許状：授与を受けた都道府県内

(3) 免許状の授与
①「大学における養成」が基本。
学士の学位等＋教職課程の履修（教科に関する科目・教職に関する科目）
⇒教員免許状
②現職教員の自主的な研鑽を促すため、一定の教職経験を積み、大学等で所要単位を修得した者に、上位免許状を授与する途を開いている。
ア：普通免許状
図表　大学で修得する所要単位

	専修免許状（修士）	一種免許状（学士）	二種免許状（準学士）
小学校教諭	91	67	45
中学校教諭	91	67	43
高等学校教諭	91	67	―
幼稚園教諭	83	59	39

修得単位数……**教科**に関する科目（※１）　■
　　　　　　　　教職に関する科目（※２）　■
　　　　　　　　教科又は教職に関する科目　■　（単位）

V 教員

○小学校の場合の修得単位
- 修士　＋ 8 ／ 41 ／ 34 ／ ※3　⇒専修免許状
- 学士　＋ 8 ／ 41 ／ 10 ／ ※3　⇒一種免許状
- 準学士＋ 4 ／ 31 ／ 2 ／ ※3　⇒二種免許状

○中学校の場合の修得単位
- 修士　＋ 20 ／ 31 ／ 32 ／ ※3　⇒専修免許状
- 学士　＋ 20 ／ 31 ／ 8 ／ ※3　⇒一種免許状
- 準学士＋ 10 ／ 21 ／ 4 ／ ※3　⇒二種免許状

○高等学校の場合の修得単位
- 修士　＋ 20 ／ 23 ／ 40 ／ ※3　⇒専修免許状
- 学士　＋ 20 ／ 23 ／ 16 ／ ※3　⇒一種免許状

○幼稚園の場合の修得単位
- 修士　＋ 6 ／ 35 ／ 34 ／ ※3　⇒専修免許状
- 学士　＋ 6 ／ 35 ／ 10 ／ ※3　⇒一種免許状
- 準学士＋ 4 ／ 27 ／ ※3　⇒二種免許状

※1 小学校については全教科（国語、社会、算数、理科等）
中学校、高等学校については取得する免許教科ごと（国語（国語学、国文学等）、数学（代数学、幾何学等）、理科（物理学、化学等）等）
※2 教職の意義等に関する科目、教育の基礎理論に関する科目、教育課程及び指導法に関する科目、生徒指導、教育相談及び進距指導等に関する科目、教育実習、教職実践演習
※3 この他に、日本国憲法、体育、外国語コミュニケーション、情報機器の操作（各2単位）の修得が必要
　これに加え、小中の免許状授与には、7日間の介護等体験が必要

イ：特別免許状

免許状を有しない優れた知識経験を有する社会人を学校現場へ迎え入れるため、都道府県教育委員会が行う教育職員検定の合格により授与する「教諭」の免許状（学校種及び教科ごとに授与）。
○授与要件
①担当教科に関する専門的な知識経験や技能を有すること
②社会的信望及び教員の職務を行うのに必要な熱意と識見を有すること

ウ：臨時免許状

普通免許状を有する者を採用できない場合に限り、例外的に授与する「助教諭」の免許状。
○授与要件：都道府県教育委員会が行う教育職員検定（人物・学力・実務・身

V 教員

体)の合格

(4) 免許状主義の例外
①特別非常勤講師
　優れた社会人を学校現場へ迎え入れるため、免許状を有しない者を教科等の一部領域(例:看護、芸術等)を担任する非常勤講師に充てることができる。
②専科担任制度
　中学校や高等学校の教諭の免許状を有する者は、小学校において、相当する教科、総合的な学習の時間等の教諭等となることができる(例:中学校の理科の教員が、小学校の理科の授業を行う)。
　高等学校の専門教科等の免許状を有する者は、中学校において、相当する教科、総合的な学習の時間等の教諭等となることができる(例:高等学校の情報の教員が、中学校の技術の授業を行う)。

2 これまでの改善の取組

(1) 教員免許状の種類の改善
・普通免許状の種類を専修免許状、一種免許状、二種免許状の3種類に(昭和63年)

(2) 教員養成に係る基準の引き上げ
・二種免許状の教員に一種免許状取得の努力義務を課す(昭和63年)
・免許状授与に必要な専門教育科目の単位数の引き上げ(例:小学校一種免許状11単位増)(昭和63年)
・小・中学校の普通免許状取得希望者に介護体験の義務付け(7日間)(平成9年)
・現職教員が専修免許状を取得する際に必要な単位数について在職年数に応じた低減措置を廃止(6単位まで低減→15単位の修得が必要)(平成12年)

(3) 教員養成に係るカリキュラムの改善
・教員養成カリキュラムの柔軟な編成を可能とする方式の導入(「教科又は教職に関する科目」の新設)(平成10年)
・教職に関する科目の充実(例:中学校一種免許状19単位→31単位)(平成10年)

(4) 免許制度の弾力化
・他校種免許状による専科担任制度の拡充(平成14年)
・隣接校種免許状の取得の促進(平成14年)

(5) 学校教育への社会人の登用
・特別免許状、特別非常勤講師制度の創設(昭和63年)
・特別免許状の対象教科の拡大、有効期限の延長等(平成10年)

V 教員

- 特別免許状保有者が普通免許状を取得できる制度の創設(平成12年)
- 特別免許状の学士要件、有効期限の撤廃(平成14年)

〈参考2〉教員研修の実施体系

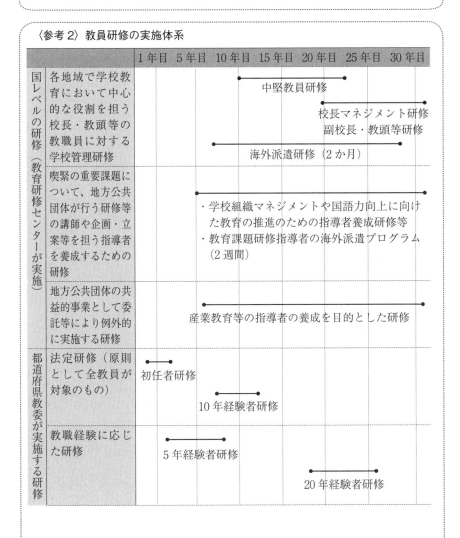

Ⅴ 教員

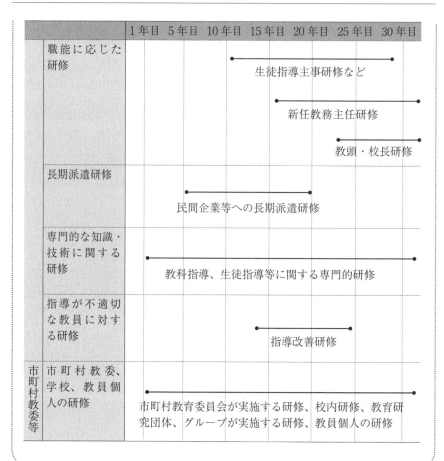

〈参考3〉初任者研修について
①目的:新任教員の実践的指導力と使命感を養うとともに、幅広い知見を得させるため、初任者に対して採用の日から1年間、教諭の職務の遂行に必要な実践的な研修を行う
②対象者:公立の小学校等の教諭等のうち、新規に採用された者
③実施者:各都道府県、指定都市、中核市教育委員会
④根拠法:教育公務員特例法第23条(昭和63年制度創設、平成元年度から実施)
⑤研修内容:任命権者が決める(教員の経験に応じて実施する体系的な研修の一環をなすものとして樹立)

Ⅴ 教員

(例)文部科学省が教育委員会に示した内容
①校内研修
時間数:週10時間、年間300時間程度
講師:拠点校指導教員、校内指導教員
実施上の留意点:
・個々の初任者の経験や力量、個々の学校の抱える課題に重点を置く
・授業の準備から実際の展開に至るまでの授業実施の基礎(指導案の書き方、板書の仕方、発問の取り方等)について、きめ細かく初任者を指導
②校外研修
日数:年間25日間程度
研修場所と研修内容:
　ア:教育センター等における教科等に関する専門的な指導
　イ:企業・福祉施設等での体験研修
　ウ:社会奉仕体験活動研修及び自然体験活動研修
　エ:宿泊研修(4泊5日程度)
実施上の留意点:
・校内研修との有機的な連携を保つ
・初任者が自己の問題意識に応じて講師や研修内容を選択できるようにする
・参加型・体験型研修、課題研究・討論など課題解決的な研修を多く取り入れる
・異なる規模の学校や他校種での研修等、他の学校での経験を得る機会を確保する

〈参考4〉10年経験者研修について
①目的:個々の能力、適性等に応じて教諭等としての資質の向上を図る
②対象者:公立の小学校等の教諭等のうち、在職期間が10年に達した者
③実施者:各都道府県、指定都市、中核市教育委員会
④根拠法:教育公務員特例法第24条(平成14年制度創設、平成15年度から実施)
⑤研修内容:任命権者が定める
(教員の経験に応じて実施する体系的な研修の一環をなすものとして樹立)
※免許更新制導入時の文科省通知(平成20年)(抄)
　10年経験者研修をはじめとする現職研修と免許状更新講習の整合性の確保
　10年経験者研修制度の実施時の平成14年通知において教育センター等において実施する<u>校外研修の期間を20日間程度</u>(幼稚園については10日間程度)を想定するとしているが、例えば、当該校外研修の期間を現行の日数から<u>5日間程度短縮</u>することも考えられること。

V 教員

〈参考5〉教員免許更新制の概要
教員免許更新制の導入:平成21年4月1日
　教員として必要な資質能力が保持されるよう、定期的に最新の知識技能を身に付けることで、教員が自信と誇りを持って教壇に立ち、社会の尊敬と信頼を得ることが目的。

1　免許状の有効期間の更新
　(1)　普通免許状及び特別免許状に10年の有効期間を定める
　(2)　都道府県教育委員会は、以下の者から申請があった場合に、その免許状の有効期間の更新をすることができる
①文部科学大臣の認定を受けた30時間以上の免許状更新講習の課程を修了した者
②免許状更新講習の受講を免除される者(申請は必要)
・教員を指導する立場にある者(校園長、副校園長、教頭、主幹教諭、指導教諭、指導主事など)
・優秀教員表彰者　※知識技能が不十分な者は不可

　(3)　現職教員にも同様の制度を適用する
・旧免許状(平成21年3月31日以前に授与された免許状)には有効期間は定められない
・旧免許状を有する教育職員等は、免許状更新講習を修了確認期限までに修了しなかった場合、その者の免許状は効力を失う
・受講対象者は、毎年約85,000～89,000人程度

2　免許状更新講習
　(1)　免許状更新講習を開設できる者
大学、指定養成機関、都道府県等の教育委員会、独立行政法人・公益法人など。
　(2)　免許状更新講習の内容
①必修領域(6時間以上)
全ての受講者が受講する領域
②選択必修領域(6時間以上)
免許状の種類、学校の種類、又は勤務経験に応じて、選択して受講する領域
③選択領域(18時間以上)
任意に選択して受講する領域

Ⅴ 教員

3 実施のための取組
文科省予算で、へき地等で講習を開設する大学への補助など、大学における教員の現職教育への支援等を行っている。

4 教員免許更新制の対象となる教員について
①対象となる学校種
国公私立の幼稚園、小学校、中学校、義務教育学校、高等学校、中等教育学校、特別支援学校
②対象となる現職教員の数（校長・教頭等は対象外）
約90万人
③修了確認申請期限
35歳、45歳、55歳となる年度の1月31日
④講習受講期間
修了確認申請期限までの2年間（修了確認が受けられない場合は、免許状が年度末に失効）

〈参考6〉教職大学院について
教職大学院（専門職学位課程）制度の概要
・教職大学院の特性（既存の修士課程との違い）
①実務家教員（教職等としての実務経験のある教員）を必要専任教員の4割以上置くことを法令上規定
②45単位のうち10単位以上は学校等での実習を行うよう義務化
③既存の修士課程では学生が専門分野の研究に従事しているが、教職大学院では研究指導を受けることや修士論文の提出が義務づけられていない
④大学は7年ごとに機関別の認証評価を受けることが義務づけられているが、さらに、教職大学院は5年に1回、分野別の認証評価が義務付けられている

表　教職大学院の現状（平成27年度）

教員就職率（臨時的任用を含む）〔平成27年3月卒業者〕	91.6%（国立教員養成大学・学部68.7%）
入学定員充足率	98.4%（前年度より5.7%増）
志願者数	1,186人（前年度より107人増）
入学者数	874人（前年度より102人増）
現職教員	390人（前年度より50人増）
学部新卒学生等	484人（前年度より52人増）

V 教員

《資料》教員養成、免許取得・教員採用の現状

表　課程認定数（平成26年5月1日）

	大学				短期大学				大学院			
	国立	公立	私立	計	国立	公立	私立	計	国立	公立	私立	計
大学数	82	84	586	752	0	18	335	353	86	76	460	622
課程認定を有する大学等数	77	58	472	607	0	9	237	246	80	39	309	428
割合(%)	93.9	69.0	80.5	80.7	0.0	50.0	70.7	69.7	93.0	51.3	67.2	18.8

○国立教員養成系大学・学部の現状（平成27年度）

ア：学部……設置状況：44大学44学部（うち単科大学11）

表　課程・入学定員

大学数	入学定員		合計
	教員養成課程	新課程	
44	10,971	3,419	14,390

※新課程：教員就職率の低下に伴い、昭和62年度から教員養成課程の一部を、教員以外の職業分野の人材や高い教養と柔軟な思考力を身につけた人材を養成することを目的とした課程として改組したもの

イ：大学院（修士課程）

表　設置状況

設置大学数	研究科数	専攻数	入学定員
43	43	142	3,160

ウ：教職大学院（専門職学位課程）

表　設置状況

区分	国立	私立	計
設置大学数	21	6	27
入学定員	718	170	888

〈参考表〉

学校種別教育職員免許状授与件数（平成25年度　教職員課調べ）

小学校	中学校	高等学校
28,307	52,874	67,111

平成24年度新規学卒者の学校種別教員採用者数（国公私立学校の計）（平成25年度学校教員統計調査）

小学校	中学校	高等学校
7,568	4,036	3,269

3　教員の給与

1　人材確保法

(1) 意義

　教員の給与を一般の公務員より優遇することを定め、教員に優れた人材を確保し、もって義務教育水準の維持向上を図ることを目的とする。

　○学校教育の水準の維持向上のための義務教育諸学校の教育職員の人材確保に関する特別措置法（昭和49年法律第2号）（抄）昭和49年2月公布施行

（目的）

　第1条　この法律は、学校教育が次代をになう青少年の人間形成の基本をなすものであることにかんがみ、<u>義務教育諸学校の教育職員の給与</u>について<u>特別の措置</u>を定めることにより、<u>すぐれた人材</u>を確保し、もつて<u>学校教育の水準の維持向上</u>に資することを目的とする。

（優遇措置）

　第3条　義務教育諸学校の教育職員の給与については、<u>一般の公務員の給与水準に比較して必要な優遇措置</u>が講じられなければならない。

(2) 現状

　○三次にわたる計画的改善により合計25%引上げの予算措置（昭和48～53年度）

　○昭和55年度以降、教員給与の優遇措置が次第に低下

　○自・公政権における基本方針2006（平成18年7月7日）を踏まえ、平成20年度から人材確保法による教員給与の優遇措置（2.76%）を縮減……人材確保法による教員給与の優遇は目減り。その上で縮減

V 教員

表　人材確保法による教員給与の推移

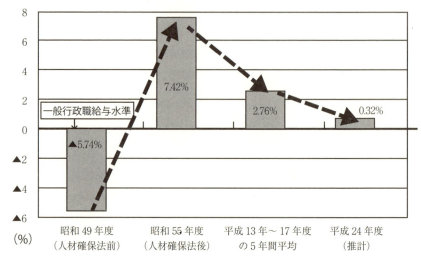

※年収ベースの試算でも、教員が一般行政職を上回っている額は、約25万円（平成13～17年度の平均）→約10万円（平成24年度）と減少。

表　教員に支給される給料の主な内訳

費目		給料及び諸手当の内容	根拠法
給料	本給	職務の複雑、困難及び責任の度に基づき、かつ勤労の強度、勤務時間、勤務環境そのほかの勤務条件 ※人材確保法により一般の公務員と比較して優遇されている	
	給料の調整額	特別支援教育に直接従事する教員に対し支給される手当 〔支給額：本給の平均約3.75％程度の定額（定額支給）〕	
	教職調整額	勤務時間管理が馴染まないため時間外勤務手当を支給しないこととし、教員の職務と勤務態様の特殊性を勤務時間の内外をまたがって包括的に評価して一律に支給される手当（校長・教頭は除く） 〔支給額：本給×4％〕	給特法（支給義務）

Ⅴ　教員

2　骨太の方針2006（抄）（平成18年7月7日閣議決定）

○文教

　文教予算については、子どもの数の減少及び教員の給与構造改革を反映しつつ、以下の削減方策を実施することにより、これまで以上の削減努力を行う。

①義務教育費国庫負担金について以下の見直しを行う

　ア：教職員の定数については、子どもの数に応じた削減を行うこととし、具体的には、今後5年間で1万人程度の純減を確保する

　イ：地方公務員の給与構造改革や地方における民間給与水準への準拠を徹底させる

　ウ：人材確保法に基づく優遇措置を縮減するとともに、メリハリを付けた教員給与体系を検討する。その結果を退職手当等にも反映させる

4 教育公務員に係る諸制度等

1 問題教員等への対応

(1) 指導が不適切な教員

　教員の指導は心身ともに発達段階にある児童生徒等に大きな影響を及ぼすものであり、指導が不適切な教員が指導に当たらないようにすることが重要である。平成19年6月の教育公務員特例法の一部改正（平成20年4月施行）により、
①指導が不適切であると認定した教員に対して任命権者が指導改善研修を実施すること
②研修修了時の認定において免職その他必要な措置を講ずること
③認定を客観的に行うための手続きを教育委員会規則に定めること
などが規定されている。

　この法改正を踏まえ、文部科学省では平成20年2月に「指導が不適切な教員に対する人事管理システムのガイドライン」を作成し、各教育委員会に配布している。

表　指導が不適切な教員の認定者数（平成26年度）

合計	①26年度に研修を受けた者							②研修受講予定者のうち、別の措置がなされた者(※)	③27年度からの研修対象	認定者総数(①+②+③)
	現場復帰	依頼退職	分限免職	分限休職	転任	研修継続	その他(※)			
77	35	13	1	1	3	19	5	4	49	130

※その他：病気による研修中止……5
※別の措置：依願退職……2、病気休職……2

V 教員

表 指導が不適切な教員の認定者数の推移

表 指導が不適切な教員のうち現場復帰または退職等した者

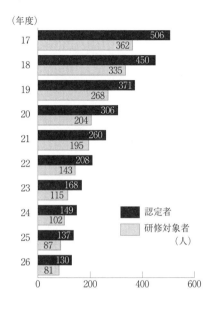
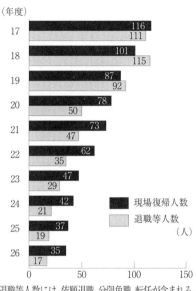

※退職等人数には、依願退職、分限免職、転任が含まれる。

(2) 教員の非違行為

　文部科学省としては、各都道府県・指定都市教育委員会に対して、通知（平成23年1月25日初等中等教育企画課長通知）、各種会議、学校教育行政についての情報交換会等により指導を行っている。

〔主な指導内容〕

　①懲戒処分全般に係る処分基準を作成し教員に周知を図り、非違行為等の抑止を図ること

　②特に、児童生徒に対するわいせつ行為等については、原則として懲戒免職とするなど、非違行為があった場合には厳正な対応をすること

　③体罰、公費の不正執行又は手当等の不正受給、個人情報の不適切な取扱いに係る懲戒処分等の件数が増加しており、十分な注意喚起を図ること

V 教員

表 公立学校教育職員に係る懲戒処分等の状況について（平成26年度）

（単位：人）

処分事由	①懲戒処分	前年度比	②訓告等	合計（①+②）	前年度比	〈参考〉最近10年間で最も多かった件数（年度）
交通違反・交通事故	273	▲11	2,642	2,915	▲182	3,225（24年度）
争議行為	6	6	0	6	6	13,623（19年度）
体罰	234	▲176	718	952	▲3,001	3,952（25年度）
わいせつ行為等	183	3	22	205	0	205（25・26年度）
公費の不正執行又は手当等の不正受給	25	2	160	185	134	371（21年度）
国旗掲揚・国歌斉唱の取扱いに係るもの	6	▲15	2	8	▲13	135（16年度）
個人情報の不適切な取扱いに係るもの	31	0	806	837	582	837（26年度）
その他の服務違反等に係るもの	194	▲19	4,375	4,569	2,657	4,680（24年度）
合計	952	▲210	8,725	9,677	183	17,490（19年度）

※個人情報の不適切な取扱いは、平成17年度から項目を設定

(3) 教員のメンタルヘルス

　公立学校の教員の精神疾患による病気休職者数は、平成26年度においては5,045人と、19年度以降5,000人前後で推移し、依然として高水準であり、教職員のメンタルヘルス対策の充実・推進が喫緊の課題となっている。

　文部科学省が開催した有識者による「教職員のメンタルヘルス対策検討会議」の最終まとめ(平成25年3月)では、教職員のメンタルヘルス対策は、
○人事や学校運営と関連付けて効果的・効率的に取り組むことが重要
○教職員本人のセルフケア、校長等のラインによるケア、教職員が心身共に健康を維持して教育に携わることができるような良好な職場環境・雰囲気の醸成等も含めた予防的な取組を推進することが必要

V 教員

○教職員の復職の際、心身の快復状況に加え、授業等を滞りなく行えるか等の本人の状況、産業医・嘱託精神科医等の意見などを踏まえ、教育委員会において慎重に判断することや、復職後の経過措置も含めた復職支援の充実を連携させて取り組むことが必要

とされている。

文部科学省では、最終まとめを参考にしつつ、教職員のメンタルヘルス対策の充実・推進について一層積極的に取り組むよう、各教育委員会に対して指導している。

表 公立学校教育職員の病気休職者数の推移

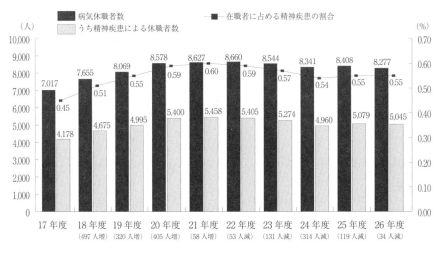

※年度の下のカッコは、精神疾患による休職者数の対年度比の増減を示す

2 教員評価の推進

　信頼される学校づくりのためには、学校の評価と公開がより一層進められる中で、教員一人一人の能力や実績等が適正に評価され、その評価結果が人事、給与等の処遇に適切に結びつけられる教員評価システムを実現することが重要。

　人事評価制度の導入によって地方公務員の能力及び実績に基づく人事管理を徹底するため、「地方公務員法」の一部が改正された（平成28年4月1日施行）。

　改正前は、教員の任命権者たる教育委員会が、執務について定期的に勤務評定を行い、その評定の結果に応じた措置を講ずることとされてきたが、今回の人事評価制度では、

・職員が職務遂行に当たり発揮した能力と挙げた業績の両面を把握した上で
・評価基準の明示や自己申告・面談・評価結果の開示などにより客観性を確保し、
・評価結果が任用・給与・分限その他の人事管理にも活用されることとなる。

　各教育委員会においては、既に能力評価や業績評価等による人事評価が実施され、評価結果が適切に活用されている。

V 教員

5　公立学校教員の人事

1　県費負担教職員制度

(1) 趣旨・目的

①市町村立小・中学校等の教職員は市町村の職員であるが、その給与については、義務的経費であり、かつ多額であるため、例外的に、市町村より財政力が安定している都道府県の負担とし、給与水準の確保と一定水準の教職員の確保を図り、教育水準の維持向上を図る。

②都道府県が人事を行うこととし、任命権と給与負担の調整を図ることとあわせて、身分は市町村の職員として地域との関係を保たせながら、広く市町村をこえて人事を行うことにより、教職員の適正配置と人事交流を図る。

(2) 概要

図　県費負担教職員制度

```
┌──────────────┐
│　文部科学大臣　│
└──────┬───────┘
　○教職員給与の3分の1を負担
　　（義務教育費国庫負担法第2条）
　　　↓
┌────────────────────────────────────────┐
│　　　　　都道府県教育委員会　　　　　　　│
└────────────────────────────────────────┘
　○教職員の給与の負担　　　　　　　　○人事の内申
　　（市町村立学校職員給与負担法第1条）　（地教行法第38条）
　○教職員の任命
　　（地教行法第37条）
　　　　　　　　　　　┌──────────────────┐
　　　　　　　　　　　│　市町村教育委員会　│
　　　　　　　　　　　└──────────────────┘
　　　　　　　○教職員の服務監督　　　○校長による意見の申出
　　　　　　　　（地教行法第43条）　　（地教行法第39条）
　　　　　　　○設置・管理
　　　　　　　　（地教行法第21条第1号）
　　　　　　　　　　　　　　　　　　市町村立学校
┌────────────────────────────────────────┐
│　　　　　教職員（県費負担教職員）　　　　│
└────────────────────────────────────────┘
```

Ⅴ 教員

※地教行法……地方教育行政の組織及び運営に関する法律
※例外として、政令指定都市は、自ら職員の任命を行っている（給与は都道府県が負担）（地教行法第58条）（平成29年度から改正→4参照）

① 市町村の内申：都道府県教育委員会は市町村教育委員会の内申をまって人事を行うこととされている。これにより、都道府県が市町村の内申なく人事を行うことは原則としてできない。また、都道府県は市町村の内申を尊重する必要がある。
② 校長の意見：校長の意見の申し出があった場合、市町村教育委員会の内申にその意見を添付することとされており、これにより、校長の意見の反映が図られている。

2　教育委員会における人事権の行使

① 公立学校の教員の任免は、教育委員会の権限とされている（地教行法第21条第3号）。また、この権限は、教育長に委任することができないこととしている（地教行法第25条第2項第4号）。
② 公立学校の教員の採用及び昇任の方法としては、一般の地方公務員のように競争試験によるのではなく、選考によることとされている。また、この選考は、任命権者である教育委員会の教育長が行うこととなっている（教育公務員特例法第11条）。これは、地方公務員法の特例であることから、教育公務員特例法に規定されている。
③ 上記②の選考を経た候補者について、教育委員会が任命することとされている（地教行法第34条）。県費負担教職員の任命については、都道府県教育委員会が、市町村教育委員会の内申をまって、行うこととと

Ⅴ 教員

されている（地教行法第38条）。

〔県立学校の場合〕

受験者→都道府県教委教育長の選考（教育法第11条）→都道府県教委による任命（地教行法第21条、34条）

〔県費負担教職員の場合〕

受験者→市町村教委の内申（地教行法第38条）→都道府県教委教育長の選考→都道府県教委による任命（地教行法第21条、34条、37条）

〈参考〉教員の任用に関する参照条文
○教育公務員特例法（昭和24年法律第1号）
（採用及び昇任の方法）
第11条　公立学校の校長の採用（現に校長の職以外の職に任命されている者を校長の職に任命する場合を含む。）並びに教員の採用（現に教員の職以外の職に任命されている者を教員の職に任命する場合を含む。以下この条において同じ。）及び昇任（採用に該当するものを除く。）は、選考によるものとし、その選考は、大学附置の学校にあつては当該大学の学長が、大学附置の学校以外の公立学校（幼保連携型認定こども園を除く。）にあつてはその校長及び教員の任命権者である教育委員会の教育長が、大学附置の学校以外の公立学校（幼保連携型認定こども園に限る。）にあつてはその校長及び教員の任命権者である地方公共団体の長が行う。
○地方教育行政の組織及び運営に関する法律（昭和31年6月30日法律第162号）
（教育委員会の職務権限）
第21条　教去委員会は当該地方公共団体が処理する教育に関する事務で、次に掲げるものを管理し、及び執行する。
三　教育委員会及び教育委員会の所管に属する学校その他の教育機関の職員の任免その他の人事に関すること。
（教育機関の職員の任命）
第34条　教育委員会の所管に属する学校その他の教育機関の校長、園長、教員、事務職員、技術職員その他の職員は、この法律に特別の定がある場合を除き、教育委員会が任命する。
（任命権者）
第37条　市町村立学校職員給与負担法（昭和23年法律第135号）第1条及び第2条に規定する職員（以下「県費負担教職員」という。）の任命権は、都道府

V 教員

県委員会に属する。
（市町村委員会の内申）
第38条 都道府県委員会は、市町村委員会の内申をまって、県負担教職員の任免その他の進退を行うものとする。
2 前項の規定にかかわらず、都道府県委員会は、同項の内申が県費負担教職員の転任（地方自治法第252条の7第1項の規定により教育委員会を共同設置する一の市町村の県費負担教職員を免職し、引き続いて当該教育委員会を共同設置する他の市町村の県費負担教職員に採用する場合を含む。以下この項において同じ。）に係るものであるときは、当該内申に基づき、その転任を行うものとする。ただし、次の各号のいずれかに該当するときは、この限りでない。
一 都道府県内の教職員の適正な配置と円滑な交流の観点から、一の市町村（地方自治法第252条の7第1項の規定により教育委員会を共同設置する場合における当該教育委員会を共同設置する他の市町村を含む。以下この号において同じ。）における県費負担教職員の標準的な在職期間その他の都道府県委員会が定める県費負担教職員の任用に関する基準に従い、一の市町村の県費負担教職員を免職し、引き続いて当該都道府県内の他の市町村の県費負担教職員に採用する必要がある場合。
二 前号に掲げる場合のほか、やむを得ない事情により当該内申に係る転任を行うことが困難である場合。
3 市町村委員会は、次条の規定による校長の意見の申出があった県費負担教職員について第1項又は前項の内申を行うときは、当該校長の意見を付するものとする。

3 都道府県教委から市町村教委への人事権移譲

(1) 同一市町村内の教職員転任の場合の市町村教育委員会の意向尊重

平成19年3月の中教審答申「教育基本法の改正を受けて緊急に必要とされる教育制度の改正について」において、同一市町村内の教職員の転任は、基本的に他市町村との調整を要しないため、教育現場に近い市町村教育委員会の意向をなるべく尊重する観点から、「県費負担教職員の人事に関し、都道府県教育委員会は、市町村教育委員会の意向をできるだけ尊重するとともに、同一市町村内における転任については、市町村教育委員会の意向に基づいて行うものとすること」と提言された。

V 教員

　これを受けた地教行法改正で、都道府県教委は、同一市町村内の教職員の転任については、市町村教委の内申に「基づき」行うこととされた（38条1項）。

(2) 中核市に対する人事権移譲問題

①既に平成17年10月の中教審答申で、より教育現場に近いところに権限を下す方向が望ましいとの考え方の下、「当面、中核市をはじめとする一定の自治体に人事権を移譲し、その状況や市町村合併の進展等を踏まえつつ、その他の市町村への人事権移譲について検討することが適当」との考えが示されていた。

②しかし、平成19年3月の中教審答申では、「人事権を全面的に移譲することについては、依然として関係者間での意見の隔たりが大きいため、小規模市町村の教育行政体制の整備の状況を踏まえつつ、広域での人事調整の仕組みや給与負担の在り方などとともに、引き続き検討」とされたところ。

人事権の移譲に関する関係者の主な意見

○人事権移譲に賛成の立場：中核市教育長、特別区教育長、指定都市教育委員・教育長、都市教育長
・特色ある学校教育を行い、地域に根ざした優秀な人材を育成・確保するためには、人事権が必要不可欠
・すでに中核市は研修を行うこととされているが、研修した教員が県の人事異動で転出させられるのは不本意

○人事権移譲に反対の立場：都道府県教育長、町村教育長、へき地教育関係者
・中核市等への人材の偏在化を招くこと、広域的な人事異動が困難になり教育水準の格差が生じること、特にへき地や離島を多く有する府県においてはさらに人材の確保が困難になる

V 教員

- ・優れた教員が中核市等に偏在化する危険性が高い
- ・中核市以外の周辺市町村は人口減少傾向が顕著であり、教員の新規採用の余地が乏しく、バランスのとれた採用が不可能になる
- ・給与負担のあり方を同時に見直さなければ、権限の「ねじれ」が拡大する

③平成 25 年 4 月 15 日の教育再生実行会議の第二次提言「教育委員会制度等の在り方について」で「国は、県費負担教職員の人事権について、小規模市町村を含む一定規模の区域や都道府県において人事交流の調整を行うようにする仕組みを構築することを前提とした上で、小規模市町村等の理解を得て、市町村に委譲することを検討する。」と提言されたが、これを受けた中教審答申「今後の地方教育行政の在り方について」(平成 25 年 12 月 13 日) でも基本的に検討継続の考え方がとられている。

(3) 事務処理特例制度を活用した人事権移譲の動き (大阪府)

大阪府においては、府全体の取組として、条例による事務処理特例を活用した府から市町村への権限移譲を進めており、教育行政においても、県費負担教職員の人事権等の権限移譲の可能性について検討が進められてきた。

これについて、現行法制上移譲が可能かどうかについて、府教委より文部科学省に対し事務的に問い合わせがあった。

これを受け文部科学省は、内閣法制局などとも協議して法令解釈を行い、平成 22 年 4 月 30 日、大阪府に対し、<u>県費負担教職員制度の趣旨・目的が損なわれることのない範囲</u>において、<u>事務処理特例制度を活用して、県費負担教職員の任命権に属する事務を市町村が処理することとすることができる旨</u>を回答。

その後、大阪府の豊能地域 (豊中市、池田市、箕面市、豊能町、能勢町)

V 教員

への権限移譲について、大阪府教委及び3市2町のプロジェクトチームにおいて検討が進められ、平成23年6月3日に府議会において特例条例が成立、平成24年4月に上記条例が施行された。

※地教行法第55条〔条例による事務処理の特例〕

　都道府県は、都道府県委員会の権限に属する事務の一部を条例の定めるところにより、市町村が処理することとすることができる。この場合においては、当該市町村が処理することとされた事務は、当該市町村の教育委員会が管理し及び執行するものとする。

表　市町村別人口数・学校数・教員数（大阪府）（平成22年5月1日）

市町村名		人口(万人)	学校数（校）			児童生徒数（人）			教員数（人）		
			小	中	計	小	中	計	小	中	計
豊能地区	能勢町	1.1	6	2	8	540	388	928	83	43	126
	豊能町	2.2	4	2	6	985	586	1,571	81	49	130
	豊中市	39	41	18	59	21,792	9,653	31,445	1,173	638	1,811
	池田市	10.4	11	5	16	5,505	2,435	7,940	306	163	469
	箕面市	13	13	7	20	7,177	3,130	10,307	391	219	610
	計	65.6	75	34	109	35,999	16,192	52,191	2,034	1,112	3,146
政令市以外		535.4	626	291	917	313,318	145,379	458,697	17,015	9,460	26,475
大阪市		266.7	303	131	434	120,991	55,802	176,793	6,972	3,820	10,792
堺市		84.2	94	43	137	48,023	21,574	69,597	2,525	1,363	3,888
府内合計		886.2	1,023	465	1,488	482,332	222,755	705,087	26,512	14,643	41,155

効果と課題　平成25年7月現在　（豊能地区教職員人事協議会資料から）

効果　①豊能地区での勤務を志す教職員の任用
　　　②市町への帰属意識の涵養につながる機会の増加
　　　③地域にねざした特色ある研修や市町間の交流の深まり
　　　④市町教委職員の責任感の高まり

課題　①豊能地区が単独で教員採用選考を実施する際の受験生の確保
　　　　及び3市2町間の合格者の配分方法の確立

V 教員

②将来の過欠員や人材育成を見据えた3市2町間の人事交流の仕組みづくり
③移譲事務の管理執行に要する財源の確保
④人事権と密接に関連する教職員定数、学級編制、給与負担等に関するさらなる権限の拡充に向けた検討

4　指定都市に係る県費負担教職員の給与負担等の移譲

　指定都市立の小・中・特別支援学校等の教職員については、一般の市町村と同様、都道府県が給与を負担しているが、人事権については、特例として指定都市委員会が行使してきた（地教行法58条）。このため指定都市では、人事権者と給与負担者が異なる状態にあり、指定都市からこの状態を解消するよう要望されていた。

　平成25年11月14日に関係道府県と指定都市の間で個人住民税所得割2％の税源移譲について合意された。また、教育再生実行会議の第二次提言を受けた中教審答申「今後の地方教育行政の在り方について」（25年12月13日）でも、「指定都市に係る県費負担教職員の給与等の負担、県費負担教職員に係る定数の決定及び学級編制基準の決定については、指定都市に移譲する方向で所要の制度改正を行うことが適当である」と指摘された。

　これらを背景として、平成25年3月の閣議決定で「関係者の理解を得て、指定都市に給与負担を移譲する」方向性が確認された。その後、25年11月に道府県と政令市の間で一定の税源移譲について合意がなされ、これを踏まえ、平成26年5月に必要な法制上の措置が講じられ、29年度からの移譲を目指して準備が行われている。

　（Ⅳ　4「教育再生実行会議の提言のポイント」参照）

Ⅵ　幼児教育

1　幼稚園と保育所

1　概要

表　幼稚園と保育所の比較

	区分	幼稚園	保育所
根拠	施設の性格	学校（学校教育法1条）	児童福祉施設（児童福祉法7条）
	根拠法令	学校教育法	児童福祉法
	目的	「義務教育及びその後の教育の基礎を培うものとして、幼児を保育し、幼児の健やかな成長のために適当な環境を与えて、その心身の発達を助長すること」 （学校教育法第22条）	「日々保護者の委託を受けて、保育に欠ける乳児又は幼児を保育すること」 （児童福祉法第39条）
内容	対象児	満3歳～就学前の幼児	0歳～就学前の保育に欠ける児童
	開設日数	39週以上（春夏冬休みあり）	約300日
	保育時間	4時間を標準 ※預かり保育を実施	8時間を原則 ※延長保育、一時保育を実施
	保育・教育内容	幼稚園教育要領 （保育所保育指針との整合性が図られている）	保育所保育指針 （幼稚園教育要領との整合性が図られている）
設置主体		国（国立大学法人を含む）、地方公共団体、学校法人 ※ただし、私立の幼稚園については、当分の間、学校法人によって設置することを要しない	制限なし
人員	保育士（教諭）の配置基準	1学級35人以下	0歳……3：1 1・2歳……6：1 3歳……20：1 4・5歳……30：1
	資格	幼稚園教諭専修（院卒） 幼稚園教諭1種（大卒） 幼稚園教諭2種（短大卒）	保育士 （指定養成施設または保育士試験に合格）
	職員数	11万1千人（H24.5現在）	30万2千人（H23.10現在）

Ⅵ 幼児教育

財源と利用料	運営に要する経費	私立（私学助成） H25予算……333億円 （3～5歳児） （H24予算：323億円） 公立（交付税措置）	私立（国庫負担金） H25予算……4,256億円 （0～5歳児） （H24予算：3,962億円） （国1/2、都道府県1/4、市町村1/4） 公立（交付税措置）
	保育料	幼稚園ごとに保育料を設定 （所得に応じて就園奨励費を助成）	市町村ごとに保育料を設定 所得に応じた負担
施設	施設基準	幼稚園設置基準（文部科学省令） 運動場、職員室、保育室、遊戯室、保健室、便所、飲料水用設備等 ※運動場は幼稚園と同一敷地内・隣接	児童福祉施設の設備及び運営に関する基準（厚生労働省令） 乳児室・ほふく室（2歳未満）、保育室・遊戯室（2歳以上）、調理室 ※上記のものは従うべき基準。それ以外のもの（屋外遊戯場や便所）については、参酌すべき基準。
その他	入所	保護者と幼稚園設置者との契約	市町村と保護者の契約（保護者の希望に基づく）
	施設数	1万3千か所（H24.5現在） 　国公立　　　5千か所 　私立　　　　8千か所	2万3千か所（H24.4現在） 　公立　　　　1万か所 　私立　　　　1万3千か所
	園児数	160万人 　国公立　　28万9千人 　私立　　　131万5千人	216万1千人 　公立　　　85万7千人 　私立　　　130万4千人

2 就学前教育・保育

1 実施状況（平成 25 年度）

- 3 歳以上児の多く（4 歳以上児はほとんど）が保育所又は幼稚園に入所
- 3 歳未満児（0〜2 歳児）で保育所に入所している割合は約 3 割

表 学齢別就園・入所率

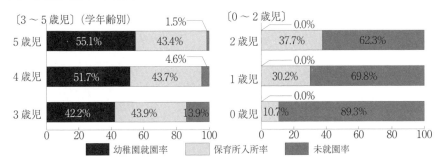

■ 幼稚園就園率　□ 保育所入所率　■ 未就園率

表 学齢別就園・入所児童数

	幼稚園在園者数	幼稚園就園率	保育所在所児数	保育所入所率	推計未就園児数	未就園率	該当年齢人口
0歳児	0 人	0.0%	112,000 人	10.7%	932,000 人	89.3%	1,044,000 人
1歳児	0 人	0.0%	322,000 人	30.2%	745,000 人	69.8%	1,067,000 人
2歳児	0 人	0.0%	394,000 人	37.7%	650,000 人	62.3%	1,044,000 人
3歳児	440,988 人	42.2%	459,000 人	43.9%	145,012 人	13.9%	1,045,000 人
4歳児	554,896 人	51.7%	469,000 人	43.7%	49,104 人	4.6%	1,073,000 人
5歳児	589,330 人	55.1%	464,000 人	43.4%	15,670 人	1.5%	1,069,000 人
合計	1,585,214 人	25.0%	2,220,000 人	35.0%	2,536,786 人	40.0%	6,342,000 人
うち 0〜2 歳児	0 人	0.0%	828,000 人	26.2%	2,327,000 人	73.8%	3,155,000 人
うち 3〜5 歳児	1,585,214 人	49.7%	1,392,000 人	43.7%	209,786 人	6.6%	3,187,000 人

Ⅵ 幼児教育

※個人情報の不適切な取扱いは、平成17年度から項目を設定
※保育所の数値は平成23年の「待機児童数調査」(平成23年4月1日現在)より。4・5歳は「社会福祉施設等調査」(平成23年10月1日現在)の年齢別割合を乗じて推計
※幼稚園の数値は平成23年度「学校基本調査報告書」(平成23年5月1日現在)より。なお、「幼稚園」には特別支援学校幼稚部を含む
※該当年齢人口は総務省統計局による人口推計年報(平成22年10月1日現在)より
※「推計未就園児数」は、該当年齢人口から幼稚園在園者数及び保育所在所児数を差し引いて推計したものである
※「待機児童数調査」、「社会福祉施設等調査」については、東日本大震災の影響により調査を実施していないところがある
※四捨五入の関係により、合計が合わない場合がある

Ⅵ 幼児教育

3 幼稚園と保育所の一元化をめぐる動向

1 昭和40年代以前

昭和40年代までは、幼稚園と保育所の二元化論が主流であった。

①昭和38年10月28日文部省・厚生省共同通知
・幼・保は機能を異にするもので、それぞれの充実整備及び両施設の適正配置の必要がある
・保育所の持つ機能のうち、3～5歳児の教育に関するものは、幼稚園教育要領に準ずることが望ましい

②昭和46年6月11日中央教育審議会答申（文部省）
・経過的には、保育所でも幼稚園に準ずる教育が受けられるようにすることを当面の目的とし、将来は、保育所で幼稚園の要件を具備したものに幼稚園の地位を付与する方法を検討する

cf. 昭和46年10月5日中央児童福祉審議会意見具申（厚生省）
・保育所においては、長時間にわたる養教一体の保育が望ましく、幼・保双方の地位を併せ持つような形態は児童福祉の上で望ましくない

2 昭和50年代以降

昭和50年代以降、幼稚園・保育所の普及により、教育制度と社会福祉制度の一元化の議論が起きる。

※5歳児の87%、4歳児の72%が幼稚園、保育所のどちらかに在籍するようになった（昭和50年）

しかし、就学前の教育に対するニーズと保育に欠ける子の長時間預かり

Ⅵ 幼児教育

のニーズが存在する中で、幼稚園と保育所の一元化よりは、両施設の連携に施策の力点が置かれた。

①昭和50年11月25日<u>行政管理庁監察結果報告</u>
・都道府県間、市町村間の幼・保の著しい偏在及び両施設の混同的運用がみられる
・文部、厚生両省は問題解決に有効な措置を講じておらず、協議の場を設けて問題の検討を行うべきである
　　↓

②昭和56年6月22日　幼稚園及び保育所に関する懇談会報告(<u>文部省・厚生省</u>)
・幼・保はそれぞれ異なる目的、機能の下に必要な役割を果してきており、<u>簡単に一元化できる状況ではない</u>
・<u>幼稚園の預り保育、保育所の私的契約などの両施設の弾力的運用について検討する必要がある</u>

③昭和62年4月1日臨時教育審議会第3次答申
・いわゆる幼保一元化の問題については、(ア) 幼児は、その成長につれ、家庭における生活とならんで徐々に集団生活の機会の拡充を図ることが望ましいが、この場合であっても幼児の発達段階や教育上の観点からは<u>幼児教育の時間は基本的には4時間程度を目途</u>にすることが適切であると考えられていること、(イ) 保護者の就労など何らかの理由により<u>保育に欠ける乳幼児</u>については、<u>児童福祉の観点から必要な措置</u>が講じられる必要のあること、など異なる二つの社会的要請があるので、基本的には幼稚園・保育所それぞれの制度的充実を図る必要がある
・<u>3～6歳児</u>については、<u>幼児教育の観点から、教育内容を共通的なも</u>

Ⅵ 幼児教育

のにすることが望まれる

3 幼稚園と保育所のさらなる連係

　少子化（平成元年の合計特殊出生率が1.57%）により、幼稚園と保育所の入所者の確保と幼稚園・保育所に係る財政運営の合理化が必要となり、幼保一元化の声が高まり、幼稚園と保育所のさらなる連係が進められた。

①施設の共用化
・「幼稚園と保育所の施設の共用化等に関する指針」の策定（平成10年3月10日）
　幼稚園及び保育所について、保育上支障のない限り、その施設及び設備について相互に共用することができる

②教育内容・保育内容の整合性の確保
・幼稚園教育要領と保育所保育指針の改訂に際し、双方の関係者が改訂に参加（平成10年度改訂～）

③幼稚園教諭・保育士の資格の併有の促進、合同研修の実施
・幼稚園教諭・保育士を対象とした研修に相互に参加
・幼稚園教員の「保育士試験」の受験要件緩和（平成16年）
・保育士資格所有者が幼稚園教諭免許を取得する方策として、新たに「幼稚園教員資格認定試験」を創設（平成17年）
・「保育士試験」、「幼稚園教員資格認定試験」の受験要件緩和（平成21年）

④幼稚園と保育所の連携事例の紹介
・「幼稚園と保育所の連携事例集」（平成14年）
・「保育所や幼稚園等と小学校における連携事例集」（平成21年）

4 認定こども園

1 制度の創設（平成18年10月）

教育・保育を一体的に提供し、地域における子育て支援を実施する「認定こども園」制度を創設。

(1) 検討経緯

①平成15年6月27日閣議決定「経済財政運営と構造改革に関する基本方針2003」

・近年の社会構造・就業構造の著しい変化等を踏まえ、地域において児童を総合的に育み、児童の視点に立って新しい児童育成のための体制を整備する観点から、地域のニーズに応じ、就学前の教育・保育を一体として捉えた一貫した総合施設の設置を可能とする（平成18年度までに検討）

・総合施設の議論と並行して、職員資格の併有や施設設備の共用を更に進める

②「規制改革・民間開放推進3か年計画」（平成16年3月閣議決定）

就学前の教育・保育を一体として捉えた一貫した総合施設の実現に向けて、平成16年度中に基本的な考えをとりまとめた上で、平成17年度に試行事業を先行実施するなど、必要な法整備を行うことも含め様々な準備を行い、平成18年度から本格実施を行う。

(2) 制度化の背景

○少子化の進行や教育・保育ニーズの多様化に伴い、必ずしもこれまで

Ⅵ　幼児教育

　の取組みだけでは対応できない状況が顕在化
・親の就労の有無で利用施設が限定（＝親が働いていれば保育所、働いていなければ幼稚園）
・少子化の進む中、幼稚園・保育所別々では、子どもの育ちにとって大切な子ども集団が小規模化。運営も非効率
・保育所待機児童が2万人存在する一方、幼稚園利用児童は10年で10万人減少
・育児不安の大きい専業主婦家庭への支援が大幅に不足
〇新たな選択肢としての「認定こども園」制度により多様なニーズに対応
・親の就労の有無に関わらず施設利用が可能に
・適切な規模の子ども集団を保ち子どもの育ちの場を確保
・既存の幼稚園の活用により待機児童が解消
・育児不安の大きい専業主婦家庭への支援を含む地域子育て支援が充実

(3)　制度の概要
　① 就学前の子どもに幼児教育・保育を提供する機能
　（保護者が働いている、いないにかかわらず受け入れて、教育・保育を一体的に行う機能）
　② 地域における子育て支援を行う機能
　（すべての子育て家庭を対象に、子育て不安に対応した相談活動や、親子の集いの場の提供などを行う機能）

図　認定こども園の機能

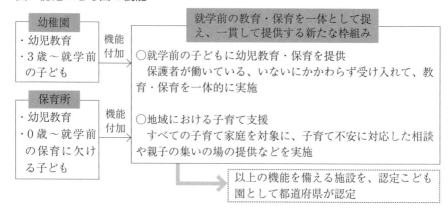

(4) 認定こども園のタイプ

①幼保連携型

認可幼稚園と認可保育所とが連携して、一体的な運営を行うことにより、認定こども園としての機能を果たすタイプ。

②幼稚園型

認可幼稚園が、保育に欠ける子どものための保育時間を確保するなど、保育所的な機能を備えて認定こども園としての機能を果たすタイプ。

③保育所型

認可保育所が、保育に欠ける子ども以外の子どもも受け入れるなど、幼稚園的な機能を備えることで認定こども園としての機能を果たすタイプ。

④地方裁量型

幼稚園・保育所いずれの認可もない地域の教育・保育施設が、認定こども園として必要な機能を果たすタイプ。

VI 幼児教育

表　認定件数（平成28年4月1日現在）

認定件数	内訳			
	幼保連携	幼稚園型	保育所型	地方裁量
4,001	2,785	682	474	60

(5) 認定こども園に対する評価と見直しの方向

表　今後の認定こども園制度の在り方について〔認定こども園制度の在り方に関する検討会報告書（平成21年3月31日）〕

現状（課題）	改革の方向
保護者や施設からは評価が高いが、普及が進まない/229件（平成20年4月）	○認定こども園の緊急整備 利用者のニーズや施設の認定申請の希望状況を踏まえつつ、平成23年度には認定件数が2,000件以上となることを目指す
財政支援が不十分	○財政支援の充実 「安心こども基金」等により「幼稚園型の保育所機能部分」、「保育所型の幼稚園機能部分」、「地方裁量型」への新たな財政措置が実現
・会計処理や申請手続きが煩雑 ・省庁間や自治体間の連携が不十分	○二重行政の解消 ・「こども交付金」を制度化し、補助金等の窓口・申請・執行手続の一本化の促進 ・窓口の一本化。書類の重複の整理、監査事務の簡素化など、速やかに手続きの一本化・簡素化
・地域の実情に応じて、教育・保育・子育て支援が総合的に提供される仕組みが必要 ・職員の資質の維持・向上が必要	○教育・保育・子育て支援の総合的な提供／質の維持・向上 ・将来的には幼保連携型への集約を目指す ・家庭や地域の子育て支援機能の強化 ・教育・保育の質の維持・向上のための研修や運営上の工夫 ・幼稚園教諭と保育士資格の養成課程や試験の弾力化

①今後の就学前教育・保育に関する制度の在り方

・地域の実情に応じて、教育・保育・子育て支援の「機能」が総合的に提供されるよう、その在り方について検討

・新しい幼稚園教育要領や保育所保育指針に基づく取組や認定こども園における取組状況等を検証

・幼稚園と保育所を担当する行政部局の在り方については、義務教育、

Ⅵ　幼児教育

児童健全育成、母子保健、障害児福祉、労働等の他の行政分野との連携などに留意する必要。現行の「幼保連携推進室」の機能強化と内閣府の総合調整機能の発揮が必要

②今後のスケジュール
・今後、見直しの進捗状況をフォローアップ
・保育制度改革の方向性を踏まえ、今後、具体的な制度的検討を推進
・法施行後5年を経過した場合に検討を行う旨が規定されているが、保育制度改革に係る検討にあわせて必要な見直しを実施

(6) 認定こども園制度の改善(子ども・子育て関連3法(平成24年8月成立))
①三法の趣旨
　自公民3党合意を踏まえ、保護者が子育てについての第一義的責任を有するという基本的認識の下に、幼児期の学校教育・保育、地域の子ども・子育て支援を総合的に推進。

②主なポイント
○認定こども園、幼稚園、保育所を通じた共通の給付（「施設型給付」）及び小規模保育等への給付（「地域型保育給付」）の創設
※地域型保育給付は、都市部における待機児童解消とともに、子どもの数が減少傾向にある地域における保育機能の確保に対応

○認定こども園制度の改善（**幼保連携型認定こども園の改善等**）
・幼保連携型認定こども園について、認可・指導監督の一本化、学校及び児童福祉施設としての法的位置づけ
・既存の幼稚園及び保育所からの移行は義務づけず、政策的に促進
・幼保連携型認定こども園の設置主体は、国、自治体、学校法人、社会福祉法人のみ（株式会社等の参入は不可）

Ⅵ 幼児教育

・認定こども園の財政措置を「施設型給付」に一本化
○地域の実情に応じた子ども・子育て支援(利用者支援、地域子育て支援拠点、放課後児童クラブなどの「地域子ども・子育て支援事業」)の充実
③認定こども園法の改正について
・認定こども園法の改正により、「学校及び児童福祉施設としての法的位置付けを持つ単一の施設」を創設(新たな「幼保連携型認定こども園」)
　……既存の幼稚園及び保育所からの移行は義務付けず、政策的に促進
　……設置主体は、国、自治体、学校法人、社会福祉法人のみ
　　(株式会社等の参入は不可)
・財政措置は、既存3類型も含め、認定こども園、幼稚園、保育所を通じた共通の「施設型給付」で一本化
　……消費税を含む安定的な財源を確保

図　類型別現行制度と改正後の比較

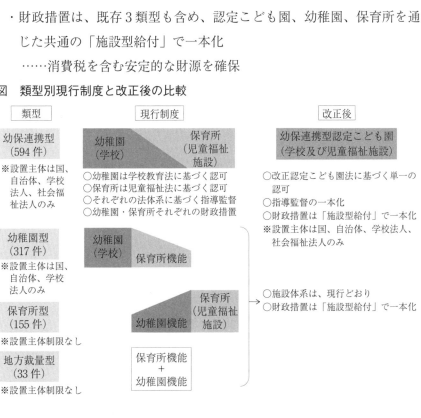

Ⅵ 幼児教育

(7) 新たな幼保連携型認定こども園
　①学校教育・保育及び過程における養育支援を一体的に提供する施設とする

　※ここで言う「学校教育」とは、現行の学校教育法に位置付けられる小学校就学前の満3歳以上の子どもを対象とする教育(幼児期の学校教育)をいい、「保育」とは児童福祉法に位置付けられる乳幼児を対象とした保育をいう。以下同じ

　ア：満3歳以上児の受け入れを義務付け、標準的な教育時間の学校教育を提供

　イ：保育を必要とする満3歳未満児については、保護者の就労時間等に応じて保育を提供

　※満3歳未満児の受け入れは義務付けないが、満3歳未満児の受け入れを含め、幼保連携型認定こども園の普及を促進する

　②学校教育、児童福祉及び社会福祉の法体系において、学校、児童福祉施設及び第2種社会福祉事業として位置付ける

　※幼保連携型認定こども園は、幼稚園と同様に、小学校就学前の学校教育を行う学校であることを明確にする

　※幼保連携型認定こども園は、小学校就学前の学校として、小学校教育との連携、接続が必要であることについて明確にする

　③幼保連携型認定こども園の設置主体は、国、地方公共団体、学校法人または社会福祉法人とする（既存の幼稚園及び保育所からの移行は義務付けない）

Ⅶ 資料

《資料》法令一覧

○日本国憲法（抄）

第3章　国民の権利及び義務

第11条　国民は、すべての基本的人権の享有を妨げられない。この憲法が国民に保障する基本的人権は、侵すことのできない永久の権利として、現在及び将来の国民に与へられる。

第13条　すべて国民は、個人として尊重される。生命、自由及び幸福追求に対する国民の権利については、公共の福祉に反しない限り、立法その他の国政の上で、最大の尊重を必要とする。

第14条　すべて国民は、法の下に平等であつて、人種、信条、性別、社会的身分又は門地により、政治的、経済的又は社会的関係において、差別されない。

2　華族その他の貴族の制度は、これを認めない。

3　栄誉、勲章その他の栄典の授与は、いかなる特権も伴はない。栄典の授与は、現にこれを有し、又は将来これを受ける者の一代に限り、その効力を有する。

第15条　公務員を選定し、及びこれを罷免することは、国民固有の権利である。

2　すべて公務員は、全体の奉仕者であつて、一部の奉仕者ではない。

3　公務員の選挙については、成年者による普通選挙を保障する。

4　すべて選挙における投票の秘密は、これを侵してはならない。選挙人は、その選択に関し公的にも私的にも責任を問はれない。

第19条　思想及び良心の自由は、これを侵してはならない。

第21条　集会、結社及び言論、出版その他一切の表現の自由は、これを保障する。

2　検閲は、これをしてはならない。通信の秘密は、これを侵してはならない。

第23条　学問の自由は、これを保障する。

第26条　すべて国民は、法律の定めるところにより、その能力に応じて、ひとしく教育を受ける権利を有する。

2　すべて国民は、法律の定めるところにより、その保護する子女に普通教育を受けさせる義務を負ふ。義務教育は、これを無償とする。

第31条　何人も、法律の定める手続によらなければ、その生命若しくは自由を奪はれ、又はその他の刑罰を科せられない。

○教育基本法

(平成18年12月22日法律第120号)

教育基本法(昭和22年法律第25号)の全部を改正する。

目次
前文
第1章　教育の目的及び理念（第1条—第4条）
第2章　教育の実施に関する基本（第5条—第15条）
第3章　教育行政（第16条・第17条）
第4章　法令の制定（第18条）
附則

我々日本国民は、たゆまぬ努力によって築いてきた民主的で文化的な国家を更に発展させるとともに、世界の平和と人類の福祉の向上に貢献することを願うものである。

我々は、この理想を実現するため、個人の尊厳を重んじ、真理と正義を希求し、公共の精神を尊び、豊かな人間性と創造性を備えた人間の育成を期するとともに、伝統を継承し、新しい文化の創造を目指す教育を推進する。

ここに、我々は、日本国憲法の精神にのっとり、我が国の未来を切り拓く教育の基本を確立し、その振興を図るため、この法律を制定する。

第1章　教育の目的及び理念

（教育の目的）
第1条　教育は、人格の完成を目指し、平和で民主的な国家及び社会の形成者として必要な資質を備えた心身ともに健康な国民の育成を期して行われなければならない。

（教育の目標）
第2条　教育は、その目的を実現するため、学問の自由を尊重しつつ、次に掲げる目標を達成するよう行われるものとする。

一　幅広い知識と教養を身に付け、真理を求める態度を養い、豊かな情操と道徳心を培うとともに、健やかな身体を養うこと。

二　個人の価値を尊重して、その能力を伸ばし、創造性を培い、自主及び自律の精神を養うとともに、職業及び生活との関連を重視し、勤労を重んずる態度を養うこと。

三　正義と責任、男女の平等、自他の敬愛と協力を重んずるとともに、公共の精神に基づき、主体的に社会の形成に参画し、その発展に寄与する態度を養うこと。

四　生命を尊び、自然を大切にし、

環境の保全に寄与する態度を養うこと。
五　伝統と文化を尊重し、それらをはぐくんできた我が国と郷土を愛するとともに、他国を尊重し、国際社会の平和と発展に寄与する態度を養うこと。

（生涯学習の理念）
第3条　国民一人一人が、自己の人格を磨き、豊かな人生を送ることができるよう、その生涯にわたって、あらゆる機会に、あらゆる場所において学習することができ、その成果を適切に生かすことのできる社会の実現が図られなければならない。

（教育の機会均等）
第4条　すべて国民は、ひとしく、その能力に応じた教育を受ける機会を与えられなければならず、人種、信条、性別、社会的身分、経済的地位又は門地によって、教育上差別されない。
2　国及び地方公共団体は、障害のある者が、その障害の状態に応じ、十分な教育を受けられるよう、教育上必要な支援を講じなければならない。
3　国及び地方公共団体は、能力があるにもかかわらず、経済的理由によって修学が困難な者に対して、奨学の措置を講じなければならない。

第2章　教育の実施に関する基本

（義務教育）
第5条　国民は、その保護する子に、別に法律で定めるところにより、普通教育を受けさせる義務を負う。
2　義務教育として行われる普通教育は、各個人の有する能力を伸ばしつつ社会において自立的に生きる基礎を培い、また、国家及び社会の形成者として必要とされる基本的な資質を養うことを目的として行われるものとする。
3　国及び地方公共団体は、義務教育の機会を保障し、その水準を確保するため、適切な役割分担及び相互の協力の下、その実施に責任を負う。
4　国又は地方公共団体の設置する学校における義務教育については、授業料を徴収しない。

（学校教育）
第6条　法律に定める学校は、公の性質を有するものであって、国、地方公共団体及び法律に定める法人のみが、これを設置することができる。
2　前項の学校においては、教育の目標が達成されるよう、教育を受ける者の心身の発達に応じて、体系的な教育が組織的に行われなければならない。この場合において、教育を受ける者が、学校生活を営む上で必要な規律を重んずるとともに、自ら進んで学習に取り組む意欲を高めることを重視して行われなければならない。

（大学）
第7条　大学は、学術の中心として、高い教養と専門的能力を培うとともに、深く真理を探究して新たな知見を創造し、これらの成果を広く社会に提供す

ることにより、社会の発展に寄与するものとする。

2　大学については、自主性、自律性その他の大学における教育及び研究の特性が尊重されなければならない。

（私立学校）

第8条　私立学校の有する公の性質及び学校教育において果たす重要な役割にかんがみ、国及び地方公共団体は、その自主性を尊重しつつ、助成その他の適当な方法によって私立学校教育の振興に努めなければならない。

（教員）

第9条　法律に定める学校の教員は、自己の崇高な使命を深く自覚し、絶えず研究と修養に励み、その職責の遂行に努めなければならない。

2　前項の教員については、その使命と職責の重要性にかんがみ、その身分は尊重され、待遇の適正が期せられるとともに、養成と研修の充実が図られなければならない。

（家庭教育）

第10条　父母その他の保護者は、子の教育について第一義的責任を有するものであって、生活のために必要な習慣を身に付けさせるとともに、自立心を育成し、心身の調和のとれた発達を図るよう努めるものとする。

2　国及び地方公共団体は、家庭教育の自主性を尊重しつつ、保護者に対する学習の機会及び情報の提供その他の家庭教育を支援するために必要な施策を講ずるよう努めなければならない。

（幼児期の教育）

第11条　幼児期の教育は、生涯にわたる人格形成の基礎を培う重要なものであることにかんがみ、国及び地方公共団体は、幼児の健やかな成長に資する良好な環境の整備その他適当な方法によって、その振興に努めなければならない。

（社会教育）

第12条　個人の要望や社会の要請にこたえ、社会において行われる教育は、国及び地方公共団体によって奨励されなければならない。

2　国及び地方公共団体は、図書館、博物館、公民館その他の社会教育施設の設置、学校の施設の利用、学習の機会及び情報の提供その他の適当な方法によって社会教育の振興に努めなければならない。

（学校、家庭及び地域住民等の相互の連携協力）

第13条　学校、家庭及び地域住民その他の関係者は、教育におけるそれぞれの役割と責任を自覚するとともに、相互の連携及び協力に努めるものとする。

（政治教育）

第14条　良識ある公民として必要な政治的教養は、教育上尊重されなければならない。

2　法律に定める学校は、特定の政党を支持し、又はこれに反対するための政治教育その他政治的活動をしてはならない。

（宗教教育）

第15条　宗教に関する寛容の態度、宗教に関する一般的な教養及び宗教の社会生活における地位は、教育上尊重されなければならない。
2　国及び地方公共団体が設置する学校は、特定の宗教のための宗教教育その他宗教的活動をしてはならない。

第3章　教育行政

（教育行政）
第16条　教育は、不当な支配に服することなく、この法律及び他の法律の定めるところにより行われるべきものであり、教育行政は、国と地方公共団体との適切な役割分担及び相互の協力の下、公正かつ適正に行われなければならない。
2　国は、全国的な教育の機会均等と教育水準の維持向上を図るため、教育に関する施策を総合的に策定し、実施しなければならない。
3　地方公共団体は、その地域における教育の振興を図るため、その実情に応じた教育に関する施策を策定し、実施しなければならない。
4　国及び地方公共団体は、教育が円滑かつ継続的に実施されるよう、必要な財政上の措置を講じなければならない。
（教育振興基本計画）
第17条　政府は、教育の振興に関する施策の総合的かつ計画的な推進を図るため、教育の振興に関する施策についての基本的な方針及び講ずべき施策その他必要な事項について、基本的な計画を定め、これを国会に報告するとともに、公表しなければならない。
2　地方公共団体は、前項の計画を参酌し、その地域の実情に応じ、当該地方公共団体における教育の振興のための施策に関する基本的な計画を定めるよう努めなければならない。

第4章　法令の制定

第18条　この法律に規定する諸条項を実施するため、必要な法令が制定されなければならない。

　　　附　則　抄

（施行期日）
1　この法律は、公布の日から施行する。
（社会教育法等の一部改正）
2　次に掲げる法律の規定中「教育基本法（昭和22年法律第25号）」を「教育基本法（平成18年法律第120号）」に改める。
　一　社会教育法（昭和24年法律第207号）第1条
　二　産業教育振興法（昭和26年法律第228号）第1条
　三　理科教育振興法（昭和28年法律第186号）第1条
　四　高等学校の定時制教育及び通信教育振興法（昭和28年法律第238号）第1条
　五　義務教育諸学校における教育の政

治的中立の確保に関する臨時措置法
　　（昭和29年法律第157号）第1条
　六　国立大学法人法（平成15年法律第
　　112号）第37条第1項
　七　独立行政法人国立高等専門学校機
　　構法（平成15年法律第113号）第16条
（放送大学学園法及び構造改革特別区域
法の一部改正）
3　次に掲げる法律の規定中「教育基本法
　（昭和22年法律第25号）第9条第2項」
　を「教育基本法（平成18年法律第号）
　第15条第2項」に改める。
　一　放送大学学園法（平成14年法律第
　　156号）第18条
　二　構造改革特別区域法（平成14年法
　　律第189号）第20条第17項

○学校教育法

(昭和22年3月31日法律第26号)

最終改正:平成28年5月20日法律第47号

第1章　総則(第1条―第15条)
第2章　義務教育(第16条―第21条)
第3章　幼稚園(第22条―第28条)
第4章　小学校(第29条―第44条)
第5章　中学校(第45条―第49条)
第5章の2　義務教育学校(第49条の2―第49条の8)
第6章　高等学校(第50条―第62条)
第7章　中等教育学校(第63条―第71条)
第8章　特別支援教育(第72条―第82条)
第9章　大学(第83条―第114条)
第10章　高等専門学校(第115条―第123条)
第11章　専修学校(第124条―第133条)
第12章　雑則(第134条―第142条)
第13章　罰則(第143条―第146条)
附則

第1章　総則

第1条　この法律で、学校とは、幼稚園、小学校、中学校、義務教育学校、高等学校、中等教育学校、特別支援学校、大学及び高等専門学校とする。
第2条　学校は、国(国立大学法人法(平成15年法律第112号)第2条第1項に規定する国立大学法人及び独立行政法人国立高等専門学校機構を含む。以下同じ。)、地方公共団体(地方独立行政法人法(平成15年法律第118号)第68条第1項に規定する公立大学法人を含む。次項において同じ。)及び私立学校法第3条に規定する学校法人(以下学校法人と称する。)のみが、これを設置することができる。
2　この法律で、国立学校とは、国の設置する学校を、公立学校とは、地方公共団体の設置する学校を、私立学校とは、学校法人の設置する学校をいう。
第3条　学校を設置しようとする者は、学校の種類に応じ、文部科学大臣の定める設備、編制その他に関する設置基準に従い、これを設置しなければならない。
第4条　次の各号に掲げる学校の設置廃止、設置者の変更その他政令で定める事項(次条において「設置廃止等」という。)は、それぞれ当該各号に定める者の認可を受けなければならない。これらの学校のうち、高等学校(中等教育学校の後期課程を含む。)の通常の課程(以下「全日制の課程」という。)、夜間その他特別の時間又は時期において授業を行う課程(以下「定

時制の課程」という。）及び通信による教育を行う課程（以下「通信制の課程」という。）、大学の学部、大学院及び大学院の研究科並びに第百八条第2項の大学の学科についても、同様とする。
　一　公立又は私立の大学及び高等専門学校　文部科学大臣
　二　市町村の設置する高等学校、中等教育学校及び特別支援学校　都道府県の教育委員会
　三　私立の幼稚園、小学校、中学校、義務教育学校、高等学校、中等教育学校及び特別支援学校　都道府県知事
2　前項の規定にかかわらず、同項第一号に掲げる学校を設置する者は、次に掲げる事項を行うときは、同項の認可を受けることを要しない。この場合において、当該学校を設置する者は、文部科学大臣の定めるところにより、あらかじめ、文部科学大臣に届け出なければならない。
　一　大学の学部若しくは大学院の研究科又は第108条第2項の大学の学科の設置であつて、当該大学が授与する学位の種類及び分野の変更を伴わないもの
　二　大学の学部若しくは大学院の研究科又は第108条第2項の大学の学科の廃止
　三　前2号に掲げるもののほか、政令で定める事項
3　文部科学大臣は、前項の届出があつた場合において、その届出に係る事項が、設備、授業その他の事項に関する法令の規定に適合しないと認めるときは、その届出をした者に対し、必要な措置をとるべきことを命ずることができる。
4　地方自治法（昭和22年法律第67号）第252条の19第1項の指定都市（第54条第3項において「指定都市」という。）の設置する高等学校、中等教育学校及び特別支援学校については、第1項の規定は、適用しない。この場合において、当該高等学校、中等教育学校及び特別支援学校を設置する者は、同項の規定により認可を受けなければならないとされている事項を行おうとするときは、あらかじめ、都道府県の教育委員会に届け出なければならない。
5　第2項第1号の学位の種類及び分野の変更に関する基準は、文部科学大臣が、これを定める。
第4条の2　市町村は、その設置する幼稚園の設置廃止等を行おうとするときは、あらかじめ、都道府県の教育委員会に届け出なければならない。
第5条　学校の設置者は、その設置する学校を管理し、法令に特別の定のある場合を除いては、その学校の経費を負担する。
第6条　学校においては、授業料を徴収することができる。ただし、国立又は公立の小学校及び中学校、義務教育学校、中等教育学校の前期課程又は特別支援学校の小学部及び中学部における

義務教育については、これを徴収することができない。

第7条　学校には、校長及び相当数の教員を置かなければならない。

第8条　校長及び教員（教育職員免許法（昭和24年法律第147号）の適用を受ける者を除く。）の資格に関する事項は、別に法律で定めるもののほか、文部科学大臣がこれを定める。

第9条　次の各号のいずれかに該当する者は、校長又は教員となることができない。
一　成年被後見人又は被保佐人
二　禁錮以上の刑に処せられた者
三　教育職員免許法第10条第1項第2号又は第3号に該当することにより免許状がその効力を失い、当該失効の日から3年を経過しない者
四　教育職員免許法第11条第1項から第3項までの規定により免許状取上げの処分を受け、3年を経過しない者
五　日本国憲法 施行の日以後において、日本国憲法 又はその下に成立した政府を暴力で破壊することを主張する政党その他の団体を結成し、又はこれに加入した者

第10条　私立学校は、校長を定め、大学及び高等専門学校にあつては文部科学大臣に、大学及び高等専門学校以外の学校にあつては都道府県知事に届け出なければならない。

第11条　校長及び教員は、教育上必要があると認めるときは、文部科学大臣の定めるところにより、児童、生徒及び学生に懲戒を加えることができる。ただし、体罰を加えることはできない。

第12条　学校においては、別に法律で定めるところにより、幼児、児童、生徒及び学生並びに職員の健康の保持増進を図るため、健康診断を行い、その他その保健に必要な措置を講じなければならない。

第13条　第4条第1項各号に掲げる学校が次の各号のいずれかに該当する場合においては、それぞれ同項各号に定める者は、当該学校の閉鎖を命ずることができる。
一　法令の規定に故意に違反したとき
二　法令の規定によりその者がした命令に違反したとき
三　6箇月以上授業を行わなかつたとき

2　前項の規定は、市町村の設置する幼稚園に準用する。この場合において、同項中「それぞれ同項各号に定める者」とあり、及び同項第2号中「その者」とあるのは、「都道府県の教育委員会」と読み替えるものとする。

第14条　大学及び高等専門学校以外の市町村の設置する学校については都道府県の教育委員会、大学及び高等専門学校以外の私立学校については都道府県知事は、当該学校が、設備、授業その他の事項について、法令の規定又は都道府県の教育委員会若しくは都道府県知事の定める規程に違反したときは、その変更を命ずることができる。

第15条　文部科学大臣は、公立又は私立の大学及び高等専門学校が、設備、授業その他の事項について、法令の規定に違反していると認めるときは、当該学校に対し、必要な措置をとるべきことを勧告することができる。
2　文部科学大臣は、前項の規定による勧告によつてもなお当該勧告に係る事項（次項において「勧告事項」という。）が改善されない場合には、当該学校に対し、その変更を命ずることができる。
3　文部科学大臣は、前項の規定による命令によつてもなお勧告事項が改善されない場合には、当該学校に対し、当該勧告事項に係る組織の廃止を命ずることができる。
4　文部科学大臣は、第1項の規定による勧告又は第2項若しくは前項の規定による命令を行うために必要があると認めるときは、当該学校に対し、報告又は資料の提出を求めることができる。

第2章　義務教育

第16条　保護者（子に対して親権を行う者（親権を行う者のないときは、未成年後見人）をいう。以下同じ。）は、次条に定めるところにより、子に9年の普通教育を受けさせる義務を負う。
第17条　保護者は、子の満6歳に達した日の翌日以後における最初の学年の初めから、満12歳に達した日の属する学年の終わりまで、これを小学校、義務教育学校の前期課程又は特別支援学校の小学部に就学させる義務を負う。ただし、子が、満12歳に達した日の属する学年の終わりまでに小学校の課程、義務教育学校の前期課程又は特別支援学校の小学部の課程を修了しないときは、満15歳に達した日の属する学年の終わり（それまでの間においてこれらの課程を修了したときは、その修了した日の属する学年の終わり）までとする。
2　保護者は、子が小学校の課程、義務教育学校の前期課程又は特別支援学校の小学部の課程を修了した日の翌日以後における最初の学年の初めから、満15歳に達した日の属する学年の終わりまで、これを中学校、義務教育学校の後期課程、中等教育学校の前期課程又は特別支援学校の中学部に就学させる義務を負う。
3　前2項の義務の履行の督促その他これらの義務の履行に関し必要な事項は、政令で定める。
第18条　前条第1項又は第2項の規定によつて、保護者が就学させなければならない子（以下それぞれ「学齢児童」又は「学齢生徒」という。）で、病弱、発育不完全その他やむを得ない事由のため、就学困難と認められる者の保護者に対しては、市町村の教育委員会は、文部科学大臣の定めるところにより、同条第1項又は第2項の義務を猶予又は免除することができる。
第19条　経済的理由によつて、就学困難

と認められる学齢児童又は学齢生徒の保護者に対しては、市町村は、必要な援助を与えなければならない。
第20条　学齢児童又は学齢生徒を使用する者は、その使用によつて、当該学齢児童又は学齢生徒が、義務教育を受けることを妨げてはならない。
第21条　義務教育として行われる普通教育は、教育基本法（平成18年法律第120号）第5条第2項に規定する目的を実現するため、次に掲げる目標を達成するよう行われるものとする。
　一　学校内外における社会的活動を促進し、自主、自律及び協同の精神、規範意識、公正な判断力並びに公共の精神に基づき主体的に社会の形成に参画し、その発展に寄与する態度を養うこと。
　二　学校内外における自然体験活動を促進し、生命及び自然を尊重する精神並びに環境の保全に寄与する態度を養うこと。
　三　我が国と郷土の現状と歴史について、正しい理解に導き、伝統と文化を尊重し、それらをはぐくんできた我が国と郷土を愛する態度を養うとともに、進んで外国の文化の理解を通じて、他国を尊重し、国際社会の平和と発展に寄与する態度を養うこと。
　四　家族と家庭の役割、生活に必要な衣、食、住、情報、産業その他の事項について基礎的な理解と技能を養うこと。
　五　読書に親しませ、生活に必要な国語を正しく理解し、使用する基礎的な能力を養うこと。
　六　生活に必要な数量的な関係を正しく理解し、処理する基礎的な能力を養うこと。
　七　生活にかかわる自然現象について、観察及び実験を通じて、科学的に理解し、処理する基礎的な能力を養うこと。
　八　健康、安全で幸福な生活のために必要な習慣を養うとともに、運動を通じて体力を養い、心身の調和的発達を図ること。
　九　生活を明るく豊かにする音楽、美術、文芸その他の芸術について基礎的な理解と技能を養うこと。
　十　職業についての基礎的な知識と技能、勤労を重んずる態度及び個性に応じて将来の進路を選択する能力を養うこと。

第3章　幼稚園

第22条　幼稚園は、義務教育及びその後の教育の基礎を培うものとして、幼児を保育し、幼児の健やかな成長のために適当な環境を与えて、その心身の発達を助長することを目的とする。
第23条　幼稚園における教育は、前条に規定する目的を実現するため、次に掲げる目標を達成するよう行われるものとする。
　一　健康、安全で幸福な生活のために

必要な基本的な習慣を養い、身体諸機能の調和的発達を図ること。
二　集団生活を通じて、喜んでこれに参加する態度を養うとともに家族や身近な人への信頼感を深め、自主、自律及び協同の精神並びに規範意識の芽生えを養うこと。
三　身近な社会生活、生命及び自然に対する興味を養い、それらに対する正しい理解と態度及び思考力の芽生えを養うこと。
四　日常の会話や、絵本、童話等に親しむことを通じて、言葉の使い方を正しく導くとともに、相手の話を理解しようとする態度を養うこと。
五　音楽、身体による表現、造形等に親しむことを通じて、豊かな感性と表現力の芽生えを養うこと。

第24条　幼稚園においては、第22条に規定する目的を実現するための教育を行うほか、幼児期の教育に関する各般の問題につき、保護者及び地域住民その他の関係者からの相談に応じ、必要な情報の提供及び助言を行うなど、家庭及び地域における幼児期の教育の支援に努めるものとする。

第25条　幼稚園の教育課程その他の保育内容に関する事項は、第22条及び第23条の規定に従い、文部科学大臣が定める。

第26条　幼稚園に入園することのできる者は、満3歳から、小学校就学の始期に達するまでの幼児とする。

第27条　幼稚園には、園長、教頭及び教諭を置かなければならない

2　幼稚園には、前項に規定するもののほか、副園長、主幹教諭、指導教諭、養護教諭、栄養教諭、事務職員、養護助教諭その他必要な職員を置くことができる。

3　第1項の規定にかかわらず、副園長を置くときその他特別の事情のあるときは、教頭を置かないことができる。

4　園長は、園務をつかさどり、所属職員を監督する。

5　副園長は、園長を助け、命を受けて園務をつかさどる。

6　教頭は、園長（副園長を置く幼稚園にあつては、園長及び副園長）を助け、園務を整理し、及び必要に応じ幼児の保育をつかさどる。

7　主幹教諭は、園長（副園長を置く幼稚園にあつては、園長及び副園長）及び教頭を助け、命を受けて園務の一部を整理し、並びに幼児の保育をつかさどる。

8　指導教諭は、幼児の保育をつかさどり、並びに教諭その他の職員に対して、保育の改善及び充実のために必要な指導及び助言を行う。

9　教諭は、幼児の保育をつかさどる。

10　特別の事情のあるときは、第1項の規定にかかわらず、教諭に代えて助教諭又は講師を置くことができる。

11　学校の実情に照らし必要があると認めるときは、第7項の規定にかかわらず、園長（副園長を置く幼稚園にあつては、園長及び副園長）及び教頭を助

け、命を受けて園務の一部を整理し、並びに幼児の養護又は栄養の指導及び管理をつかさどる主幹教諭を置くことができる。

第28条　第37条第6項、第8項及び第12項から第17項まで並びに第42条から第44条までの規定は、幼稚園に準用する。

第4章　小学校

第29条　小学校は、心身の発達に応じて、義務教育として行われる普通教育のうち基礎的なものを施すことを目的とする。

第30条　小学校における教育は、前条に規定する目的を実現するために必要な程度において第21条各号に掲げる目標を達成するよう行われるものとする。

2　前項の場合においては、生涯にわたり学習する基盤が培われるよう、基礎的な知識及び技能を習得させるとともに、これらを活用して課題を解決するために必要な思考力、判断力、表現力その他の能力をはぐくみ、主体的に学習に取り組む態度を養うことに、特に意を用いなければならない。

第31条　小学校においては、前条第1項の規定による目標の達成に資するよう、教育指導を行うに当たり、児童の体験的な学習活動、特にボランティア活動など社会奉仕体験活動、自然体験活動その他の体験活動の充実に努めるものとする。この場合において、社会教育関係団体その他の関係団体及び関係機関との連携に十分配慮しなければならない。

第32条　小学校の修業年限は、6年とする。

第33条　小学校の教育課程に関する事項は、第29条及び第30条の規定に従い、文部科学大臣が定める。

第34条　小学校においては、文部科学大臣の検定を経た教科用図書又は文部科学省が著作の名義を有する教科用図書を使用しなければならない。

2　前項の教科用図書以外の図書その他の教材で、有益適切なものは、これを使用することができる。

3　第1項の検定の申請に係る教科用図書に関し調査審議させるための審議会等（国家行政組織法（昭和23年法律第120号）第8条に規定する機関をいう。以下同じ。）については、政令で定める。

第35条　市町村の教育委員会は、次に掲げる行為の一又は二以上を繰り返し行う等性行不良であつて他の児童の教育に妨げがあると認める児童があるときは、その保護者に対して、児童の出席停止を命ずることができる。

　一　他の児童に傷害、心身の苦痛又は財産上の損失を与える行為
　二　職員に傷害又は心身の苦痛を与える行為
　三　施設又は設備を損壊する行為
　四　授業その他の教育活動の実施を妨げる行為

2　市町村の教育委員会は、前項の規定に

より出席停止を命ずる場合には、あらかじめ保護者の意見を聴取するとともに、理由及び期間を記載した文書を交付しなければならない。
3　前項に規定するもののほか、出席停止の命令の手続に関し必要な事項は、教育委員会規則で定めるものとする。
4　市町村の教育委員会は、出席停止の命令に係る児童の出席停止の期間における学習に対する支援その他の教育上必要な措置を講ずるものとする。
第36条　学齢に達しない子は、小学校に入学させることができない。
第37条　小学校には、校長、教頭、教諭、養護教諭及び事務職員を置かなければならない。
2　小学校には、前項に規定するもののほか、副校長、主幹教諭、指導教諭、栄養教諭その他必要な職員を置くことができる。
3　第1項の規定にかかわらず、副校長を置くときその他特別の事情のあるときは教頭を、養護をつかさどる主幹教諭を置くときは養護教諭を、特別の事情のあるときは事務職員を、それぞれ置かないことができる。
4　校長は、校務をつかさどり、所属職員を監督する。
5　副校長は、校長を助け、命を受けて校務をつかさどる。
6　副校長は、校長に事故があるときはその職務を代理し、校長が欠けたときはその職務を行う。この場合において、副校長が二人以上あるときは、あらかじめ校長が定めた順序で、その職務を代理し、又は行う。
7　教頭は、校長（副校長を置く小学校にあつては、校長及び副校長）を助け、校務を整理し、及び必要に応じ児童の教育をつかさどる。
8　教頭は、校長（副校長を置く小学校にあつては、校長及び副校長）に事故があるときは校長の職務を代理し、校長（副校長を置く小学校にあつては、校長及び副校長）が欠けたときは校長の職務を行う。この場合において、教頭が二人以上あるときは、あらかじめ校長が定めた順序で、校長の職務を代理し、又は行う。
9　主幹教諭は、校長（副校長を置く小学校にあつては、校長及び副校長）及び教頭を助け、命を受けて校務の一部を整理し、並びに児童の教育をつかさどる。
10　指導教諭は、児童の教育をつかさどり、並びに教諭その他の職員に対して、教育指導の改善及び充実のために必要な指導及び助言を行う。
11　教諭は、児童の教育をつかさどる。
12　養護教諭は、児童の養護をつかさどる。
13　栄養教諭は、児童の栄養の指導及び管理をつかさどる。
14　事務職員は、事務に従事する。
15　助教諭は、教諭の職務を助ける。
16　講師は、教諭又は助教諭に準ずる職務に従事する。
17　養護助教諭は、養護教諭の職務を助

ける。
18 特別の事情のあるときは、第1項の規定にかかわらず、教諭に代えて助教諭又は講師を、養護教諭に代えて養護助教諭を置くことができる。
19 学校の実情に照らし必要があると認めるときは、第9項の規定にかかわらず、校長（副校長を置く小学校にあつては、校長及び副校長）及び教頭を助け、命を受けて校務の一部を整理し、並びに児童の養護又は栄養の指導及び管理をつかさどる主幹教諭を置くことができる。

第38条 市町村は、その区域内にある学齢児童を就学させるに必要な小学校を設置しなければならない。ただし、教育上有益かつ適切であると認めるときは、義務教育学校の設置をもつてこれに代えることができる。

第39条 市町村は、適当と認めるときは、前条の規定による事務の全部又は一部を処理するため、市町村の組合を設けることができる。

第40条 市町村は、前2条の規定によることを不可能又は不適当と認めるときは、小学校又は義務教育学校の設置に代え、学齢児童の全部又は一部の教育事務を、他の市町村又は前条の市町村の組合に委託することができる。

2 前項の場合においては、地方自治法第252条の14第3項において準用する同法第252条の2の2第2項中「都道府県知事」とあるのは、「都道府県知事及び都道府県の教育委員会」と読み替えるものとする。

第41条 町村が、前2条の規定による負担に堪えないと都道府県の教育委員会が認めるときは、都道府県は、その町村に対して、必要な補助を与えなければならない。

第42条 小学校は、文部科学大臣の定めるところにより当該小学校の教育活動その他の学校運営の状況について評価を行い、その結果に基づき学校運営の改善を図るため必要な措置を講ずることにより、その教育水準の向上に努めなければならない。

第43条 小学校は、当該小学校に関する保護者及び地域住民その他の関係者の理解を深めるとともに、これらの者との連携及び協力の推進に資するため、当該小学校の教育活動その他の学校運営の状況に関する情報を積極的に提供するものとする。

第44条 私立の小学校は、都道府県知事の所管に属する。

第5章 中学校

第45条 中学校は、小学校における教育の基礎の上に、心身の発達に応じて、義務教育として行われる普通教育を施すことを目的とする。

第46条 中学校における教育は、前条に規定する目的を実現するため、第21条各号に掲げる目標を達成するよう行われるものとする。

第47条 中学校の修業年限は、3年とす

る。
第48条　中学校の教育課程に関する事項は、第45条及び第46条の規定並びに次条において読み替えて準用する第30条第2項の規定に従い、文部科学大臣が定める。
第49条　第30条第2項、第31条、第34条、第35条及び第37条から第44条までの規定は、中学校に準用する。この場合において、第30条第2項中「前項」とあるのは「第46条」と、第31条中「前条第1項」とあるのは「第46条」と読み替えるものとする。

第5章の2　義務教育学校

第49条の2　義務教育学校は、心身の発達に応じて、義務教育として行われる普通教育を基礎的なものから一貫して施すことを目的とする。
第49条の3　義務教育学校における教育は、前条に規定する目的を実現するため、第21条各号に掲げる目標を達成するよう行われるものとする。
第49条の4　義務教育学校の修業年限は、9年とする。
第49条の5　義務教育学校の課程は、これを前期6年の前期課程及び後期3年の後期課程に区分する。
第49条の6　義務教育学校の前期課程における教育は、第49条の2に規定する目的のうち、心身の発達に応じて、義務教育として行われる普通教育のうち基礎的なものを施すことを実現するために必要な程度において第21条各号に掲げる目標を達成するよう行われるものとする。
二　義務教育学校の後期課程における教育は、第49条の2に規定する目的のうち、前期課程における教育の基礎の上に、心身の発達に応じて、義務教育として行われる普通教育を施すことを実現するため、第21条各号に掲げる目標を達成するよう行われるものとする。
第49条の7　義務教育学校の前期課程及び後期課程の教育課程に関する事項は、第49条の2、第49条の3及び前条の規定並びに次条において読み替えて準用する第30条第2項の規定に従い、文部科学大臣が定める。
第49条の8　第30条第2項、第31条、第34条から第37条まで及び第42条から第44条までの規定は、義務教育学校に準用する。この場合において、第30条第2項中「前項」とあるのは「第49条の3」と、第31条中「前条第1項」とあるのは「第49条の3」と読み替えるものとする。

第6章　高等学校

第50条　高等学校は、中学校における教育の基礎の上に、心身の発達及び進路に応じて、高度な普通教育及び専門教育を施すことを目的とする。
第51条　高等学校における教育は、前条に規定する目的を実現するため、次に

掲げる目標を達成するよう行われるものとする。
一　義務教育として行われる普通教育の成果を更に発展拡充させて、豊かな人間性、創造性及び健やかな身体を養い、国家及び社会の形成者として必要な資質を養うこと。
二　社会において果たさなければならない使命の自覚に基づき、個性に応じて将来の進路を決定させ、一般的な教養を高め、専門的な知識、技術及び技能を習得させること。
三　個性の確立に努めるとともに、社会について、広く深い理解と健全な批判力を養い、社会の発展に寄与する態度を養うこと。

第52条　高等学校の学科及び教育課程に関する事項は、前2条の規定及び第62条において読み替えて準用する第30条第2項の規定に従い、文部科学大臣が定める。

第53条　高等学校には、全日制の課程のほか、定時制の課程を置くことができる。

2　高等学校には、定時制の課程のみを置くことができる。

第54条　高等学校には、全日制の課程又は定時制の課程のほか、通信制の課程を置くことができる。

2　高等学校には、通信制の課程のみを置くことができる。

3　市（指定都市を除く。）町村の設置する高等学校については都道府県の教育委員会、私立の高等学校については都道府県知事は、高等学校の通信制の課程のうち、当該高等学校の所在する都道府県の区域内に住所を有する者のほか、全国的に他の都道府県の区域内に住所を有する者を併せて生徒とするものその他政令で定めるもの（以下この項において「広域の通信制の課程」という。）に係る第4条第1項に規定する認可（政令で定める事項に係るものに限る。）を行うときは、あらかじめ、文部科学大臣に届け出なければならない。都道府県又は指定都市の設置する高等学校の広域の通信制の課程について、当該都道府県又は指定都市の教育委員会がこの項前段の政令で定める事項を行うときも、同様とする。

4　通信制の課程に関し必要な事項は、文部科学大臣が、これを定める。

第55条　高等学校の定時制の課程又は通信制の課程に在学する生徒が、技能教育のための施設で当該施設の所在地の都道府県の教育委員会の指定するものにおいて教育を受けているときは、校長は、文部科学大臣の定めるところにより、当該施設における学習を当該高等学校における教科の一部の履修とみなすことができる。

2　前項の施設の指定に関し必要な事項は、政令で、これを定める。

第56条　高等学校の修業年限は、全日制の課程については、3年とし、定時制の課程及び通信制の課程については、3年以上とする。

第57条　高等学校に入学することのでき

る者は、中学校若しくはこれに準ずる学校若しくは義務教育学校を卒業した者若しくは中等教育学校の前期課程を修了した者又は文部科学大臣の定めるところにより、これと同等以上の学力があると認められた者とする。

第58条　高等学校には、専攻科及び別科を置くことができる。

2　高等学校の専攻科は、高等学校若しくはこれに準ずる学校若しくは中等教育学校を卒業した者又は文部科学大臣の定めるところにより、これと同等以上の学力があると認められた者に対して、精深な程度において、特別の事項を教授し、その研究を指導することを目的とし、その修業年限は、1年以上とする。

3　高等学校の別科は、前条に規定する入学資格を有する者に対して、簡易な程度において、特別の技能教育を施すことを目的とし、その修業年限は、1年以上とする。

第58条の2　高等学校の専攻科の課程（修業年限が2年以上であることその他の文部科学大臣の定める基準を満たすものに限る。）を修了した者（第90条第1項に規定する者に限る。）は、文部科学大臣の定めるところにより、大学に編入学することができる。

第59条　高等学校に関する入学、退学、転学その他必要な事項は、文部科学大臣が、これを定める。

第60条　高等学校には、校長、教頭、教諭及び事務職員を置かなければならない。

2　高等学校には、前項に規定するもののほか、副校長、主幹教諭、指導教諭、養護教諭、栄養教諭、養護助教諭、実習助手、技術職員その他必要な職員を置くことができる。

3　第1項の規定にかかわらず、副校長を置くときは、教頭を置かないことができる。

4　実習助手は、実験又は実習について、教諭の職務を助ける。

5　特別の事情のあるときは、第1項の規定にかかわらず、教諭に代えて助教諭又は講師を置くことができる。

6　技術職員は、技術に従事する。

第61条　高等学校に、全日制の課程、定時制の課程又は通信制の課程のうち二以上の課程を置くときは、それぞれの課程に関する校務を分担して整理する教頭を置かなければならない。ただし、命を受けて当該課程に関する校務をつかさどる副校長が置かれる1の課程については、この限りでない。

第62条　第30条第2項、第31条、第34条、第37条第4項から第17項まで及び第19項並びに第42条から第44条までの規定は、高等学校に準用する。この場合において、第30条第2項中「前項」とあるのは「第51条」と、第31条中「前条第1項」とあるのは「第51条」と読み替えるものとする。

第7章　中等教育学校

第63条　中等教育学校は、小学校における

VII 資料

教育の基礎の上に、心身の発達及び進路に応じて、義務教育として行われる普通教育並びに高度な普通教育及び専門教育を一貫して施すことを目的とする。

第64条 中等教育学校における教育は、前条に規定する目的を実現するため、次に掲げる目標を達成するよう行われるものとする。
一 豊かな人間性、創造性及び健やかな身体を養い、国家及び社会の形成者として必要な資質を養うこと。
二 社会において果たさなければならない使命の自覚に基づき、個性に応じて将来の進路を決定させ、一般的な教養を高め、専門的な知識、技術及び技能を習得させること。
三 個性の確立に努めるとともに、社会について、広く深い理解と健全な批判力を養い、社会の発展に寄与する態度を養うこと。

第65条 中等教育学校の修業年限は、6年とする。

第66条 中等教育学校の課程は、これを前期3年の前期課程及び後期3年の後期課程に区分する。

第67条 中等教育学校の前期課程における教育は、第63条に規定する目的のうち、小学校における教育の基礎の上に、心身の発達に応じて、義務教育として行われる普通教育を施すことを実現するため、第21条各号に掲げる目標を達成するよう行われるものとする。

2 中等教育学校の後期課程における教育は、第63条に規定する目的のうち、心身の発達及び進路に応じて、高度な普通教育及び専門教育を施すことを実現するため、第64条各号に掲げる目標を達成するよう行われるものとする。

第68条 中等教育学校の前期課程の教育課程に関する事項並びに後期課程の学科及び教育課程に関する事項は、第63条、第64条及び前条の規定並びに第70条第1項において読み替えて準用する第30条第2項の規定に従い、文部科学大臣が定める。

第69条 中等教育学校には、校長、教頭、教諭、養護教諭及び事務職員を置かなければならない。

2 中等教育学校には、前項に規定するもののほか、副校長、主幹教諭、指導教諭、栄養教諭、実習助手、技術職員その他必要な職員を置くことができる。

3 第1項の規定にかかわらず、副校長を置くときは教頭を、養護をつかさどる主幹教諭を置くときは養護教諭を、それぞれ置かないことができる。

4 特別の事情のあるときは、第1項の規定にかかわらず、教諭に代えて助教諭又は講師を、養護教諭に代えて養護助教諭を置くことができる。

第70条 第30条第1項、第31条、第34条、第37条第4項から第17項まで及び第19項、第42条から第44条まで、第59条並びに第60条第4項及び第6項の規定は中等教育学校に、第53条から第55条まで、第58条、第58条の2及び第61条の規定は中等教育学校の後期課程に、それ

ぞれ準用する。この場合において、第30条第2項中「前項」とあるのは「第64条」と、第31条中「前条第1項」とあるのは「第64条」と読み替えるものとする。

2　前項において準用する第53条又は第54条の規定により後期課程に定時制の課程又は通信制の課程を置く中等教育学校については、第65条の規定にかかわらず、当該定時制の課程又は通信制の課程に係る修業年限は、6年以上とする。この場合において、第66条中「後期3年の後期課程」とあるのは、「後期3年以上の後期課程」とする。

第71条　同一の設置者が設置する中学校及び高等学校においては、文部科学大臣の定めるところにより、中等教育学校に準じて、中学校における教育と高等学校における教育を一貫して施すことができる。

第8章　特別支援教育

第72条　特別支援学校は、視覚障害者、聴覚障害者、知的障害者、肢体不自由者又は病弱者（身体虚弱者を含む。以下同じ。）に対して、幼稚園、小学校、中学校又は高等学校に準ずる教育を施すとともに、障害による学習上又は生活上の困難を克服し自立を図るために必要な知識技能を授けることを目的とする。

第73条　特別支援学校においては、文部科学大臣の定めるところにより、前条に規定する者に対する教育のうち当該学校が行うものを明らかにするものとする。

第74条　特別支援学校においては、第72条に規定する目的を実現するための教育を行うほか、幼稚園、小学校、中学校、義務教育学校、高等学校又は中等教育学校の要請に応じて、第81条第1項に規定する幼児、児童又は生徒の教育に関し必要な助言又は援助を行うよう努めるものとする。

第75条　第72条に規定する視覚障害者、聴覚障害者、知的障害者、肢体不自由者又は病弱者の障害の程度は、政令で定める。

第76条　特別支援学校には、小学部及び中学部を置かなければならない。ただし、特別の必要のある場合においては、そのいずれかのみを置くことができる。

2　特別支援学校には、小学部及び中学部のほか、幼稚部又は高等部を置くことができ、また、特別の必要のある場合においては、前項の規定にかかわらず、小学部及び中学部を置かないで幼稚部又は高等部のみを置くことができる。

第77条　特別支援学校の幼稚部の教育課程その他の保育内容、小学部及び中学部の教育課程又は高等部の学科及び教育課程に関する事項は、幼稚園、小学校、中学校又は高等学校に準じて、文部科学大臣が定める。

第78条　特別支援学校には、寄宿舎を設

Ⅶ 資料

けなければならない。ただし、特別の事情のあるときは、これを設けないことができる。

第79条　寄宿舎を設ける特別支援学校には、寄宿舎指導員を置かなければならない。

2　寄宿舎指導員は、寄宿舎における幼児、児童又は生徒の日常生活上の世話及び生活指導に従事する。

第80条　都道府県は、その区域内にある学齢児童及び学齢生徒のうち、視覚障害者、聴覚障害者、知的障害者、肢体不自由者又は病弱者で、その障害が第75条の政令で定める程度のものを就学させるに必要な特別支援学校を設置しなければならない。

第81条　幼稚園、小学校、中学校、義務教育学校、高等学校及び中等教育学校においては、次項各号のいずれかに該当する幼児、児童及び生徒その他教育上特別の支援を必要とする幼児、児童及び生徒に対し、文部科学大臣の定めるところにより、障害による学習上又は生活上の困難を克服するための教育を行うものとする。

2　小学校、中学校、義務教育学校、高等学校及び中等教育学校には、次の各号のいずれかに該当する児童及び生徒のために、特別支援学級を置くことができる。

　一　知的障害者
　二　肢体不自由者
　三　身体虚弱者
　四　弱視者
　五　難聴者
　六　その他障害のある者で、特別支援学級において教育を行うことが適当なもの

3　前項に規定する学校においては、疾病により療養中の児童及び生徒に対して、特別支援学級を設け、又は教員を派遣して、教育を行うことができる。

第82条　第26条、第27条、第31条（第49条及び第62条において読み替えて準用する場合を含む。）、第32条、第34条（第49条及び第62条において準用する場合を含む。）、第36条、第37条（第28条、第49条及び第62条において準用する場合を含む。）、第42条から第44条まで、第47条及び第56条から第60条までの規定は特別支援学校に、第84条の規定は特別支援学校の高等部に、それぞれ準用する。

第9章　大学

第83条　大学は、学術の中心として、広く知識を授けるとともに、深く専門の学芸を教授研究し、知的、道徳的及び応用的能力を展開させることを目的とする。

2　大学は、その目的を実現するための教育研究を行い、その成果を広く社会に提供することにより、社会の発展に寄与するものとする。

第84条　大学は、通信による教育を行うことができる。

第85条　大学には、学部を置くことを常

例とする。ただし、当該大学の教育研究上の目的を達成するため有益かつ適切である場合においては、学部以外の教育研究上の基本となる組織を置くことができる。

第86条　大学には、夜間において授業を行う学部又は通信による教育を行う学部を置くことができる。

第87条　大学の修業年限は、4年とする。ただし、特別の専門事項を教授研究する学部及び前条の夜間において授業を行う学部については、その修業年限は、4年を超えるものとすることができる。

2　医学を履修する課程、歯学を履修する課程、薬学を履修する課程のうち臨床に係る実践的な能力を培うことを主たる目的とするもの又は獣医学を履修する課程については、前項本文の規定にかかわらず、その修業年限は、6年とする。

第88条　大学の学生以外の者として1の大学において一定の単位を修得した者が当該大学に入学する場合において、当該単位の修得により当該大学の教育課程の一部を履修したと認められるときは、文部科学大臣の定めるところにより、修得した単位数その他の事項を勘案して大学が定める期間を修業年限に通算することができる。ただし、その期間は、当該大学の修業年限の2分の1を超えてはならない。

第89条　大学は、文部科学大臣の定めるところにより、当該大学の学生（第87条第2項に規定する課程に在学するものを除く。）で当該大学に3年（同条第1項ただし書の規定により修業年限を4年を超えるものとする学部の学生にあつては、3年以上で文部科学大臣の定める期間）以上在学したもの（これに準ずるものとして文部科学大臣の定める者を含む。）が、卒業の要件として当該大学の定める単位を優秀な成績で修得したと認める場合には、同項の規定にかかわらず、その卒業を認めることができる。

第90条　大学に入学することのできる者は、高等学校若しくは中等教育学校を卒業した者若しくは通常の課程による12年の学校教育を修了した者（通常の課程以外の課程によりこれに相当する学校教育を修了した者を含む。）又は文部科学大臣の定めるところにより、これと同等以上の学力があると認められた者とする。

2　前項の規定にかかわらず、次の各号に該当する大学は、文部科学大臣の定めるところにより、高等学校に文部科学大臣の定める年数以上在学した者（これに準ずる者として文部科学大臣が定める者を含む。）であつて、当該大学の定める分野において特に優れた資質を有すると認めるものを、当該大学に入学させることができる。

一　当該分野に関する教育研究が行われている大学院が置かれていること。

二　当該分野における特に優れた資質

を有する者の育成を図るのにふさわしい教育研究上の実績及び指導体制を有すること。
第91条　大学には、専攻科及び別科を置くことができる。
2　大学の専攻科は、大学を卒業した者又は文部科学大臣の定めるところにより、これと同等以上の学力があると認められた者に対して、精深な程度において、特別の事項を教授し、その研究を指導することを目的とし、その修業年限は、1年以上とする。
3　大学の別科は、前条第1項に規定する入学資格を有する者に対して、簡易な程度において、特別の技能教育を施すことを目的とし、その修業年限は、1年以上とする。
第92条　大学には学長、教授、准教授、助教、助手及び事務職員を置かなければならない。ただし、教育研究上の組織編制として適切と認められる場合には、准教授、助教又は助手を置かないことができる。
2　大学には、前項のほか、副学長、学部長、講師、技術職員その他必要な職員を置くことができる。
3　学長は、校務をつかさどり、所属職員を統督する。
4　副学長は、学長を助け、命を受けて校務をつかさどる。
5　学部長は、学部に関する校務をつかさどる。
6　教授は、専攻分野について、教育上、研究上又は実務上の特に優れた知識、能力及び実績を有する者であつて、学生を教授し、その研究を指導し、又は研究に従事する。
7　准教授は、専攻分野について、教育上、研究上又は実務上の優れた知識、能力及び実績を有する者であつて、学生を教授し、その研究を指導し、又は研究に従事する。
8　助教は、専攻分野について、教育上、研究上又は実務上の知識及び能力を有する者であつて、学生を教授し、その研究を指導し、又は研究に従事する。
9　助手は、その所属する組織における教育研究の円滑な実施に必要な業務に従事する。
10　講師は、教授又は准教授に準ずる職務に従事する。
第93条　大学に、教授会を置く。
2　教授会は、学長が次に掲げる事項について決定を行うに当たり意見を述べるものとする。
　一　学生の入学、卒業及び課程の修了
　二　学位の授与
　三　前二号に掲げるもののほか、教育研究に関する重要な事項で、教授会の意見を聴くことが必要なものとして学長が定めるもの
3　教授会は、前項に規定するもののほか、学長及び学部長その他の教授会が置かれる組織の長（以下この項において「学長等」という。）がつかさどる教育研究に関する事項について審議し、及び学長等の求めに応じ、意見を述べることができる。

4　教授会の組織には、准教授その他の職員を加えることができる。

第94条　大学について第3条に規定する設置基準を定める場合及び第4条第5項に規定する基準を定める場合には、文部科学大臣は、審議会等で政令で定めるものに諮問しなければならない。

第95条　大学の設置の認可を行う場合及び大学に対し第4条第3項若しくは第15条第2項若しくは第3項の規定による命令又は同条第1項の規定による勧告を行う場合には、文部科学大臣は、審議会等で政令で定めるものに諮問しなければならない。

第96条　大学には、研究所その他の研究施設を附置することができる。

第97条　大学には、大学院を置くことができる。

第98条　公立又は私立の大学は、文部科学大臣の所轄とする。

第99条　大学院は、学術の理論及び応用を教授研究し、その深奥をきわめ、又は高度の専門性が求められる職業を担うための深い学識及び卓越した能力を培い、文化の進展に寄与することを目的とする。

2　大学院のうち、学術の理論及び応用を教授研究し、高度の専門性が求められる職業を担うための深い学識及び卓越した能力を培うことを目的とするものは、専門職大学院とする。

第100条　大学院を置く大学には、研究科を置くことを常例とする。ただし、当該大学の教育研究上の目的を達成するため有益かつ適切である場合においては、文部科学大臣の定めるところにより、研究科以外の教育研究上の基本となる組織を置くことができる。

第101条　大学院を置く大学には、夜間において授業を行う研究科又は通信による教育を行う研究科を置くことができる。

第102条　大学院に入学することのできる者は、第83条の大学を卒業した者又は文部科学大臣の定めるところにより、これと同等以上の学力があると認められた者とする。ただし、研究科の教育研究上必要がある場合においては、当該研究科に係る入学資格を、修士の学位若しくは第104条第1項に規定する文部科学大臣の定める学位を有する者又は文部科学大臣の定めるところにより、これと同等以上の学力があると認められた者とすることができる。

2　前項本文の規定にかかわらず、大学院を置く大学は、文部科学大臣の定めるところにより、第83条の大学に文部科学大臣の定める年数以上在学した者（これに準ずる者として文部科学大臣が定める者を含む。）であつて、当該大学院を置く大学の定める単位を優秀な成績で修得したと認めるものを、当該大学院に入学させることができる。

第103条　教育研究上特別の必要がある場合においては、第85条の規定にかかわらず、学部を置くことなく大学院を置くものを大学とすることができる。

第104条　大学（第108条第2項の大学（以

下この条において「短期大学」という。）を除く。以下この条において同じ。）は、文部科学大臣の定めるところにより、大学を卒業した者に対し学士の学位を、大学院（専門職大学院を除く。）の課程を修了した者に対し修士又は博士の学位を、専門職大学院の課程を修了した者に対し文部科学大臣の定める学位を授与するものとする。

2　大学は、文部科学大臣の定めるところにより、前項の規定により博士の学位を授与された者と同等以上の学力があると認める者に対し、博士の学位を授与することができる。

3　短期大学は、文部科学大臣の定めるところにより、短期大学を卒業した者に対し短期大学士の学位を授与するものとする。

4　独立行政法人大学改革支援・学位授与機構は、文部科学大臣の定めるところにより、次の各号に掲げる者に対し、当該各号に定める学位を授与するものとする。
　一　短期大学若しくは高等専門学校を卒業した者又はこれに準ずる者で、大学における一定の単位の修得又はこれに相当するものとして文部科学大臣の定める学習を行い、大学を卒業した者と同等以上の学力を有すると認める者　学士
　二　学校以外の教育施設で学校教育に類する教育を行うもののうち当該教育を行うにつき他の法律に特別の規定があるものに置かれる課程で、大学又は大学院に相当する教育を行うと認めるものを修了した者　学士、修士又は博士

5　学位に関する事項を定めるについては、文部科学大臣は、第94条の政令で定める審議会等に諮問しなければならない。

第105条　大学は、文部科学大臣の定めるところにより、当該大学の学生以外の者を対象とした特別の課程を編成し、これを修了した者に対し、修了の事実を証する証明書を交付することができる。

第106条　大学は、当該大学に学長、副学長、学部長、教授、准教授又は講師として勤務した者であつて、教育上又は学術上特に功績のあつた者に対し、当該大学の定めるところにより、名誉教授の称号を授与することができる。

第107条　大学においては、公開講座の施設を設けることができる。

2　公開講座に関し必要な事項は、文部科学大臣が、これを定める。

第108条　大学は、第83条第1項に規定する目的に代えて、深く専門の学芸を教授研究し、職業又は実際生活に必要な能力を育成することを主な目的とすることができる。

2　前項に規定する目的をその目的とする大学は、第87条第1項の規定にかかわらず、その修業年限を2年又は3年とする。

3　前項の大学は、短期大学と称する。

4　第2項の大学には、第85条及び第86条

の規定にかかわらず、学部を置かないものとする。
5 　第2項の大学には、学科を置く。
6 　第2項の大学には、夜間において授業を行う学科又は通信による教育を行う学科を置くことができる。
7 　第2項の大学を卒業した者は、文部科学大臣の定めるところにより、第83条の大学に編入学することができる。
8 　第97条の規定は、第2項の大学については適用しない。
第109条　大学は、その教育研究水準の向上に資するため、文部科学大臣の定めるところにより、当該大学の教育及び研究、組織及び運営並びに施設及び設備（次項において「教育研究等」という。）の状況について自ら点検及び評価を行い、その結果を公表するものとする。
2 　大学は、前項の措置に加え、当該大学の教育研究等の総合的な状況について、政令で定める期間ごとに、文部科学大臣の認証を受けた者（以下「認証評価機関」という。）による評価（以下「認証評価」という。）を受けるものとする。ただし、認証評価機関が存在しない場合その他特別の事由がある場合であつて、文部科学大臣の定める措置を講じているときは、この限りでない。
3 　専門職大学院を置く大学にあつては、前項に規定するもののほか、当該専門職大学院の設置の目的に照らし、当該専門職大学院の教育課程、教員組織その他教育研究活動の状況について、政令で定める期間ごとに、認証評価を受けるものとする。ただし、当該専門職大学院の課程に係る分野について認証評価を行う認証評価機関が存在しない場合その他特別の事由がある場合であつて、文部科学大臣の定める措置を講じているときは、この限りでない。
4 　前2項の認証評価は、大学からの求めにより、大学評価基準（前2項の認証評価を行うために認証評価機関が定める基準をいう。次条において同じ。）に従つて行うものとする。
第110条　認証評価機関になろうとする者は、文部科学大臣の定めるところにより、申請により、文部科学大臣の認証を受けることができる。
2 　文部科学大臣は、前項の規定による認証の申請が次の各号のいずれにも適合すると認めるときは、その認証をするものとする。
一　大学評価基準及び評価方法が認証評価を適確に行うに足るものであること。
二　認証評価の公正かつ適確な実施を確保するために必要な体制が整備されていること。
三　第4項に規定する措置（同項に規定する通知を除く。）の前に認証評価の結果に係る大学からの意見の申立ての機会を付与していること。
四　認証評価を適確かつ円滑に行うに必要な経理的基礎を有する法人（人格のない社団又は財団で代表者又は

管理人の定めのあるものを含む。次号において同じ。）であること。
　五　次条第2項の規定により認証を取り消され、その取消しの日から2年を経過しない法人でないこと。
　六　その他認証評価の公正かつ適確な実施に支障を及ぼすおそれがないこと。
3　前項に規定する基準を適用するに際して必要な細目は、文部科学大臣が、これを定める。
4　認証評価機関は、認証評価を行つたときは、遅滞なく、その結果を大学に通知するとともに、文部科学大臣の定めるところにより、これを公表し、かつ、文部科学大臣に報告しなければならない。
5　認証評価機関は、大学評価基準、評価方法その他文部科学大臣の定める事項を変更しようとするとき、又は認証評価の業務の全部若しくは一部を休止若しくは廃止しようとするときは、あらかじめ、文部科学大臣に届け出なければならない。
6　文部科学大臣は、認証評価機関の認証をしたとき、又は前項の規定による届出があつたときは、その旨を官報で公示しなければならない。
第111条　文部科学大臣は、認証評価の公正かつ適確な実施が確保されないおそれがあると認めるときは、認証評価機関に対し、必要な報告又は資料の提出を求めることができる。
2　文部科学大臣は、認証評価機関が前項の求めに応じず、若しくは虚偽の報告若しくは資料の提出をしたとき、又は前条第2項及び第3項の規定に適合しなくなつたと認めるときその他認証評価の公正かつ適確な実施に著しく支障を及ぼす事由があると認めるときは、当該認証評価機関に対してこれを改善すべきことを求め、及びその求めによつてもなお改善されないときは、その認証を取り消すことができる。
3　文部科学大臣は、前項の規定により認証評価機関の認証を取り消したときは、その旨を官報で公示しなければならない。
第112条　文部科学大臣は、次に掲げる場合には、第94条の政令で定める審議会等に諮問しなければならない。
1　認証評価機関の認証をするとき。
2　第110条第3項の細目を定めるとき。
3　認証評価機関の認証を取り消すとき。
第113条　大学は、教育研究の成果の普及及び活用の促進に資するため、その教育研究活動の状況を公表するものとする。
第114条　第37条第14項及び第60条第6項の規定は、大学に準用する。

第10章　高等専門学校

第115条　高等専門学校は、深く専門の学芸を教授し、職業に必要な能力を育成することを目的とする。
2　高等専門学校は、その目的を実現するための教育を行い、その成果を広く社

会に提供することにより、社会の発展に寄与するものとする。

第116条　高等専門学校には、学科を置く。

2　前項の学科に関し必要な事項は、文部科学大臣が、これを定める。

第117条　高等専門学校の修業年限は、5年とする。ただし、商船に関する学科については、5年6月とする。

第118条　高等専門学校に入学することのできる者は、第57条に規定する者とする。

第119条　高等専門学校には、専攻科を置くことができる。

2　高等専門学校の専攻科は、高等専門学校を卒業した者又は文部科学大臣の定めるところにより、これと同等以上の学力があると認められた者に対して、精深な程度において、特別の事項を教授し、その研究を指導することを目的とし、その修業年限は、1年以上とする。

第120条　高等専門学校には、校長、教授、准教授、助教、助手及び事務職員を置かなければならない。ただし、教育上の組織編制として適切と認められる場合には、准教授、助教又は助手を置かないことができる。

2　高等専門学校には、前項のほか、講師、技術職員その他必要な職員を置くことができる。

3　校長は、校務を掌り、所属職員を監督する。

4　教授は、専攻分野について、教育上又は実務上の特に優れた知識、能力及び実績を有する者であつて、学生を教授する。

5　准教授は、専攻分野について、教育上又は実務上の優れた知識、能力及び実績を有する者であつて、学生を教授する。

6　助教は、専攻分野について、教育上又は実務上の知識及び能力を有する者であつて、学生を教授する。

7　助手は、その所属する組織における教育の円滑な実施に必要な業務に従事する。

8　講師は、教授又は准教授に準ずる職務に従事する。

第121条　高等専門学校を卒業した者は、準学士と称することができる。

第122条　高等専門学校を卒業した者は、文部科学大臣の定めるところにより、大学に編入学することができる。

第123条　第37条第14項、第59条、第60条第6項、第94条（設置基準に係る部分に限る。）、第95条、第98条、第105条から第107条まで、第109条（第3項を除く。）及び第110条から第113条までの規定は、高等専門学校に準用する。

第11章　専修学校

第124条　第1条に掲げるもの以外の教育施設で、職業若しくは実際生活に必要な能力を育成し、又は教養の向上を図ることを目的として次の各号に該当する組織的な教育を行うもの（当該教育

を行うにつき他の法律に特別の規定があるもの及び我が国に居住する外国人を専ら対象とするものを除く。）は、専修学校とする。
　一　修業年限が1年以上であること。
　二　授業時数が文部科学大臣の定める授業時数以上であること。
　三　教育を受ける者が常時40人以上であること。

第125条　専修学校には、高等課程、専門課程又は一般課程を置く。

2　専修学校の高等課程においては、中学校若しくはこれに準ずる学校若しくは義務教育学校を卒業した者若しくは中等教育学校の前期課程を修了した者又は文部科学大臣の定めるところによりこれと同等以上の学力があると認められた者に対して、中学校における教育の基礎の上に、心身の発達に応じて前条の教育を行うものとする。

3　専修学校の専門課程においては、高等学校若しくはこれに準ずる学校若しくは中等教育学校を卒業した者又は文部科学大臣の定めるところによりこれに準ずる学力があると認められた者に対して、高等学校における教育の基礎の上に、前条の教育を行うものとする。

4　専修学校の一般課程においては、高等課程又は専門課程の教育以外の前条の教育を行うものとする。

第126条　高等課程を置く専修学校は、高等専修学校と称することができる。

2　専門課程を置く専修学校は、専門学校と称することができる。

第127条　専修学校は、国及び地方公共団体のほか、次に該当する者でなければ、設置することができない。
　一　専修学校を経営するために必要な経済的基礎を有すること。
　二　設置者（設置者が法人である場合にあつては、その経営を担当する当該法人の役員とする。次号において同じ。）が専修学校を経営するために必要な知識又は経験を有すること。
　三　設置者が社会的信望を有すること。

第128条　専修学校は、次に掲げる事項について文部科学大臣の定める基準に適合していなければならない。
　一　目的、生徒の数又は課程の種類に応じて置かなければならない教員の数
　二　目的、生徒の数又は課程の種類に応じて有しなければならない校地及び校舎の面積並びにその位置及び環境
　三　目的、生徒の数又は課程の種類に応じて有しなければならない設備
　四　目的又は課程の種類に応じた教育課程及び編制の大綱

第129条　専修学校には、校長及び相当数の教員を置かなければならない。

2　専修学校の校長は、教育に関する識見を有し、かつ、教育、学術又は文化に関する業務に従事した者でなければならない。

3　専修学校の教員は、その担当する教

育に関する専門的な知識又は技能に関し、文部科学大臣の定める資格を有する者でなければならない。

第130条　国又は都道府県が設置する専修学校を除くほか、専修学校の設置廃止（高等課程、専門課程又は一般課程の設置廃止を含む。）、設置者の変更及び目的の変更は、市町村の設置する専修学校にあつては都道府県の教育委員会、私立の専修学校にあつては都道府県知事の認可を受けなければならない。

2　都道府県の教育委員会又は都道府県知事は、専修学校の設置（高等課程、専門課程又は一般課程の設置を含む。）の認可の申請があつたときは、申請の内容が第124条、第125条及び前3条の基準に適合するかどうかを審査した上で、認可に関する処分をしなければならない。

3　前項の規定は、専修学校の設置者の変更及び目的の変更の認可の申請があつた場合について準用する。

4　都道府県の教育委員会又は都道府県知事は、第1項の認可をしない処分をするときは、理由を付した書面をもつて申請者にその旨を通知しなければならない。

第131条　国又は都道府県が設置する専修学校を除くほか、専修学校の設置者は、その設置する専修学校の名称、位置又は学則を変更しようとするときその他政令で定める場合に該当するときは、市町村の設置する専修学校にあつては都道府県の教育委員会に、私立の専修学校にあつては都道府県知事に届け出なければならない。

第132条　専修学校の専門課程（修業年限が2年以上であることその他の文部科学大臣の定める基準を満たすものに限る。）を修了した者（第90条第1項に規定する者に限る。）は、文部科学大臣の定めるところにより、大学に編入学することができる。

第133条　第5条、第6条、第9条から第12条まで、第13条第1項、第14条及び第42条から第44条までの規定は専修学校に、第105条の規定は専門課程を置く専修学校に準用する。この場合において、第10条中「大学及び高等専門学校にあつては文部科学大臣に、大学及び高等専門学校以外の学校にあつては都道府県知事に」とあるのは「都道府県知事に」と、同項中「第4条第1項各号に掲げる学校」とあるのは「市町村の設置する専修学校又は私立の専修学校」と、「同項各号に定める者」とあるのは「都道府県の教育委員会又は都道府県知事」と、同項第2号中「その者」とあるのは「当該都道府県の教育委員会又は都道府県知事」と、第14条中「大学及び高等専門学校以外の市町村の設置する学校については都道府県の教育委員会、大学及び高等専門学校以外の私立学校については都道府県知事」とあるのは「市町村の設置する専修学校については都道府県の教育委員会、私立の専修学校については都道府

県知事」と読み替えるものとする。
2 都道府県の教育委員会又は都道府県知事は、前項において準用する第十三条第1項の規定による処分をするときは、理由を付した書面をもつて当該専修学校の設置者にその旨を通知しなければならない。

第12章 雑則

第134条 第1条に掲げるもの以外のもので、学校教育に類する教育を行うもの（当該教育を行うにつき他の法律に特別の規定があるもの及び第124条に規定する専修学校の教育を行うものを除く。）は、各種学校とする。
2 第4条第1項前段、第5条から第7条まで、第9条から第11条まで、第13条第1項、第14条及び第42条から第44条までの規定は、各種学校に準用する。この場合において、第4条第1項前段中「次の各号に掲げる学校」とあるのは「市町村の設置する各種学校又は私立の各種学校」と、「当該各号に定める者」とあるのは「都道府県の教育委員会又は都道府県知事」と、第10条中「大学及び高等専門学校にあつては文部科学大臣に、大学及び高等専門学校以外の学校にあつては都道府県知事に」とあるのは「都道府県知事に」と、第13条第1項中「第4条第1項各号に掲げる学校」とあるのは「市町村の設置する各種学校又は私立の各種学校」と、「同項各号に定める者」とあるのは「都道府県の教育委員会又は都道府県知事」と、同項第2号中「その者」とあるのは「当該都道府県の教育委員会又は都道府県知事」と、第14条中「大学及び高等専門学校以外の市町村の設置する学校については都道府県の教育委員会、大学及び高等専門学校以外の私立学校については都道府県知事」とあるのは「市町村の設置する各種学校については都道府県の教育委員会、私立の各種学校については都道府県知事」と読み替えるものとする。
3 前項のほか、各種学校に関し必要な事項は、文部科学大臣が、これを定める。

第135条 専修学校、各種学校その他第1条に掲げるもの以外の教育施設は、同条に掲げる学校の名称又は大学院の名称を用いてはならない。
2 高等課程を置く専修学校以外の教育施設は高等専修学校の名称を、専門課程を置く専修学校以外の教育施設は専門学校の名称を、専修学校以外の教育施設は専修学校の名称を用いてはならない。

第136条 都道府県の教育委員会（私人の経営に係るものにあつては、都道府県知事）は、学校以外のもの又は専修学校若しくは各種学校以外のものが専修学校又は各種学校の教育を行うものと認める場合においては、関係者に対して、一定の期間内に専修学校設置又は各種学校設置の認可を申請すべき旨を勧告することができる。ただし、その

期間は、1箇月を下ることができない。
2　都道府県の教育委員会（私人の経営に係るものにあつては、都道府県知事）は、前項に規定する関係者が、同項の規定による勧告に従わず引き続き専修学校若しくは各種学校の教育を行つているとき、又は専修学校設置若しくは各種学校設置の認可を申請したがその認可が得られなかつた場合において引き続き専修学校若しくは各種学校の教育を行つているときは、当該関係者に対して、当該教育をやめるべき旨を命ずることができる。
3　都道府県知事は、前項の規定による命令をなす場合においては、あらかじめ私立学校審議会の意見を聞かなければならない。

第137条　学校教育上支障のない限り、学校には、社会教育に関する施設を附置し、又は学校の施設を社会教育その他公共のために、利用させることができる。

第138条　第17条第3項の政令で定める事項のうち同条第1項又は第2項の義務の履行に関する処分に該当するもので政令で定めるものについては、行政手続法（平成5年法律第88号）第3章の規定は、適用しない。

第139条　文部科学大臣がする大学又は高等専門学校の設置の認可に関する処分又はその不作為については、審査請求をすることができない。

第140条　この法律における市には、東京都の区を含むものとする。

第141条　この法律（第85条及び第100条を除く。）及び他の法令（教育公務員特例法（昭和24年法律第1号）及び当該法令に特別の定めのあるものを除く。）において、大学の学部には第85条ただし書に規定する組織を含み、大学の大学院の研究科には第100条ただし書に規定する組織を含むものとする。

第142条　この法律に規定するもののほか、この法律施行のため必要な事項で、地方公共団体の機関が処理しなければならないものについては政令で、その他のものについては文部科学大臣が、これを定める。

第13章　罰則

第143条　第13条第1項（同条第2項、第133条第1項及び第134条第2項において準用する場合を含む。）の規定による閉鎖命令又は第136条第2項の規定による命令に違反した者は、6月以下の懲役若しくは禁錮又は二十万円以下の罰金に処する。

第144条　第17条第1項又は第2項の義務の履行の督促を受け、なお履行しない者は、十万円以下の罰金に処する。
2　法人の代表者、代理人、使用人その他の従業者が、その法人の業務に関し、前項の違反行為をしたときは、行為者を罰するほか、その法人に対しても、同項の刑を科する。

第145条　第20条の規定に違反した者は、十万円以下の罰金に処する。

第146条　第百三十五条の規定に違反した者は、十万円以下の罰金に処する。

　　　　附　則　抄

第1条　この法律は、昭和22年4月1日から、これを施行する。ただし、第22条第1項及び第39条第1項に規定する盲学校、聾学校及び養護学校における就学義務並びに第74条に規定するこれらの学校の設置義務に関する部分の施行期日は、政令で、これを定める。

第2条　この法律施行の際、現に存する従前の規定による国民学校、国民学校に類する各種学校及び国民学校に準ずる各種学校並びに幼稚園は、それぞれこれらをこの法律によって設置された小学校及び幼稚園とみなす。

第3条　この法律施行の際、現に存する従前の規定（国民学校令を除く。）による学校は、従前の規定による学校として存続することができる。

2　前項の規定による学校に関し、必要な事項は、文部科学大臣が定める。

第4条　従前の規定による学校の卒業者の資格に関し必要な事項は、文部科学大臣の定めるところによる。

第5条　地方独立行政法人法第68条第1項に規定する公立大学法人は、第2条第1項の規定にかかわらず、当分の間、大学及び高等専門学校以外の学校を設置することができない。

第6条　私立の幼稚園は、第2条第1項の規定にかかわらず、当分の間、学校法人によつて設置されることを要しない。

第7条　小学校、中学校、義務教育学校及び中等教育学校には、第37条（第49条及び第49条の8において準用する場合を含む。）及び第69条の規定にかかわらず、当分の間、養護教諭を置かないことができる。

第8条　中学校は、当分の間、尋常小学校卒業者及び国民学校初等科修了者に対して、通信による教育を行うことができる。

2　前項の教育に関し必要な事項は、文部科学大臣の定めるところによる。

第9条　高等学校、中等教育学校の後期課程及び特別支援学校並びに特別支援学級においては、当分の間、第34条第1項（第49条、第62条、第70条第1項及び第82条において準用する場合を含む。）の規定にかかわらず、文部科学大臣の定めるところにより、第34条第1項に規定する教科用図書以外の教科用図書を使用することができる。

第10条　第106条の規定により名誉教授の称号を授与する場合においては、当分の間、旧大学令、旧高等学校令、旧専門学校令又は旧教員養成諸学校官制の規定による大学、大学予科、高等学校高等科、専門学校及び教員養成諸学校並びに文部科学大臣の指定するこれらの学校に準ずる学校の校長（総長及び学長を含む。）又は教員としての勤務を考慮することができるものとする。

Ⅶ 資料

別表第1　第1号法定受託事務（第2条関係）教育関係抜粋

法律	事務
教科書の発行に関する臨時措置法（昭和23年法律第132号）	第5条第1項、第6条第2項及び第7条第2項の規定により都道府県が処理することとされている事務並びに同条第1項の規定により市町村が処理することとされている事務
私立学校法（昭和24年法律第270号）	第26条第2項（第64条第5項において準用する場合を含む。）、第31条第1項（第64条第5項及び第7項において準用する場合を含む。）及び第2項（第32条第2項、第50条第3項並びに第64条第5項及び第7項において準用する場合を含む。）、第32条第1項（第64条第5項において準用する場合を含む。）、第37条第3項（第1号から第3号まで、第5号及び第6号を除き、第64条第5項において準用する場合を含む。）、第40条の3（第64条第5項において準用する場合を含む。）、第40条の4（第64条第5項において準用する場合を含む。）、第45条（第64条第5項において準用する場合を含む。）、第50条第2項（第64条第5項において準用する場合を含む。）及び第4項（第64条第5項において準用する場合を含む。）、第50条の7（第64条第5項において準用する場合を含む。）、第50条の13第5項（第64条第5項において準用する場合を含む。）及び第6項（第64条第5項において準用する場合を含む。）、第50条の14（第64条第5項において準用する場合を含む。）、第52条第2項（第64条第5項において準用する場合を含む。）、第61条第1項から第3項まで（第64条第5項において準用する場合を含む。）並びに第62条第1項から第3項まで（第64条第5項において準用する場合を含む。）の規定により都道府県が処理することとされている事務
文化財保護法（昭和25年法律第214号）	第110条第1項及び第2項、第112条第1項並びに第110条第3項及び第112条第4項において準用する第19条第3項及び第4項の規定により都道府県が処理することとされている事務
宗教法人法（昭和26年法律第126号）	第9条、第14条第1項、第2項（第28条第2項、第39条第2項及び第46条第2項において準用する場合を含む。）及び第4項（第28条第2項、第39条第2項及び第46条第2項において準用する場合を含む。）、第25条第4項、第26条第4項（第36条において準用する場合を含む。）、第28条第1項、第39条第1項、第43条第3項、第46条第1項、第49条第3項、第51条第5項及び第6項、第78条の2第1項及び第2項（第79条第4項及び第80条第5項において準用する場合を含む。）、第79条第1項から第3項まで、第80条第1項から第3項まで及び第6項、第81条第1項、第4項及び第5項並びに第82条の規定により都道府県が処理することとされている事務

Ⅶ　資料

補助金等に係る予算の執行の適正化に関する法律（昭和30年法律第179号）	第26条第2項の規定により都道府県が行うこととされる事務
地方教育行政の組織及び運営に関する法律（昭和31年法律第162号）	都道府県が第48条第1項（第54条の2の規定により読み替えて適用する場合を含む。）の規定により処理することとされている事務（市町村が処理する事務が自治事務又は第2号法定受託事務である場合においては、第48条第3項（第54条の2の規定により読み替えて適用する場合を含む。）に規定する文部科学大臣の指示を受けて行うものに限る。）、第53条第2項（第54条の2の規定により読み替えて適用する場合を含む。）の規定により処理することとされている事務、第60条第5項の規定により処理することとされている事務（都道府県委員会の意見を聴くことに係るものに限る。）並びに第55条第9項（同条第10項により読み替えて適用する場合並びに第60条第7項において準用する場合及び同条第9項において読み替えて準用する場合を含む。）において準用する地方自治法第252条の17の3第2項及び第3項並びに第252条の17の4第1項及び第3項の規定により処理することとされている事務
私立学校振興助成法（昭和50年法律第61号）	一　第12条（第16条において準用する場合を含む。）、第12条の2第1項（第16条において準用する場合を含む。）及び第2項（第13条第2項及び第16条において準用する場合を含む。）、第13条第1項（第16条において準用する場合を含む。）並びに第14条第2項及び第3項の規定により都道府県が処理することとされている事務 二　附則第2条第2項において読み替えて適用される第12条、第12条の2第1項及び第2項、第13条第1項並びに第14条第2項及び第3項の規定により都道府県が処理することとされている事務
障害のある児童及び生徒のための教科用特定図書等の普及の促進等に関する法律（平成20年法律第81号）	第16条第2項の規定により都道府県が処理することとされている事務及び同条第1項の規定により市町村が処理することとされている事務
公立高等学校に係る授業料の不徴収及び高等学校等就学支援金の支給に関する法律（平成22年法律第18号）	第5条（第14条第3項の規定により読み替えて適用する場合を含む。）、第7条第1項、第9条第1項（第14条第3項の規定により読み替えて適用する場合を含む。）、第11条第1項及び第17条第1項の規定により都道府県が処理することとされている事務

○地方自治法（抄）

(昭和22年4月17日法律第67号)

第7章　執行機関

第1節　通則

第138条の4　普通地方公共団体にその執行機関として普通地方公共団体の長の外、法律の定めるところにより、委員会又は委員を置く。
2　普通地方公共団体の委員会は、法律の定めるところにより、法令又は普通地方公共団体の条例若しくは規則に違反しない限りにおいて、その権限に属する事務に関し、規則その他の規程を定めることができる。

第3節　委員会及び委員
第1款　通則

第180条の5　執行機関として法律の定めるところにより普通地方公共団体に置かなければならない委員会及び委員は、左の通りである。
　一　教育委員会
　二　選挙管理委員会
　三　人事委員会又は人事委員会を置かない普通地方公共団体にあつては公平委員会
　四　監査委員
第180条の6　普通地方公共団体の委員会又は委員は、左に掲げる権限を有しない。但し、法律に特別の定があるものは、この限りでない。
　一　普通地方公共団体の予算を調製し、及びこれを執行すること。
　二　普通地方公共団体の議会の議決を経べき事件につきその議案を提出すること。
　三　地方税を賦課徴収し、分担金若しくは加入金を徴収し、又は過料を科すること。
　四　普通地方公共団体の決算を議会の認定に付すること。

第2款　教育委員会

第180条の8　教育委員会は、別に法律の定めるところにより、学校その他の教育機関を管理し、学校の組織編制、教育課程、教科書その他の教材の取扱及び教育職員の身分取扱に関する事務を行い、並びに社会教育その他教育、学術及び文化に関する事務を管理し及びこれを執行する。

第11章　国と普通地方公共団体との関係及び普通地方公共団体相互間の関係

Ⅶ 資料

第1節　普通地方公共団体に対する国又は都道府県の関与等
　第1款　普通地方公共団体に対する国又は都道府県の関与等

（関与の意義）
第245条　本章において「普通地方公共団体に対する国又は都道府県の関与」とは、普通地方公共団体の事務の処理に関し、国の行政機関（内閣府設置法（平成11年法律第89号）第4条第3項に規定する事務をつかさどる機関たる内閣府、宮内庁、同法第49条第1項若しくは第2項に規定する機関、国家行政組織法（昭和23年法律第120号）第3条第2項に規定する機関、法律の規定に基づき内閣の所轄の下に置かれる機関又はこれらに置かれる機関をいう。以下本章において同じ。）又は都道府県の機関が行う次に掲げる行為（普通地方公共団体がその固有の資格において当該行為の名あて人となるものに限り、国又は都道府県の普通地方公共団体に対する支出金の交付及び返還に係るものを除く。）をいう。
　一　普通地方公共団体に対する次に掲げる行為
　　イ　助言又は勧告
　　ロ　資料の提出の要求
　　ハ　是正の要求（普通地方公共団体の事務の処理が法令の規定に違反しているとき又は著しく適正を欠き、かつ、明らかに公益を害しているときに当該普通地方公共団体に対して行われる当該違反の是正又は改善のため必要な措置を講ずべきことの求めであつて、当該求めを受けた普通地方公共団体がその違反の是正又は改善のため必要な措置を講じなければならないものをいう。）
　　ニ　同意
　　ホ　許可、認可又は承認
　　ヘ　指示
　　ト　代執行（普通地方公共団体の事務の処理が法令の規定に違反しているとき又は当該普通地方公共団体がその事務の処理を怠つているときに、その是正のための措置を当該普通地方公共団体に代わつて行うことをいう。）

（関与の法定主義）
第245条の2　普通地方公共団体は、その事務の処理に関し、法律又はこれに基づく政令によらなければ、普通地方公共団体に対する国又は都道府県の関与を受け、又は要することとされることはない。

（関与の基本原則）
第245条の3　国は、普通地方公共団体が、その事務の処理に関し、普通地方公共団体に対する国又は都道府県の関与を受け、又は要することとする場合には、その目的を達成するために必要な最小限度のものとするとともに、普通地方公共団体の自主性及び自立性に配慮しなければならない。

Ⅶ 資料

（技術的な助言及び勧告並びに資料の提出の要求）

第245条の4　各大臣……又は都道府県知事その他の都道府県の執行機関は、その担任する事務に関し、普通地方公共団体に対し、普通地方公共団体の事務の運営その他の事項について適切と認める技術的な助言若しくは勧告をし、又は当該助言若しくは勧告をするため若しくは普通地方公共団体の事務の適正な処理に関する情報を提供するため必要な資料の提出を求めることができる。

（是正の要求）

第245条の5　各大臣は、その担任する事務に関し、都道府県の自治事務の処理が法令の規定に違反していると認めるとき、又は著しく適正を欠き、かつ、明らかに公益を害していると認めるときは、当該都道府県に対し、当該自治事務の処理について違反の是正又は改善のため必要な措置を講ずべきことを求めることができる。

（是正の指示）

第245条の7　各大臣は、その所管する法律又はこれに基づく政令に係る都道府県の法定受託事務の処理が法令の規定に違反していると認めるとき、又は著しく適正を欠き、かつ、明らかに公益を害していると認めるときは、当該都道府県に対し、当該法定受託事務の処理について違反の是正又は改善のため講ずべき措置に関し、必要な指示をすることができる。

（代執行等）

第245条の8　各大臣は、その所管する法律若しくはこれに基づく政令に係る都道府県知事の法定受託事務の管理若しくは執行が法令の規定若しくは当該各大臣の処分に違反するものがある場合又は当該法定受託事務の管理若しくは執行を怠るものがある場合において、本項から第8項までに規定する措置以外の方法によつてその是正を図ることが困難であり、かつ、それを放置することにより著しく公益を害することが明らかであるときは、文書により、当該都道府県知事に対して、その旨を指摘し、期限を定めて、当該違反を是正し、又は当該怠る法定受託事務の管理若しくは執行を改めるべきことを勧告することができる。

2　各大臣は、都道府県知事が前項の期限までに同項の規定による勧告に係る事項を行わないときは、文書により、当該都道府県知事に対し、期限を定めて当該事項を行うべきことを指示することができる。

3　各大臣は、都道府県知事が前項の期限までに当該事項を行わないときは、高等裁判所に対し、訴えをもつて、当該事項を行うべきことを命ずる旨の裁判を請求することができる。

4　各大臣は、高等裁判所に対し前項の規定により訴えを提起したときは、直ちに、文書により、その旨を当該都道府県知事に通告するとともに、当該高等裁判所に対し、その通告をした日時、

場所及び方法を通知しなければならない。
5 当該高等裁判所は、第3項の規定により訴えが提起されたときは、速やかに口頭弁論の期日を定め、当事者を呼び出さなければならない。その期日は、同項の訴えの提起があつた日から15日以内の日とする。
6 当該高等裁判所は、各大臣の請求に理由があると認めるときは、当該都道府県知事に対し、期限を定めて当該事項を行うべきことを命ずる旨の裁判をしなければならない。
7 第3項の訴えは、当該都道府県の区域を管轄する高等裁判所の専属管轄とする。
8 各大臣は、都道府県知事が第6項の裁判に従い同項の期限までに、なお、当該事項を行わないときは、当該都道府県知事に代わつて当該事項を行うことができる。この場合においては、各大臣は、あらかじめ当該都道府県知事に対し、当該事項を行う日時、場所及び方法を通知しなければならない。
10 前項の上告は、執行停止の効力を有しない。
12 前各項の規定は、市町村長の法定受託事務の管理若しくは執行が法令の規定若しくは各大臣若しくは都道府県知事の処分に違反するものがある場合又は当該法定受託事務の管理若しくは執行を怠るものがある場合において、本項に規定する措置以外の方法によつてその是正を図ることが困難であり、かつ、それを放置することにより著しく公益を害することが明らかであるときについて準用する。この場合においては、前各項の規定中「各大臣」とあるのは「都道府県知事」と、「都道府県知事」とあるのは「市町村長」と、「当該都道府県の区域」とあるのは「当該市町村の区域」と読み替えるものとする。

（普通地方公共団体の不作為に関する国の訴えの提起）

第251条の7 第245条の5第1項若しくは第4項の規定による是正の要求又は第245条の7第1項若しくは第4項の規定による指示を行つた各大臣は、次の各号のいずれかに該当するときは、高等裁判所に対し、当該是正の要求又は指示を受けた普通地方公共団体の不作為（是正の要求又は指示を受けた普通地方公共団体の行政庁が、相当の期間内に是正の要求に応じた措置又は指示に係る措置を講じなければならないにもかかわらず、これを講じないことをいう。以下この項、次条及び第252条の17の4第3項において同じ。）に係る普通地方公共団体の行政庁（当該是正の要求又は指示があつた後に当該行政庁の権限が他の行政庁に承継されたときは、当該他の行政庁）を被告として、訴えをもつて当該普通地方公共団体の不作為の違法の確認を求めることができる。

一 普通地方公共団体の長その他の執行機関が当該是正の要求又は指示に関する第250条の13第1項の規定によ

る審査の申出をせず(審査の申出後に第250条の17第1項の規定により当該審査の申出が取り下げられた場合を含む。)、かつ、当該是正の要求に応じた措置又は指示に係る措置を講じないとき。
二　普通地方公共団体の長その他の執行機関が当該是正の要求又は指示に関する第250条の13第1項の規定による審査の申出をした場合において、次に掲げるとき。
　　イ　委員会が第250条の14第1項又は第2項の規定による審査の結果又は勧告の内容の通知をした場合において、当該普通地方公共団体の長その他の執行機関が第251条の5第1項の規定による当該是正の要求又は指示の取消しを求める訴えの提起をせず(訴えの提起後に当該訴えが取り下げられた場合を含む。ロにおいて同じ。)、かつ、当該是正の要求に応じた措置又は指示に係る措置を講じないとき。
　　ロ　委員会が当該審査の申出をした日から90日を経過しても第250条の14第1項又は第2項の規定による審査又は勧告を行わない場合において、当該普通地方公共団体の長その他の執行機関が第251条の5第1項の規定による当該是正の要求又は指示の取消しを求める訴えの提起をせず、かつ、当該是正の要求に応じた措置又は指示に係る措置を講じないとき。

2　前項の訴えは、次に掲げる期間が経過するまでは、提起することができない。
　一　前項第1号の場合は、第250条の13第4項本文の期間
　二　前項第2号イの場合は、第251条の5第2項第1号、第2号又は第4号に掲げる期間
　三　前項第2号ロの場合は、第251条の5第2項第3号に掲げる期間
3　第251条の5第3項から第6項までの規定は、第1項の訴えについて準用する。
4　第1項の訴えについては、行政事件訴訟法第43条第3項の規定にかかわらず、同法第40条第2項及び第41条第2項の規定は、準用しない。
5　前各項に定めるもののほか、第1項の訴えについては、主張及び証拠の申出の時期の制限その他審理の促進に関し必要な事項は、最高裁判所規則で定める。

Ⅶ 資料

○地方教育行政の組織及び運営に関する法律（抄） 新旧対照表

(昭和31年6月30日法律第162号)

最終改正：平成27年7月15日法律第56号　　　　　　　　　　　　（下線の部分は改正部分）

改正後	改正前
第1章　総則（第1条―第1条の4）	第1章　総則（第1条・第1条の2）
第2章　教育委員会の設置及び組織	第2章　教育委員会の設置及び組織
第1節　教育委員会の設置、教育長及び委員並びに会議（第2条―第16条）	第1節　教育委員会の設置、委員及び会議（第2条―第15条）
第2節　事務局（第17条―第20条）	第2節　教育長及び事務局（第16条―第22条）
第3章　教育委員会及び地方公共団体の長の職務権限（第21条―第29条）	第3章　教育委員会及び地方公共団体の長の職務権限（第23条―第29条）
第4章　教育機関	第4章　教育機関
第1節　通則（第30条―第36条）	第1節　通則（第30条―第36条）
第2節　市町村立学校の教職員（第37条―第47条の4）	第2節　市町村立学校の教職員（第37条―第47条の4）
第3節　学校運営協議会（第47条の5）	第3節　学校運営協議会（第47条の5）
第5章　文部科学大臣及び教育委員会相互間の関係等（第48条―第55条の2）	第5章　文部科学大臣及び教育委員会相互間の関係等（第48条―第55条の2）
第6章　雑則（第56条―第63条）	第6章　雑則（第56条―第63条）
附則	附則
（大綱の策定等）	（新設）
第1条の3　地方公共団体の長は、教育基本法第17条第1項に規定する基本的な方針を参酌し、その地域の実情に応じ、当該地方公共団体の教育、学術及	

| Ⅶ 資料 |

び文化の振興に関する総合的な施策の大綱（以下単に「大綱」という。）を定めるものとする。

2　地方公共団体の長は、大綱を定め、又はこれを変更しようとするときは、あらかじめ、次条第1項の総合教育会議において協議するものとする。

3　地方公共団体の長は、大綱を定め、又はこれを変更したときは、遅滞なく、これを公表しなければならない。

4　第1項の規定は、地方公共団体の長に対し、第21条に規定する事務を管理し、又は執行する権限を与えるものと解釈してはならない。

（総合教育会議）

第1条の4　地方公共団体の長は、大綱の策定に関する協議及び次に掲げる事項についての協議並びにこれらに関する次項各号に掲げる構成員の事務の調整を行うため、総合教育会議を設けるものとする。

　一　教育を行うための諸条件の整備その他の地域の実情に応じた教育、学術及び文化の振興を図るため重点的に講ずべき施策

　二　児童、生徒等の生命又は身体に現に被害が生じ、又はまさに被害が生ずるおそれがあると見込まれる場合等の緊急の場合に講ずべき措置

2　総合教育会議は、次に掲げる者をもつて構成する。

　一　地方公共団体の長

　二　教育委員会

3　総合教育会議は、地方公共団体の長が

（新設）

—328—

招集する。
4 教育委員会は、その権限に属する事務に関して協議する必要があると思料するときは、地方公共団体の長に対し、協議すべき具体的事項を示して、総合教育会議の招集を求めることができる。
5 総合教育会議は、第1項の協議を行うに当たつて必要があると認めるときは、関係者又は学識経験を有する者から、当該協議すべき事項に関して意見を聴くことができる。
6 総合教育会議は、公開する。ただし、個人の秘密を保つため必要があると認めるとき、又は会議の公正が害されるおそれがあると認めるときその他公益上必要があると認めるときは、この限りでない。
7 地方公共団体の長は、総合教育会議の終了後、遅滞なく、総合教育会議の定めるところにより、その議事録を作成し、これを公表するよう努めなければならない。
8 総合教育会議においてその構成員の事務の調整が行われた事項については、当該構成員は、その調整の結果を尊重しなければならない。
9 前各項に定めるもののほか、総合教育会議の運営に関し必要な事項は、総合教育会議が定める。

第2章　教育委員会の設置及び組織	第2章　教育委員会の設置及び組織

Ⅶ 資料

<u>第1節　教育委員会の設置、教育長及び委員並びに会議</u>

（設置）
第2条　都道府県、市（特別区を含む。以下同じ。）町村及び<u>第21条</u>に規定する事務の全部又は一部を処理する地方公共団体の組合に教育委員会を置く。

（組織）
第3条　教育委員会は、<u>教育長及び4人</u>の委員をもつて組織する。ただし、条例で定めるところにより、都道府県若しくは市又は地方公共団体の組合のうち都道府県若しくは市が加入するものの教育委員会にあつては<u>教育長及び5人以上</u>の委員、町村又は地方公共団体の組合のうち町村のみが加入するものの教育委員会にあつては<u>教育長及び2人以上</u>の委員をもつて組織することができる。

（任命）
第4条　<u>教育長は、当該地方公共団体の長の被選挙権を有する者で、人格が高潔で、教育行政に関し識見を有するもののうちから、地方公共団体の長が、議会の同意を得て、任命する。</u>

<u>2</u>　委員は、当該地方公共団体の長の被選挙権を有する者で、人格が高潔で、教育、学術及び文化（以下単に「教育」という。）に関し識見を有するもののうちから、地方公共団体の長が、議会の同意を得て、任命する。

<u>3</u>　次の各号のいずれかに該当する者は、<u>教育長又は委員</u>となることができな

<u>第1節　教育委員会の設置、委員及び会議</u>

（設置）
第2条　都道府県、市（特別区を含む。以下同じ。）町村及び<u>第23条</u>に規定する事務の全部又は一部を処理する地方公共団体の組合に教育委員会を置く。

（組織）
第3条　教育委員会は、<u>5人</u>の委員をもつて組織する。ただし、条例で定めるところにより、都道府県若しくは市又は地方公共団体の組合のうち都道府県若しくは市が加入するものの教育委員会にあつては<u>6人以上</u>の委員、町村又は地方公共団体の組合のうち町村のみが加入するものの教育委員会にあつては<u>3人</u>以上の委員をもつて組織することができる。

（任命）
第4条

　委員は、当該地方公共団体の長の被選挙権を有する者で、人格が高潔で、教育、学術及び文化（以下単に「教育」という。）に関し識見を有するもののうちから、地方公共団体の長が、議会の同意を得て、任命する。

<u>2</u>　次の各号のいずれかに該当する者は、委員となることができない。

い。	
一　破産手続開始の決定を受けて復権を得ない者	一　破産者で復権を得ない者
二　禁錮以上の刑に処せられた者	二　禁錮以上の刑に処せられた者
4　教育長及び委員の任命については、そのうち委員の定数に1を加えた数の2分の1以上の者が同一の政党に所属することとなつてはならない。	3　委員の任命については、そのうち委員の定数の2分の1以上の者が同一の政党に所属することとなつてはならない。
5　地方公共団体の長は、第2項の規定による委員の任命に当たつては、委員の年齢、性別、職業等に著しい偏りが生じないように配慮するとともに、委員のうちに保護者（親権を行う者及び未成年後見人をいう。第47条の5第2項において同じ。）である者が含まれるようにしなければならない。	4　地方公共団体の長は、第1項の規定による委員の任命に当たつては、委員の年齢、性別、職業等に著しい偏りが生じないように配慮するとともに、委員のうちに保護者（親権を行う者及び未成年後見人をいう。第47条の5第2項において同じ。）である者が含まれるようにしなければならない。
（任期）	（任期）
第5条　教育長の任期は3年とし、委員の任期は4年とする。ただし、補欠の教育長又は委員の任期は、前任者の残任期間とする。	第5条　委員の任期は、4年とする。ただし、補欠の委員の任期は、前任者の残任期間とする。
2　教育長及び委員は、再任されることができる。	2　委員は、再任されることができる。
（兼職禁止）	（兼職禁止）
第6条　教育長及び委員は、地方公共団体の議会の議員若しくは長、地方公共団体に執行機関として置かれる委員会の委員（教育委員会にあつては、教育長及び委員）若しくは委員又は地方公共団体の常勤の職員若しくは地方公務員法（昭和25年法律第261号）第28条の5第1項に規定する短時間勤務の職を占める職員と兼ねることができない。	第6条　委員は、地方公共団体の議会の議員若しくは長、地方公共団体に執行機関として置かれる委員会の委員若しくは委員又は地方公共団体の常勤の職員若しくは地方公務員法（昭和25年法律第261号）第28条の5第1項に規定する短時間勤務の職を占める職員と兼ねることができない。
（罷免）	（罷免）

VII 資料

第7条　地方公共団体の長は、<u>教育長若しく</u>は委員が心身の故障のため職務の遂行に堪えないと認める場合又は職務上の義務違反その他<u>教育長若しくは委員</u>たるに適しない非行があると認める場合においては、当該地方公共団体の議会の同意を得て、<u>その教育長又は委員</u>を罷免することができる。

2　地方公共団体の長は、<u>教育長及び委員のうち委員の定数に一を加えた数の2分の1から1を減じた数（その数に1人未満の端数があるときは、これを切り上げて得た数）の者が既に所属している政党に新たに所属するに至つた<u>教育長又は委員</u>があるときは、その<u>教育長又は委員</u>を直ちに罷免するものとする。

3　地方公共団体の長は、<u>教育長及び委員のうち委員の定数に1を加えた数の2分の1以上の者が同一の政党に所属することとなつた場合（前項の規定に該当する場合を除く。）には、同一の政党に所属する<u>教育長及び委員の数が委員の定数に1を加えた数の2分の1から1を減</u>じた数（その数に1人未満の端数があるときは、これを切り上げて得た数）になるように、当該地方公共団体の議会の同意を得て、<u>教育長又は</u>委員を罷免するものとする。ただし、政党所属関係について異動のなかつた<u>教育長又は</u>委員を罷免することはできない。

4　<u>教育長及び委員</u>は、前3項の場合を除き、その意に反して罷免されることがない。

（辞職）

第7条　地方公共団体の長は、委員が心身の故障のため職務の遂行に堪えないと認める場合又は職務上の義務違反その他委員たるに適しない非行があると認める場合においては、当該地方公共団体の議会の同意を得て、<u>これ</u>を罷免することができる。

2　地方公共団体の長は、<u>委員のうちその定数の2分の1から1を減じた数（その数に1人未満の端数があるときは、これを切り上げて得た数）の者が既に所属している政党に新たに所属するに至つた<u>委員</u>があるときは、その<u>委員</u>を直ちに罷免するものとする。

3　地方公共団体の長は、<u>委員のうちその定数の2分の1以上の者が同一の政党に所属することとなつた場合（前項の規定に該当する場合を除く。）には、同一の政党に所属する<u>委員の数</u>が<u>委員の定数の2分の1から1を減じた数</u>（その数に1人未満の端数があるときは、これを切り上げて得た数）になるように、当該地方公共団体の議会の同意を得て、委員を罷免するものとする。ただし、政党所属関係について異動のなかつた委員を罷免することはできない。

4　<u>委員</u>は、前3項の場合を除き、その意に反して罷免されることがない。

（辞職）

第10条　<u>教育長及び委員</u>は、当該地方公共団体の長及び教育委員会の同意を得て、辞職することができる。
　（服務等）
第11条　<u>教育長</u>は、職務上知ることができた秘密を漏らしてはならない。その職を退いた後も、また、同様とする。
2　<u>教育長又は教育長</u>であつた者が法令による証人、鑑定人等となり、職務上の秘密に属する事項を発表する場合においては、教育委員会の許可を受けなければならない。
3　前項の許可は、法律に特別の<u>定めが</u>ある場合を除き、これを拒むことができない。
4　<u>教育長は、常勤</u>とする。
5　<u>教育長は、法律又は条例に特別の定めがある場合を除くほか、その勤務時間及び職務上の注意力の全てをその職責遂行のために用い、当該地方公共団体がなすべき責を有する職務にのみ従事しなければならない。</u>
6　<u>教育長</u>は、政党その他の政治的団体の役員となり、又は積極的に政治運動をしてはならない。
7　<u>教育長は、教育委員会の許可を受けなければ、営利を目的とする私企業を営むことを目的とする会社その他の団体の役員その他人事委員会規則（人事委員会を置かない地方公共団体においては、地方公共団体の規則）で定める地位を兼ね、若しくは自ら営利を目的とする私企業を営み、又は報酬を得ていかなる事業若しくは事務にも従事して</u>

第10条　<u>委員</u>は、当該地方公共団体の長及び教育委員会の同意を得て、辞職することができる。
　（服務等）
第11条　<u>委員</u>は、職務上知ることができた秘密を漏らしてはならない。その職を退いた後も、また、同様とする。
2　<u>委員又は委員</u>であつた者が法令による証人、鑑定人等となり、職務上の秘密に属する事項を発表する場合においては、教育委員会の許可を受けなければならない。
3　前項の許可は、法律に特別の定がある場合を除き、これを拒むことができない。
4　<u>委員は、非常勤</u>とする。
（新設）

5　<u>委員</u>は、政党その他の政治的団体の役員となり、又は積極的に政治運動をしてはならない。
（新設）

はならない。

8　教育長は、その職務の遂行に当たつては、自らが当該地方公共団体の教育行政の運営について負う重要な責任を自覚するとともに、第1条の2に規定する基本理念及び大綱に則して、かつ、児童、生徒等の教育を受ける権利の保障に万全を期して当該地方公共団体の教育行政の運営が行われるよう意を用いなければならない。	6　委員は、その職務の遂行に当たつては、自らが当該地方公共団体の教育行政の運営について負う重要な責任を自覚するとともに、第1条の2に規定する基本理念に則して当該地方公共団体の教育行政の運営が行われるよう意を用いなければならない。
第12条　前条第1項から第3項まで、第6項及び第8項の規定は、委員の服務について準用する。 2　委員は、非常勤とする。	（新設）
（教育長）	（委員長）
第13条　（削る） （削る） 教育長は、教育委員会の会務を総理し、教育委員会を代表する。 2　教育長に事故があるとき、又は教育長が欠けたときは、あらかじめその指名する委員がその職務を行う。	第12条　教育委員会は、委員（第16条第2項の規定により教育長に任命された委員を除く。）のうちから、委員長を選挙しなければならない。 2　委員長の任期は、1年とする。ただし、再選されることができる。 3　委員長は、教育委員会の会議を主宰し、教育委員会を代表する。 4　委員長に事故があるとき、又は委員長が欠けたときは、あらかじめ教育委員会の指定する委員がその職務を行う。
（会議）	（会議）
第14条　教育委員会の会議は、教育長が招集する。 2　教育長は、委員の定数の3分の1以上の委員から会議に付議すべき事件を示して会議の招集を請求された場合には、遅滞なく、これを招集しなければならない。	第13条　教育委員会の会議は、委員長が招集する。 （新設）

Ⅶ 資料

3　教育委員会は、<u>教育長及び在任委員</u>の過半数が出席しなければ、会議を開き、議決をすることができない。ただし、<u>第6項</u>の規定による除斥のため過半数に達しないとき、又は同一の事件につき再度招集しても、なお過半数に達しないときは、この限りでない。

4　教育委員会の会議の議事は、<u>第7項</u>ただし書の発議に係るものを除き、出席者の過半数で決し、可否同数のときは、<u>教育長</u>の決するところによる。
（削る）

5　<u>教育長に事故があり、又は教育長が欠けた場合の前項の規定の適用については、前条第2項の規定により教育長の職務を行う者は、教育長とみなす。</u>

6　教育委員会の<u>教育長及び委員</u>は、自己、配偶者若しくは三親等以内の親族の一身上に関する事件又は自己若しくはこれらの者の従事する業務に直接の利害関係のある事件については、その議事に参与することができない。ただし、教育委員会の同意があるときは、会議に出席し、発言することができる。

7　教育委員会の会議は、公開する。ただし、人事に関する事件その他の事件について、<u>教育長</u>又は委員の発議により、<u>出席者</u>の3分の2以上の多数で議決したときは、これを公開しないことができる。

2　教育委員会は、<u>委員長及び在任委員</u>の過半数が出席しなければ、会議を開き、議決をすることができない。ただし、<u>第5項</u>の規定による除斥のため過半数に達しないとき、又は同一の事件につき再度招集しても、なお過半数に達しないときは、この限りでない。

3　教育委員会の会議の議事は、<u>第6項</u>ただし書の発議に係るものを除き、<u>出席委員</u>の過半数で決し、可否同数のときは、<u>委員長</u>の決するところによる。

4　<u>前2項の規定による会議若しくは議事又は第6項ただし書の発議に係る議事の定足数については、委員長は、委員として計算するものとする。</u>
（新設）

5　教育委員会の<u>委員</u>は、自己、配偶者若しくは3親等以内の親族の一身上に関する事件又は自己若しくはこれらの者の従事する業務に直接の利害関係のある事件については、その議事に参与することができない。ただし、教育委員会の同意があるときは、会議に出席し、発言することができる。

6　教育委員会の会議は、公開する。ただし、人事に関する事件その他の事件について、<u>委員長</u>又は委員の発議により、<u>出席委員</u>の3分の2以上の多数で議決したときは、これを公開しないことができる。

8　前項ただし書の<u>教育長</u>又は委員の発議は、討論を行わないでその可否を決しなければならない。 9　<u>教育長は、教育委員会の会議の終了後、遅滞なく、教育委員会規則で定めるところにより、その議事録を作成し、これを公表するよう努めなければならない。</u> （教育委員会の議事運営） 第16条　この法律に定めるもののほか、教育委員会の会議その他教育委員会の議事の運営に関し必要な事項は、教育委員会規則で定める。 　　　　　　第2節　事務局 （削る） （削る）	7　前項ただし書の<u>委員長</u>又は委員の発議は、討論を行わないでその可否を決しなければならない。 （新設） （教育委員会の議事運営） 第15条　この法律に定めるもののほか、教育委員会の会議その他教育委員会の議事の運営に関し必要な事項は、教育委員会規則で定める。 　　　第2節　教育長及び事務局 <u>（教育長）</u> <u>第16条　教育委員会に、教育長を置く。</u> <u>2　教育長は、第6条の規定にかかわらず、当該教育委員会の委員（委員長を除く。）である者のうちから、教育委員会が任命する。</u> <u>3　教育長は、委員としての任期中在任するものとする。ただし、地方公務員法第27条、第28条及び第29条の規定の適用を妨げない。</u> <u>4　教育長は、委員の職を辞し、失い、又は罷免された場合においては、当然に、その職を失うものとする。</u> （教育長の職務） 第17条　教育長は、教育委員会の指揮監督の下に、教育委員会の権限に属するすべての事務をつかさどる。 2　教育長は、教育委員会のすべての会議

Ⅶ　資料

	に出席し、議事について助言する。
	3　教育長は、自己、配偶者若しくは3親等以内の親族の一身上に関する事件又は自己若しくはこれらの者の従事する業務に直接の利害関係のある事件についての議事が行われる場合においては、前項の規定にかかわらず、教育委員会の会議に出席することができない。ただし、委員として第13条第5項ただし書の規定の適用があるものとする。
（指導主事その他の職員）	（指導主事その他の職員）
第18条　都道府県に置かれる教育委員会（以下「都道府県委員会」という。）の事務局に、指導主事、事務職員及び技術職員を置くほか、所要の職員を置く。	第19条　都道府県に置かれる教育委員会（以下「都道府県委員会」という。）の事務局に、指導主事、事務職員及び技術職員を置くほか、所要の職員を置く。
2　市町村に置かれる教育委員会（以下「市町村委員会」という。）の事務局に、前項の規定に準じて指導主事その他の職員を置く。	2　市町村に置かれる教育委員会（以下「市町村委員会」という。）の事務局に、前項の規定に準じて指導主事その他の職員を置く。
（中略）	（中略）
7　第1項及び第2項の職員は、教育委員会が任命する。	7　第1項及び第2項の職員は、教育長の推薦により、教育委員会が任命する。
（後略）	（後略）
（削る）	（教育長の事務局の統括等） 第20条　教育長は、第17条に規定するもののほか、事務局の事務を統括し、所属の職員を指揮監督する。
	2　教育長に事故があるとき、又は教育長

(教育委員会の職務権限)
第21条　教育委員会は、当該地方公共団体が処理する教育に関する事務で、次に掲げるものを管理し、及び執行する。
　一　教育委員会の所管に属する第30条に規定する学校その他の教育機関（以下「学校その他の教育機関」という。）の設置、管理及び廃止に関すること。
　二　教育委員会の所管に属する学校その他の教育機関の用に供する財産（以下「教育財産」という。）の管理に関すること。
　三　教育委員会及び教育委員会の所管に属する学校その他の教育機関の職員の任免その他の人事に関すること。
　四　学齢生徒及び学齢児童の就学並びに生徒、児童及び幼児の入学、転学及び退学に関すること。
　五　教育委員会の所管に属する学校の組織編制、教育課程、学習指導、生徒指導及び職業指導に関すること。
　六　教科書その他の教材の取扱いに関すること。
　七　校舎その他の施設及び教具その他の設備の整備に関すること。
　八　校長、教員その他の教育関係職員の研修に関すること。

が欠けたときは、あらかじめ教育委員会の指定する事務局の職員がその職務を行う。

(教育委員会の職務権限)
第23条　教育委員会は、当該地方公共団体が処理する教育に関する事務で、次に掲げるものを管理し、及び執行する。
　一　教育委員会の所管に属する第30条に規定する学校その他の教育機関（以下「学校その他の教育機関」という。）の設置、管理及び廃止に関すること。
　二　学校その他の教育機関の用に供する財産（以下「教育財産」という。）の管理に関すること。
　三　教育委員会及び学校その他の教育機関の職員の任免その他の人事に関すること。
　四　学齢生徒及び学齢児童の就学並びに生徒、児童及び幼児の入学、転学及び退学に関すること。
　五　学校の組織編制、教育課程、学習指導、生徒指導及び職業指導に関すること。
　六　教科書その他の教材の取扱いに関すること。
　七　校舎その他の施設及び教具その他の設備の整備に関すること。
　八　校長、教員その他の教育関係職員の研修に関すること。

Ⅶ 資料

九　校長、教員その他の教育関係職員並びに生徒、児童及び幼児の保健、安全、厚生及び福利に関すること。	九　校長、教員その他の教育関係職員並びに生徒、児童及び幼児の保健、安全、厚生及び福利に関すること。
十　教育委員会の所管に属する学校その他の教育機関の環境衛生に関すること。	十　学校その他の教育機関の環境衛生に関すること。
十一　学校給食に関すること。	十一　学校給食に関すること。
十二　青少年教育、女性教育及び公民館の事業その他社会教育に関すること。	十二　青少年教育、女性教育及び公民館の事業その他社会教育に関すること。
十三　スポーツに関すること。	十三　スポーツに関すること。
十四　文化財の保護に関すること。	十四　文化財の保護に関すること。
十五　ユネスコ活動に関すること。	十五　ユネスコ活動に関すること。
十六　教育に関する法人に関すること。	十六　教育に関する法人に関すること。
十七　教育に係る調査及び基幹統計その他の統計に関すること。	十七　教育に係る調査及び基幹統計その他の統計に関すること。
十八　所掌事務に係る広報及び所掌事務に係る教育行政に関する相談に関すること。	十八　所掌事務に係る広報及び所掌事務に係る教育行政に関する相談に関すること。
十九　前各号に掲げるもののほか、当該地方公共団体の区域内における教育に関する事務に関すること。	十九　前各号に掲げるもののほか、当該地方公共団体の区域内における教育に関する事務に関すること。
（長の職務権限）	（長の職務権限）
第22条　地方公共団体の長は、<u>大綱の策定に関する事務のほか</u>、次に掲げる教育に関する事務を管理し、及び執行する。	第24条　地方公共団体の長は、次の各号に掲げる教育に関する事務を管理し、及び執行する。
一　大学に関すること。	一　大学に関すること。
<u>二　幼保連携型認定こども園に関すること。</u>	
三　私立学校に関すること。	二　私立学校に関すること。
四　教育財産を取得し、及び処分すること。	三　教育財産を取得し、及び処分すること。

| 五　教育委員会の所掌に係る事項に関する契約を結ぶこと。
| 六　前号に掲げるもののほか、教育委員会の所掌に係る事項に関する予算を執行すること。

（職務権限の特例）

第23条　前2条の規定にかかわらず、地方公共団体は、前条各号に掲げるもののほか、条例の定めるところにより、当該地方公共団体の長が、次の各号に掲げる教育に関する事務のいずれか又は全てを管理し、及び執行することとすることができる。
　一　スポーツに関すること（学校における体育に関することを除く。）。
　二　文化に関すること（文化財の保護に関することを除く。）。
2　地方公共団体の議会は、前項の条例の制定又は改廃の議決をする前に、当該地方公共団体の教育委員会の意見を聴かなければならない。

（事務の委任等）

第25条　教育委員会は、教育委員会規則で定めるところにより、その権限に属する事務の一部を教育長に委任し、又は教育長をして臨時に代理させることができる。
2　前項の規定にかかわらず、次に掲げる事務は、教育長に委任することができない。
　一　教育に関する事務の管理及び執行の基本的な方針に関すること。
　二　教育委員会規則その他教育委員会

四　教育委員会の所掌に係る事項に関する契約を結ぶこと。
五　前号に掲げるもののほか、教育委員会の所掌に係る事項に関する予算を執行すること。

（職務権限の特例）

第24条の2　前2条の規定にかかわらず、地方公共団体は、前条各号に掲げるもののほか、条例の定めるところにより、当該地方公共団体の長が、次の各号に掲げる教育に関する事務のいずれか又はすべてを管理し、及び執行することとすることができる。
　一　スポーツに関すること（学校における体育に関することを除く。）。
　二　文化に関すること（文化財の保護に関することを除く。）。
2　地方公共団体の議会は、前項の条例の制定又は改廃の議決をする前に、当該地方公共団体の教育委員会の意見を聴かなければならない。

（事務の委任等）

第26条　教育委員会は、教育委員会規則で定めるところにより、その権限に属する事務の一部を教育長に委任し、又は教育長をして臨時に代理させることができる。
2　前項の規定にかかわらず、次に掲げる事務は、教育長に委任することができない。
　一　教育に関する事務の管理及び執行の基本的な方針に関すること。
　二　教育委員会規則その他教育委員会

Ⅶ　資料

の定める規程の制定又は改廃に関すること。 三　教育委員会の所管に属する学校その他の教育機関の設置及び廃止に関すること。 四　教育委員会及び教育委員会の所管に属する学校その他の教育機関の職員の任免その他の人事に関すること。 五　次条の規定による点検及び評価に関すること。 六　第27条及び第29条に規定する意見の申出に関すること。 3　教育長は、教育委員会規則で定めるところにより、第1項の規定により委任された事務又は臨時に代理した事務の管理及び執行の状況を教育委員会に報告しなければならない。 4　教育長は、第1項の規定により委任された事務その他その権限に属する事務の一部を事務局の職員若しくは教育委員会の所管に属する学校その他の教育機関の職員（以下この項及び次条第1項において「事務局職員等」という。）に委任し、又は事務局職員等をして臨時に代理させることができる。 （教育機関の職員の任命） 第34条　教育委員会の所管に属する学校その他の教育機関の校長、園長、教員、事務職員、技術職員その他の職員は、この法律に特別の定めがある場合を除き、教育委員会が任命する。	の定める規程の制定又は改廃に関すること。 三　教育委員会の所管に属する学校その他の教育機関の設置及び廃止に関すること。 四　教育委員会及び教育委員会の所管に属する学校その他の教育機関の職員の任免その他の人事に関すること。 五　次条の規定による点検及び評価に関すること。 六　第29条に規定する意見の申出に関すること。 3　教育長は、第1項の規定により委任された事務その他その権限に属する事務の一部を事務局の職員若しくは教育委員会の所管に属する学校その他の教育機関の職員（以下この項及び次条第1項において「事務局職員等」という。）に委任し、又は事務局職員等をして臨時に代理させることができる。 （教育機関の職員の任命） 第34条　教育委員会の所管に属する学校その他の教育機関の校長、園長、教員、事務職員、技術職員その他の職員は、この法律に特別の定がある場合を除き、教育長の推薦により、教育委員会が任命する。

Ⅶ 資料

（市町村委員会の内申）
第38条　（略）
2　（略）
（削る）

3　市町村委員会は、次条の規定による校長の意見の申出があつた県費負担教職員について第1項又は前項の内申を行うときは、当該校長の意見を付するものとする。

（文部科学大臣の指示）
第50条　文部科学大臣は、都道府県委員会又は市町村委員会の教育に関する事務の管理及び執行が法令の規定に違反するものがある場合又は当該事務の管理及び執行を怠るものがある場合において、児童、生徒等の生命又は身体に現に被害が生じ、又はまさに被害が生ずるおそれがあると見込まれ、その被害の拡大又は発生を防止するため、緊急の必要があるときは、当該教育委員会に対し、当該違反を是正し、又は当該怠る事務の管理及び執行を改めるべきことを指示することができる。ただし、他の措置によつては、その是正を図ることが困難である場合に限る。

（市町村委員会の内申）
第38条　（略）
2　（略）
3　市町村委員会は、教育長の助言により、前2項の内申を行うものとする。
4　市町村委員会は、次条の規定による校長の意見の申出があつた県費負担教職員について第1項又は第2項の内申を行うときは、当該校長の意見を付するものとする。

（文部科学大臣の指示）
第50条　文部科学大臣は、都道府県委員会又は市町村委員会の教育に関する事務の管理及び執行が法令の規定に違反するものがある場合又は当該事務の管理及び執行を怠るものがある場合において、児童、生徒等の生命又は身体の保護のため、緊急の必要があるときは、当該教育委員会に対し、当該違反を是正し、又は当該怠る事務の管理及び執行を改めるべきことを指示することができる。ただし、他の措置によつては、その是正を図ることが困難である場合に限る。

Ⅶ 資料

○地方公務員法（抄）

(昭和25年12月13日法律第261号)

最終改正：平成26年6月13日法律第69号

第1章　総則（第1条―第5条）
第2章　人事機関（第6条―第12条）
第3章　職員に適用される基準
　第1節　通則（第13条・第14条）
　第2節　任用（第15条―第22条）
　第3節　人事評価（第23条―第23条の4）
　第4節　給与、勤務時間その他の勤務条件（第24条―第26条の3）
　第4節の二　休業（第26条の4―第26条の6）
　第5節　分限及び懲戒（第27条―第29条の2）
　第6節　服務（第30条―第38条）
　第6節の2　退職管理（第38条の2―第38条の7）
　第7節　研修（第39条・第40条）
　第8節　福祉及び利益の保護（第41条―第51条の2）
　　第一款　厚生福利制度（第42条―第44条）
　　第二款　公務災害補償（第45条）
　　第三款　勤務条件に関する措置の要求（第46条―第48条）
　　第四款　不利益処分に関する審査請求（第49条―第51条の2）
　第9節　職員団体（第52条―第56条）
第4章　補則（第57条―第59条）
第5章　罰則（第60条―第65条）
附則

第1章　総則

（一般職に属する地方公務員及び特別職に属する地方公務員）

第3条　地方公務員（地方公共団体及び特定地方独立行政法人（地方独立行政法人法（平成15年法律第118号）第2条第2項に規定する特定地方独立行政法人をいう。以下同じ。）のすべての公務員をいう。以下同じ。）の職は、一般職と特別職とに分ける。

2　一般職は、特別職に属する職以外の一切の職とする。

3　特別職は、次に掲げる職とする。
　一　就任について公選又は地方公共団体の議会の選挙、議決若しくは同意によることを必要とする職
　一の二　地方公営企業の管理者及び企業団の企業長の職
　二　法令又は条例、地方公共団体の規則若しくは地方公共団体の機関の定める規程により設けられた委員及び委員会（審議会その他これに準ずる

ものを含む。）の構成員の職で臨時又は非常勤のもの
二の二　都道府県労働委員会の委員の職で常勤のもの
三　臨時又は非常勤の顧問、参与、調査員、嘱託員及びこれらの者に準ずる者の職
四　地方公共団体の長、議会の議長その他地方公共団体の機関の長の秘書の職で条例で指定するもの
五　非常勤の消防団員及び水防団員の職
六　特定地方独立行政法人の役員
（この法律の適用を受ける地方公務員）
第4条　この法律の規定は、一般職に属するすべての地方公務員（以下「職員」という。）に適用する。
2　この法律の規定は、法律に特別の定がある場合を除く外、特別職に属する地方公務員には適用しない。

第2章　人事機関

（任命権者）
第6条　地方公共団体の長、議会の議長、選挙管理委員会、代表監査委員、教育委員会、人事委員会及び公平委員会並びに警視総監、道府県警察本部長、市町村の消防長（特別区が連合して維持する消防の消防長を含む。）その他法令又は条例に基づく任命権者は、法律に特別の定めがある場合を除くほか、この法律並びにこれに基づく条例、地方公共団体の規則及び地方公共団体の機関の定める規程に従い、それぞれ職員の任命、人事評価（任用、給与、分限その他の人事管理の基礎とするために、職員がその職務を遂行するに当たり発揮した能力及び挙げた業績を把握した上で行われる勤務成績の評価をいう。以下同じ。）、休職、免職及び懲戒等を行う権限を有するものとする。
2　前項の任命権者は、同項に規定する権限の一部をその補助機関たる上級の地方公務員に委任することができる。
（人事委員会又は公平委員会の設置）
第7条　都道府県及び地方自治法（昭和22年法律第67号）第252条の19第1項の指定都市は、条例で人事委員会を置くものとする。
2　前項の指定都市以外の市で人口（官報で公示された最近の国勢調査又はこれに準ずる人口調査の結果による人口をいう。以下同じ。）15万以上のもの及び特別区は、条例で人事委員会又は公平委員会を置くものとする。
3　人口15万未満の市、町、村及び地方公共団体の組合は、条例で公平委員会を置くものとする。
4　公平委員会を置く地方公共団体は、議会の議決を経て定める規約により、公平委員会を置く他の地方公共団体と共同して公平委員会を置き、又は他の地方公共団体の人事委員会に委託して次条第2項に規定する公平委員会の事務を処理させることができる。

第3章　職員に適用される基準

第2節　任用

（任用の根本基準）
第15条　職員の任用は、この法律の定めるところにより、受験成績、人事評価その他の能力の実証に基づいて行わなければならない。
（任命の方法）
第17条　職員の職に欠員を生じた場合においては、任命権者は、採用、昇任、降任又は転任のいずれかの方法により、職員を任命することができる。
（採用の方法）
第17条の2　人事委員会を置く地方公共団体においては、職員の採用は、競争試験によるものとする。ただし、人事委員会規則（競争試験等を行う公平委員会を置く地方公共団体においては、公平委員会規則。以下この節において同じ。）で定める場合には、選考（競争試験以外の能力の実証に基づく試験をいう。以下同じ。）によることを妨げない。
2　人事委員会を置かない地方公共団体においては、職員の採用は、競争試験又は選考によるものとする。
（条件付採用及び臨時的任用）
第22条　臨時的任用又は非常勤職員の任用の場合を除き、職員の採用は、全て条件付のものとし、その職員がその職において6月を勤務し、その間その職務を良好な成績で遂行したときに正式採用になるものとする。この場合において、人事委員会等は、条件付採用の期間を1年に至るまで延長することができる。

第3節　人事評価

（人事評価の根本基準）
第23条　職員の人事評価は、公正に行われなければならない。
2　任命権者は、人事評価を任用、給与、分限その他の人事管理の基礎として活用するものとする。
（人事評価の実施）
第23条の2　職員の執務については、その任命権者は、定期的に人事評価を行わなければならない。
（人事評価に基づく措置）
第23条の3　任命権者は、前条第1項の人事評価の結果に応じた措置を講じなければならない。

第4節　給与、勤務時間その他の勤務条件

（給与、勤務時間その他の勤務条件の根本基準）
第24条　職員の給与は、その職務と責任に応ずるものでなければならない。
（削る）
2　職員の給与は、生計費並びに国及び他の地方公共団体の職員並びに民間事業の従事者の給与その他の事情を考慮して定められなければならない。
3　職員は、他の職員の職を兼ねる場合に

おいても、これに対して給与を受けてはならない。
4 職員の勤務時間その他職員の給与以外の勤務条件を定めるに当つては、国及び他の地方公共団体の職員との間に権衡を失しないように適当な考慮が払われなければならない。
5 職員の給与、勤務時間その他の勤務条件は、条例で定める。

第5節　分限及び懲戒

（分限及び懲戒の基準）
第27条　すべて職員の分限及び懲戒については、公正でなければならない。
2 職員は、この法律で定める事由による場合でなければ、その意に反して、降任され、若しくは免職されず、この法律又は条例で定める事由による場合でなければ、その意に反して休職されず、又、条例で定める事由による場合でなければ、その意に反して降給されることがない。
3 職員は、この法律で定める事由による場合でなければ、懲戒処分を受けることがない。
（降任、免職、休職等）
第28条　職員が、次の各号に掲げる場合のいずれかに該当するときは、その意に反して、これを降任し、又は免職することができる。
一　人事評価又は勤務の状況を示す事実に照らして、勤務実績がよくない場合

二　心身の故障のため、職務の遂行に支障があり、又はこれに堪えない場合
三　前二号に規定する場合のほか、その職に必要な適格性を欠く場合
四　職制若しくは定数の改廃又は予算の減少により廃職又は過員を生じた場合
2 職員が、左の各号の1に該当する場合においては、その意に反してこれを休職することができる。
一　心身の故障のため、長期の休養を要する場合
二　刑事事件に関し起訴された場合
3 職員の意に反する降任、免職、休職及び降給の手続及び効果は、法律に特別の定がある場合を除く外、条例で定めなければならない。
4 職員は、第16条各号（第3号を除く。）の1に該当するに至つたときは、条例に特別の定がある場合を除く外、その職を失う。
（定年による退職）
第28条の2　職員は、定年に達したときは、定年に達した日以後における最初の3月31日までの間において、条例で定める日（以下「定年退職日」という。）に退職する。
2 前項の定年は、国の職員につき定められている定年を基準として条例で定めるものとする。
3 前項の場合において、地方公共団体における当該職員に関しその職務と責任に特殊性があること又は欠員の補充が

困難であることにより国の職員につき定められている定年を基準として定めることが実情に即さないと認められるときは、当該職員の定年については、条例で別の定めをすることができる。この場合においては、国及び他の地方公共団体の職員との間に権衡を失しないように適当な考慮が払われなければならない。

4　前3項の規定は、臨時的に任用される職員その他の法律により任期を定めて任用される職員及び非常勤職員には適用しない。

（定年による退職の特例）

第28条の3　任命権者は、定年に達した職員が前条第1項の規定により退職すべきこととなる場合において、その職員の職務の特殊性又はその職員の職務の遂行上の特別の事情からみてその退職により公務の運営に著しい支障が生ずると認められる十分な理由があるときは、同項の規定にかかわらず、条例で定めるところにより、その職員に係る定年退職日の翌日から起算して1年を超えない範囲内で期限を定め、その職員を当該職務に従事させるため引き続いて勤務させることができる。

2　任命権者は、前項の期限又はこの項の規定により延長された期限が到来する場合において、前項の事由が引き続き存すると認められる十分な理由があるときは、条例で定めるところにより、1年を超えない範囲内で期限を延長することができる。ただし、その期限は、その職員に係る定年退職日の翌日から起算して3年を超えることができない。

（定年退職者等の再任用）

第28条の4　任命権者は、当該地方公共団体の定年退職者等（第28条の2第1項の規定により退職した者若しくは前条の規定により勤務した後退職した者又は定年退職日以前に退職した者のうち勤続期間等を考慮してこれらに準ずるものとして条例で定める者をいう。以下同じ。）を、従前の勤務実績等に基づく選考により、1年を超えない範囲内で任期を定め、常時勤務を要する職に採用することができる。ただし、その者がその者を採用しようとする職に係る定年に達していないときは、この限りでない。

2　前項の任期又はこの項の規定により更新された任期は、条例で定めるところにより、1年を超えない範囲内で更新することができる。

（懲戒）

第29条　職員が次の各号の1に該当する場合においては、これに対し懲戒処分として戒告、減給、停職又は免職の処分をすることができる。

一　この法律若しくは第57条に規定する特例を定めた法律又はこれに基く条例、地方公共団体の規則若しくは地方公共団体の機関の定める規程に違反した場合

二　職務上の義務に違反し、又は職務を怠つた場合

三　全体の奉仕者たるにふさわしくな

い非行のあつた場合
2 職員が、任命権者の要請に応じ当該地方公共団体の特別職に属する地方公務員、他の地方公共団体若しくは特定地方独立行政法人の地方公務員、国家公務員又は地方公社（地方住宅供給公社、地方道路公社及び土地開発公社をいう。）その他その業務が地方公共団体若しくは国の事務若しくは事業と密接な関連を有する法人のうち条例で定めるものに使用される者（以下この項において「特別職地方公務員等」という。）となるため退職し、引き続き特別職地方公務員等として在職した後、引き続いて当該退職を前提として職員として採用された場合（1の特別職地方公務員等として在職した後、引き続き1以上の特別職地方公務員等として在職し、引き続いて当該退職を前提として職員として採用された場合を含む。）において、当該退職までの引き続く職員としての在職期間（当該退職前に同様の退職（以下この項において「先の退職」という。）、特別職地方公務員等としての在職及び職員としての採用がある場合には、当該先の退職までの引き続く職員としての在職期間を含む。次項において「要請に応じた退職前の在職期間」という。）中に前項各号のいずれかに該当したときは、これに対し同項に規定する懲戒処分を行うことができる。
3 職員が、第28条の4第1項又は第28条の5第1項の規定により採用された場合において、定年退職者等となつた日までの引き続く職員としての在職期間（要請に応じた退職前の在職期間を含む。）又はこれらの規定によりかつて採用されて職員として在職していた期間中に第1項各号の1に該当したときは、これに対し同項に規定する懲戒処分を行うことができる。
4 職員の懲戒の手続及び効果は、法律に特別の定がある場合を除く外、条例で定めなければならない。

第6節　服務

（法令等及び上司の職務上の命令に従う義務）
第32条　職員は、その職務を遂行するに当つて、法令、条例、地方公共団体の規則及び地方公共団体の機関の定める規程に従い、且つ、上司の職務上の命令に忠実に従わなければならない。
（信用失墜行為の禁止）
第33条　職員は、その職の信用を傷つけ、又は職員の職全体の不名誉となるような行為をしてはならない。
（秘密を守る義務）
第34条　職員は、職務上知り得た秘密を漏らしてはならない。その職を退いた後も、また、同様とする。
2 法令による証人、鑑定人等となり、職務上の秘密に属する事項を発表する場合においては、任命権者（退職者については、その退職した職又はこれに相当する職に係る任命権者）の許可を受

けなければならない。
3 前項の許可は、法律に特別の定がある場合を除く外、拒むことができない。
（職務に専念する義務）
第35条 職員は、法律又は条例に特別の定がある場合を除く外、その勤務時間及び職務上の注意力のすべてをその職責遂行のために用い、当該地方公共団体がなすべき責を有する職務にのみ従事しなければならない。
（政治的行為の制限）
第36条 職員は、政党その他の政治的団体の結成に関与し、若しくはこれらの団体の役員となつてはならず、又はこれらの団体の構成員となるように、若しくはならないように勧誘運動をしてはならない。
2 職員は、特定の政党その他の政治的団体又は特定の内閣若しくは地方公共団体の執行機関を支持し、又はこれに反対する目的をもつて、あるいは公の選挙又は投票において特定の人又は事件を支持し、又はこれに反対する目的をもつて、次に掲げる政治的行為をしてはならない。ただし、当該職員の属する地方公共団体の区域（当該職員が都道府県の支庁若しくは地方事務所又は地方自治法第252条の19第1項の指定都市の区若しくは総合区に勤務する者であるときは、当該支庁若しくは地方事務所又は区若しくは総合区の所管区域）外において、第1号から第3号まで及び第5号に掲げる政治的行為をすることができる。

一 公の選挙又は投票において投票をするように、又はしないように勧誘運動をすること。
二 署名運動を企画し、又は主宰する等これに積極的に関与すること。
三 寄附金その他の金品の募集に関与すること。
四 文書又は図画を地方公共団体又は特定地方独立行政法人の庁舎（特定地方独立行政法人にあつては、事務所。以下この号において同じ。）、施設等に掲示し、又は掲示させ、その他地方公共団体又は特定地方独立行政法人の庁舎、施設、資材又は資金を利用し、又は利用させること。
五 前各号に定めるものを除く外、条例で定める政治的行為
3 何人も前2項に規定する政治的行為を行うよう職員に求め、職員をそそのかし、若しくはあおつてはならず、又は職員が前2項に規定する政治的行為をなし、若しくはなさないことに対する代償若しくは報復として、任用、職務、給与その他職員の地位に関してなんらかの利益若しくは不利益を与え、与えようと企て、若しくは約束してはならない。
4 職員は、前項に規定する違法な行為に応じなかつたことの故をもつて不利益な取扱を受けることはない。
5 本条の規定は、職員の政治的中立性を保障することにより、地方公共団体の行政及び特定地方独立行政法人の業務の公正な運営を確保するとともに職

員の利益を保護することを目的とするものであるという趣旨において解釈され、及び運用されなければならない。
（争議行為等の禁止）
第37条　職員は、地方公共団体の機関が代表する使用者としての住民に対して同盟罷業、怠業その他の争議行為をし、又は地方公共団体の機関の活動能率を低下させる怠業的行為をしてはならない。又、何人も、このような違法な行為を企て、又はその遂行を共謀し、そそのかし、若しくはあおつてはならない。
2　職員で前項の規定に違反する行為をしたものは、その行為の開始とともに、地方公共団体に対し、法令又は条例、地方公共団体の規則若しくは地方公共団体の機関の定める規程に基いて保有する任命上又は雇用上の権利をもつて対抗することができなくなるものとする。
（営利企業への従事等の制限）
第38条　職員は、任命権者の許可を受けなければ、商業、工業又は金融業その他営利を目的とする私企業（以下この項及び次条第1項において「営利企業」という。）を営むことを目的とする会社その他の団体の役員その他人事委員会規則（人事委員会を置かない地方公共団体においては、地方公共団体の規則）で定める地位を兼ね、若しくは自ら営利企業を営み、又は報酬を得ていかなる事業若しくは事務にも従事してはならない。

2　人事委員会は、人事委員会規則により前項の場合における任命権者の許可の基準を定めることができる。

第7節　研修

（研修）
第39条　職員には、その勤務能率の発揮及び増進のために、研修を受ける機会が与えられなければならない。
2　前項の研修は、任命権者が行うものとする。
3　地方公共団体は、研修の目標、研修に関する計画の指針となるべき事項その他研修に関する基本的な方針を定めるものとする。
4　人事委員会は、研修に関する計画の立案その他研修の方法について任命権者に勧告することができる。

Ⅶ 資料

○教育公務員特例法（抄）　新旧対照表

（昭和24年1月12日法律第1号）

最終改正：平成27年6月24日法律第46号　　　　　　（下線の部分は改正部分）

改正後	改正前
第1章　総則（第1条・第2条） 第2章　任免、<u>人事評価、</u>給与、分限及び懲戒 　第1節　大学の学長、教員及び部局長（第3条―第10条） 　第2節　大学以外の公立学校の校長及び教員（第11条―第14条） 　第3節　専門的教育職員（第15条・第16条） 第3章　服務（第17条―第20条） 第4章　研修（第21条―第15条の3） 第5章　大学院修学休業（第26条―第28条） 第6章　職員団体（第29条） 第7章　教育公務員に準ずる者に関する特例（第30条―第35条）	第1章　総則（第1条・第2条） 第2章　任免、給与、分限及び懲戒 　第1節　大学の学長、教員及び部局長（第3条―第10条） 　第2節　大学以外の公立学校の校長及び教員（第11条―第14条） 　第3節　<u>教育長及び</u>専門的教育職員（第15条・第16条） 第3章　服務（第17条―第20条） 第4章　研修（第21条―第25条の3） 第5章　大学院修学休業（第26条―第28条） 第6章　職員団体（第29条） 第7章　教育公務員に準ずる者に関する特例（第30条―第35条）
第1章　総則	第1章　総則
（この法律の趣旨） 第1条　この法律は、教育を通じて国民全体に奉仕する教育公務員の職務とその責任の特殊性に基づき、教育公務員の任免、<u>人事評価、</u>給与、分限、懲戒、服務及び研修等について規定する。	（この法律の趣旨） 第1条　この法律は、教育を通じて国民全体に奉仕する教育公務員の職務とその責任の特殊性に基づき、教育公務員の任免、給与、分限、懲戒、服務及び研修等について規定する。

Ⅶ 資料

(定義)

第2条　この法律において「教育公務員」とは、地方公務員のうち、学校（学校教育法（昭和22年法律第26号）第1条に規定する学校及び就学前の子どもに関する教育、保育等の総合的な提供の推進に関する法律（平成18年法律第77号）第2条第7項に規定する幼保連携型認定こども園（以下「幼保連携型認定こども園」という。）をいう。以下同じ。）であつて地方公共団体が設置するもの（以下「公立学校」という。）の学長、校長（園長を含む。以下同じ。）、教員及び部局長並びに教育委員会の専門的教育職員をいう。

2　この法律において「教員」とは、公立学校の教授、准教授、助教、副校長（副園長を含む。以下同じ。）、教頭、主幹教諭（幼保連携型認定こども園の主幹養護教諭及び主幹栄養教諭を含む。以下同じ。）、指導教諭、教諭、助教諭、養護教諭、養護助教諭、栄養教諭、主幹保育教諭、指導保育教諭、保育教諭、助保育教諭及び講師（常時勤務の者及び地方公務員法（昭和25年法律第261号）第28条の5第1項に規定する短時間勤務の職を占める者に限る。第23条第2項を除き、以下同じ。）をいう。

5　この法律で「専門的教育職員」とは、指導主事及び社会教育主事をいう。

第2章　任免、人事評価、給与、分限及び懲戒

(定義)

第2条　この法律で「教育公務員」とは、地方公務員のうち、学校教育法（昭和22年法律第26号）第1条に定める学校であつて同法第2条に定める公立学校（地方独立行政法人法（平成15年法律第118号）第68条第1項に規定する公立大学法人が設置する大学及び高等専門学校を除く。以下同じ。）の学長、校長（園長を含む。以下同じ。）、教員及び部局長並びに教育委員会の教育長及び専門的教育職員をいう。

2　この法律で「教員」とは、前項の学校の教授、准教授、助教、副校長（副園長を含む。以下同じ。）、教頭、主幹教諭、指導教諭、教諭、助教諭、養護教諭、養護助教諭、栄養教諭及び講師（常時勤務の者及び地方公務員法（昭和25年法律第261号）第28条の5第1項に規定する短時間勤務の職を占める者に限る。第23条第2項を除き、以下同じ。）をいう。

5　この法律で「専門的教育職員」とは、指導主事及び社会教育主事をいう。

第2章　任免、給与、分限及び懲戒

Ⅶ 資料

第2節　大学以外の公立学校の校長及び教員

（採用及び昇任の方法）
第11条　公立学校の校長の採用（現に校長の職以外の職に任命されている者を校長の職に任命する場合を含む。）並びに教員の採用（現に教員の職以外の職に任命されている者を教員の職に任命する場合を含む。以下この条において同じ。）及び昇任（採用に該当するものを除く。）は、選考によるものとし、その選考は、大学附置の学校にあつては当該大学の学長が、大学附置の学校以外の公立学校（幼保連携型認定こども園を除く。）にあつてはその校長及び教員の任命権者である教育委員会の教育長が、大学附置の学校以外の公立学校（幼保連携型認定こども園に限る。）にあつてはその校長及び教員の任命権者である地方公共団体の長が行う。

（条件附任用）
第12条　公立の小学校、中学校、義務教育学校、高等学校、中等教育学校、特別支援学校、幼稚園及び幼保連携型認定こども園（以下「小学校等」という。）の教諭、助教諭、保育教諭、助保育教諭及び講師（以下「教諭等」という。）に係る地方公務員法第22条第1項に規定する採用については、同項中「6月」とあるのは「1年」として同項の規定を適用する。

2　地方教育行政の組織及び運営に関する

第2節　大学以外の公立学校の校長及び教員

（採用及び昇任の方法）
第11条　公立学校の校長の採用並びに教員の採用及び昇任は、選考によるものとし、その選考は、大学附置の学校にあつては当該大学の学長、大学附置の学校以外の公立学校にあつてはその校長及び教員の任命権者である教育委員会の教育長が行う。

（条件附任用）
第12条　公立の小学校、中学校、高等学校、中等教育学校、特別支援学校及び幼稚園（以下「小学校等」という。）の教諭、助教諭及び講師（以下「教諭等」という。）に係る地方公務員法第22条第1項に規定する採用については、同項中「6月」とあるのは「1年」として同項の規定を適用する。

2　地方教育行政の組織及び運営に関する

法律（昭和31年法律第162号）第40条に定める場合のほか、公立の小学校等の校長又は教員で地方公務員法第22条第1項（前項の規定において読み替えて適用する場合を含む。）の規定により正式任用になつている者が、引き続き同一都道府県内の公立の小学校等の校長又は教員に任用された場合には、その任用については、同条同項の規定は適用しない。
（校長及び教員の給与）
第13条　公立の小学校等の校長及び教員の給与は、これらの者の職務と責任の特殊性に基づき条例で定めるものとする。
2　前項に規定する給与のうち地方自治法（昭和22年法律第67号）第204条第2項の規定により支給することができる義務教育等教員特別手当は、これらの者のうち次に掲げるものを対象とするものとし、その内容は、条例で定める。
　一　公立の小学校、中学校、<u>義務教育学校、</u>中等教育学校の前期課程又は特別支援学校の小学部若しくは中学部に勤務する校長及び教員
　二　前号に規定する校長及び教員との権衡上必要があると認められる公立の高等学校、中等教育学校の後期課程、特別支援学校の高等部若しくは<u>幼稚部、</u>幼稚園<u>又は</u><u>幼保連携型認定こども園</u>に勤務する校長及び教員
（休職の期間及び効果）
第14条　公立学校の校長及び教員の休職の期間は、結核性疾患のため長期の休

法律（昭和31年法律第162号）第40条に定める場合のほか、公立の小学校等の校長又は教員で地方公務員法第22条第1項（前項の規定において読み替えて適用する場合を含む。）の規定により正式任用になつている者が、引き続き同一都道府県内の公立の小学校等の校長又は教員に任用された場合には、その任用については、同条同項の規定は適用しない。
（校長及び教員の給与）
第13条　公立の小学校等の校長及び教員の給与は、これらの者の職務と責任の特殊性に基づき条例で定めるものとする。
2　前項に規定する給与のうち地方自治法（昭和22年法律第67号）第204条第2項の規定により支給することができる義務教育等教員特別手当は、これらの者のうち次に掲げるものを対象とするものとし、その内容は、条例で定める。
　一　公立の小学校、中学校、中等教育学校の前期課程又は特別支援学校の小学部若しくは中学部に勤務する校長及び教員
　二　前号に規定する校長及び教員との権衡上必要があると認められる公立の高等学校、中等教育学校の後期課程、特別支援学校の高等部若しくは幼稚部<u>又は</u>幼稚園に勤務する校長及び教員
（休職の期間及び効果）
第14条　公立学校の校長及び教員の休職の期間は、結核性疾患のため長期の休

養を要する場合の休職においては、満2年とする。ただし、任命権者は、特に必要があると認めるときは、予算の範囲内において、その休職の期間を満3年まで延長することができる。 2　前項の規定による休職者には、その休職の期間中、給与の全額を支給する。	養を要する場合の休職においては、満2年とする。ただし、任命権者は、特に必要があると認めるときは、予算の範囲内において、その休職の期間を満3年まで延長することができる。 2　前項の規定による休職者には、その休職の期間中、給与の全額を支給する。
<u>第3節　専門的教育職員</u>	第3節　教育長及び専門的教育職員
（採用及び昇任の方法） 第15条　専門的教育職員の採用<u>（現に指導主事の職以外の職に任命されている者を指導主事の職に任命する場合及び現に社会教育主事の職以外の職に任命されている者を社会教育主事の職に任命する場合を含む。以下この条において同じ。）</u>及び昇任<u>（採用に該当するものを除く。）</u>は、選考によるものとし、その選考は、当該教育委員会の教育長が行う。	（採用及び昇任の方法） 第15条　専門的教育職員の採用及び昇任は、選考によるものとし、その選考は、当該教育委員会の教育長が行う。
第16条 （削る）	第16条　<u>教育長については、地方公務員法第22条から第25条まで（条件附任用及び臨時的任用並びに職階制及び給与、勤務時間その他の勤務条件）の規定は、適用しない。</u> 2　<u>教育長の給与、勤務時間その他の勤務条件については、他の一般職に属する地方公務員とは別個に、当該地方公共団体の条例で定める。</u>
第3章　服務	第3章　服務

（兼職及び他の事業等の従事）
第17条　教育公務員は、教育に関する他の職を兼ね、又は教育に関する他の事業若しくは事務に従事することが本務の遂行に支障がないと任命権者（地方教育行政の組織及び運営に関する法律第37条第1項に規定する県費負担教職員については、市町村（特別区を含む。以下同じ。）の教育委員会。第23条第2項及び第24条第2項において同じ。）において認める場合には、給与を受け、又は受けないで、その職を兼ね、又はその事業若しくは事務に従事することができる。
2　前項の場合においては、地方公務員法第38条第2項の規定により人事委員会が定める許可の基準によることを要しない。
（公立学校の教育公務員の政治的行為の制限）
第18条　公立学校の教育公務員の政治的行為の制限については、当分の間、地方公務員法第36条の規定にかかわらず、国家公務員の例による。
2　前項の規定は、政治的行為の制限に違反した者の処罰につき国家公務員法（昭和22年法律第120号）第110条第1項の例による趣旨を含むものと解してはならない。

第4章　研修

（研修）
第21条　教育公務員は、その職責を遂行

するために、絶えず研究と修養に努めなければならない。
2　教育公務員の任命権者は、教育公務員の研修について、それに要する施設、研修を奨励するための方途その他研修に関する計画を樹立し、その実施に努めなければならない。
（研修の機会）
第22条　教育公務員には、研修を受ける機会が与えられなければならない。
2　教員は、授業に支障のない限り、本属長の承認を受けて、勤務場所を離れて研修を行うことができる。
3　教育公務員は、任命権者の定めるところにより、現職のまま、長期にわたる研修を受けることができる。
（初任者研修）
第23条　公立の小学校等の教諭等の任命権者は、当該教諭等（政令で指定する者を除く。）に対して、その採用<u>（現に教諭等の職以外の職に任命されている者を教諭等の職に任命する場合を含む。附則第4条第1項において同じ。）</u>の日から1年間の教諭又は保育教諭の職務の遂行に必要な事項に関する実践的な研修（以下「初任者研修」という。）を実施しなければならない。
2　任命権者は、初任者研修を受ける者（次項において「初任者」という。）の所属する学校の副校長、教頭、主幹教諭（養護又は栄養の指導及び管理をつかさどる主幹教諭を除く。）、指導教諭、教諭、<u>主幹保育教諭、指導保育教諭、保育教諭</u>又は講師のうちから、

するために、絶えず研究と修養に努めなければならない。
2　教育公務員の任命権者は、教育公務員の研修について、それに要する施設、研修を奨励するための方途その他研修に関する計画を樹立し、その実施に努めなければならない。
（研修の機会）
第22条　教育公務員には、研修を受ける機会が与えられなければならない。
2　教員は、授業に支障のない限り、本属長の承認を受けて、勤務場所を離れて研修を行うことができる。
3　教育公務員は、任命権者の定めるところにより、現職のまま、長期にわたる研修を受けることができる。
（初任者研修）
第23条　公立の小学校等の教諭等の任命権者は、当該教諭等（政令で指定する者を除く。）に対して、その採用の日から1年間の教諭の職務の遂行に必要な事項に関する実践的な研修（以下「初任者研修」という。）を実施しなければならない。

2　任命権者は、初任者研修を受ける者（次項において「初任者」という。）の所属する学校の副校長、教頭、主幹教諭（養護又は栄養の指導及び管理をつかさどる主幹教諭を除く。）、指導教諭、教諭又は講師のうちから、指導教員を命じるものとする。

指導教員を命じるものとする。
3 指導教員は、初任者に対して教諭又は保育教諭の職務の遂行に必要な事項について指導及び助言を行うものとする。
（10年経験者研修）
第24条　公立の小学校等の教諭等の任命権者は、当該教諭等に対して、その在職期間（公立学校以外の小学校等の教諭等としての在職期間を含む。）が10年（特別の事情がある場合には、10年を標準として任命権者が定める年数）に達した後相当の期間内に、個々の能力、適性等に応じて、教諭等としての資質の向上を図るために必要な事項に関する研修（以下「10年経験者研修」という。）を実施しなければならない。
2　任命権者は、10年経験者研修を実施するに当たり、10年経験者研修を受ける者の能力、適性等について評価を行い、その結果に基づき、当該者ごとに10年経験者研修に関する計画書を作成しなければならない。
3　第1項に規定する在職期間の計算方法、10年経験者研修を実施する期間その他10年経験者研修の実施に関し必要な事項は、政令で定める。
（研修計画の体系的な樹立）
第25条　任命権者が定める初任者研修及び10年経験者研修に関する計画は、教員の経験に応じて実施する体系的な研修の一環をなすものとして樹立されなければならない。

3　指導教員は、初任者に対して教諭の職務の遂行に必要な事項について指導及び助言を行うものとする。
（10年経験者研修）
第24条　公立の小学校等の教諭等の任命権者は、当該教諭等に対して、その在職期間（公立学校以外の小学校等の教諭等としての在職期間を含む。）が10年（特別の事情がある場合には、10年を標準として任命権者が定める年数）に達した後相当の期間内に、個々の能力、適性等に応じて、教諭等としての資質の向上を図るために必要な事項に関する研修（以下「10年経験者研修」という。）を実施しなければならない。
2　任命権者は、10年経験者研修を実施するに当たり、10年経験者研修を受ける者の能力、適性等について評価を行い、その結果に基づき、当該者ごとに10年経験者研修に関する計画書を作成しなければならない。
3　第1項に規定する在職期間の計算方法、10年経験者研修を実施する期間その他10年経験者研修の実施に関し必要な事項は、政令で定める。
（研修計画の体系的な樹立）
第25条　任命権者が定める初任者研修及び10年経験者研修に関する計画は、教員の経験に応じて実施する体系的な研修の一環をなすものとして樹立されなければならない。

Ⅶ　資料

（指導改善研修）
第25条の2　公立の小学校等の教諭等の任命権者は、児童、生徒又は幼児（以下「児童等」という。）に対する指導が不適切であると認定した教諭等に対して、その能力、適性等に応じて、当該指導の改善を図るために必要な事項に関する研修（以下「指導改善研修」という。）を実施しなければならない。
2　指導改善研修の期間は、1年を超えてはならない。ただし、特に必要があると認めるときは、任命権者は、指導改善研修を開始した日から引き続き2年を超えない範囲内で、これを延長することができる。
3　任命権者は、指導改善研修を実施するに当たり、指導改善研修を受ける者の能力、適性等に応じて、その者ごとに指導改善研修に関する計画書を作成しなければならない。
4　任命権者は、指導改善研修の終了時において、指導改善研修を受けた者の児童等に対する指導の改善の程度に関する認定を行わなければならない。
5　任命権者は、第1項及び前項の認定に当たつては、教育委員会規則（幼保連携型認定こども園にあつては、地方公共団体の規則。次項において同じ。）で定めるところにより、教育学、医学、心理学その他の児童等に対する指導に関する専門的知識を有する者及び当該任命権者の属する都道府県又は市町村の区域内に居住する保護者（親権を行う者及び未成年後見人をいう。）

（指導改善研修）
第25条の2　公立の小学校等の教諭等の任命権者は、児童、生徒又は幼児（以下「児童等」という。）に対する指導が不適切であると認定した教諭等に対して、その能力、適性等に応じて、当該指導の改善を図るために必要な事項に関する研修（以下「指導改善研修」という。）を実施しなければならない。
2　指導改善研修の期間は、1年を超えてはならない。ただし、特に必要があると認めるときは、任命権者は、指導改善研修を開始した日から引き続き2年を超えない範囲内で、これを延長することができる。
3　任命権者は、指導改善研修を実施するに当たり、指導改善研修を受ける者の能力、適性等に応じて、その者ごとに指導改善研修に関する計画書を作成しなければならない。
4　任命権者は、指導改善研修の終了時において、指導改善研修を受けた者の児童等に対する指導の改善の程度に関する認定を行わなければならない。
5　任命権者は、第1項及び前項の認定に当たつては、教育委員会規則で定めるところにより、教育学、医学、心理学その他の児童等に対する指導に関する専門的知識を有する者及び当該任命権者の属する都道府県又は市町村の区域内に居住する保護者（親権を行う者及び未成年後見人をいう。）である者の意見を聴かなければならない。

である者の意見を聴かなければならない。

6 前項に定めるもののほか、事実の確認の方法その他第1項及び第4項の認定の手続に関し必要な事項は、教育委員会規則で定めるものとする。

7 前各項に規定するもののほか、指導改善研修の実施に関し必要な事項は、政令で定める。

（指導改善研修後の措置）

第25条の3 任命権者は、前条第4項の認定において指導の改善が不十分でなお児童等に対する指導を適切に行うことができないと認める教諭等に対して、免職その他の必要な措置を講ずるものとする。

第6章　職員団体

（公立学校の職員の職員団体）

第29条　地方公務員法第53条及び第54条並びに地方公務員法の一部を改正する法律（昭和40年法律第71号）附則第2条の規定の適用については、1の都道府県内の公立学校の職員のみをもつて組織する地方公務員法第52条第1項に規定する職員団体（当該都道府県内の1の地方公共団体の公立学校の職員のみをもつて組織するものを除く。）は、当該都道府県の職員をもつて組織する同項に規定する職員団体とみなす。

2 前項の場合において、同項の職員団体は、当該都道府県内の公立学校の職員であつた者でその意に反して免職さ

れ、若しくは懲戒処分としての免職の処分を受け、当該処分を受けた日の翌日から起算して1年以内のもの又はその期間内に当該処分について法律の定めるところにより審査請求をし、若しくは訴えを提起し、これに対する裁決又は裁判が確定するに至らないものを構成員にとどめていること、及び当該職員団体の役員である者を構成員としていることを妨げない。

　　　附　則　抄

（施行期日）
第1条　この法律は、公布の日から施行する。

れ、若しくは懲戒処分としての免職の処分を受け、当該処分を受けた日の翌日から起算して1年以内のもの又はその期間内に当該処分について法律の定めるところにより審査請求をし、若しくは訴えを提起し、これに対する裁決又は裁判が確定するに至らないものを構成員にとどめていること、及び当該職員団体の役員である者を構成員としていることを妨げない。

　　　附　則　抄

（施行期日）
第1条　この法律は、公布の日から施行する。

〔演習問題〕

問1（教育委員会制度の改革）
(1) 教育委員会制度が設けられている趣旨を述べなさい。
(2) 平成27年4月から教育委員会制度が改正されました。その主な内容と趣旨及び想定される効果について、関係条文を示しながら述べなさい。
(3) この制度改正に至る前の中教審の答申段階で二つの対立する見解が示されました。その内容とそれらに対するあなたの見解を簡潔に示しなさい。（どちらの見解を支持しても結構です。論理に注意してください。）

問2（教育行政と基本的人権）
(1) 教育行政機関の行う行政行為が「不当な支配」になり得るか、学テ判決の判断の要旨を述べなさい。またこの点に関し、改正教育基本法ではどのような改正が行われたか、その内容と改正の趣旨を述べなさい。
(2) 教科書検定制度と憲法の定める基本的人権の関係について、最高裁判所はどういう判断を下したか。憲法の条文を示しながら簡潔に説明してください。

問3（コミュニティ・スクール）
(1) コミュニティ・スクールとはどのような学校か。その特徴を法令の根拠を示して説明しなさい。また、学校支援地域本部との違いもコメントしなさい。
(2) 中教審答申では、今後のコミュニティ・スクールやその関係者のあり方をどう考えていますか？ 簡潔に説明しなさい。

問4（県費負担教職員制度と人事権）

(1) 公立小・中学校の教員の人事権に関して、県費負担教職員制度が設けられています。その趣旨、内容（学校・市町村教育委員会・都道府県教育委員会の関係）を、関係条文を示しながら説明してください。

(2) 県費負担教職員制度に関する指定都市教育委員会の取り扱い及び今後の方向性について述べなさい。

問5（教科書採択）

(1) 教科書の共同採択の仕組みと、それが取られている趣旨を説明してください。

(2) 共同採択の結果に従わない教育委員会がある場合、無償措置制度との関係はどうなるのか。そのような教育委員会に対し、国としてはどのような対応策が考えられるか。関係条文を示して説明しなさい。

問6（国旗・国歌）

(1) 学習指導要領では、国旗・国歌の取り扱いはどう定められていますか。国旗・国歌の法制化との関係はどう考えられますか。

(2) 入学式や卒業式などで国旗・国歌の取り扱いに関する職務命令とこれに従わないことを理由とする懲戒処分がなされた場合、憲法上の基本的人権との関係は、判例上どう考えられているか。憲法の条文を示しながら簡潔に説明してください。

問7（教員）

(1) 学習指導要領では、国旗・国歌の取り扱いはどう定められていますか。国旗・国歌の法制化との関係はどう考えられますか。

Ⅶ　資料

(2)　指導が不適切な教員について、どのような措置が現行制度で講じられているか、また免許更新制との趣旨の違いはどこにあるのか、説明してください。

索引

あ

預かり保育 ……38,273
一種免許状 ……248～250

か

開放制 ……239,240,244,248
学習指導要領 ……30,31,66,69,78,83,98,100～103,113,115,120～127,129,152,154,156,159,171,173～176,181
学制 ……9,10,78
学問の自由 ……19,49,92,93,159,160
学級編制 ……16,115,230,272
学校運営協議会 ……130,133～136,138～140,142,143,191,196,205
学校支援地域本部 ……81,131,139,213,214
学校評議員 ……130,132,133,139
課程認定 ……239,256
川上判決 ……159
義務教育 ……15～17,19,21,22,27,28,46,48,51,61,63,68,92,98,110～113,115,116,122,131,134,135,153,158,162,165,166,188,230,239,242,255,257,259,265,273,283
義務教育費国庫負担金 ……27,28,259
教育委員長 ……169,192,199,200～202,215
教育課程 ……30,31,78,84,87,90,96,98,99,102,107,112,114,115,117,118,120～124,127,128,133,138,151,154,158,160,171,236,249
教育実習 ……244,249
教育振興基本計画 ……39,48,56,57,70,77,136,141,208,226
教育勅語（勅語） ……11～14,47
教育の自由 ……15,19,68,83,94,95,102,107,161
教育を受ける権利 ……18,19,25,68,92,113,154,161,197,209,212
教員免許更新制 ……22,25,245,254,255
教科書 ……15,16,27,46,47,68,115～118,151～156,158～170,183,193,206,209,212,216,217
教材 ……30,31,114,117,118,151,154,156,158,160,165,168,174,183,216,217
教職大学院 ……246,255,256
教職調整額 ……230,242,258
近隣諸国条項 ……152
県費負担教職員 ……24,117,133,192,194,197,208,212,238,239,241,265～268,270,272
公示 ……113,115,121,124,127,156,158
校務 ……23,230,233～238
公務員 ……17,19,20,22,25,26,61～63,71～74,117,176,177,203,219,220,230,232,239～242,245,252,253,257～260,264,266,267
公立の義務教育諸学校等の教育職員の給与等に関する特別措置法（給特法） ……17,230,242,258

Ⅷ 索引

告示 ……83,113,120,121,124〜126,152,154,156,158,171
コミュニティ・スクール
　……81,130,133,135〜140,213,214

さ

最低基準　……115,120,122,125,126
指示　……25,90,102,153,154,192,197,201,209,210,212,213,216,217,235,238
施設型給付　……284,285
自治事務　……209
指導改善研修　……26,252,260
指導教諭　……23,229,233,235,236,254
指導主事　……24,143,185,191,197,222,236,237,252,254
事務処理特例　……270
社会教育　……15,18,34,46,48,54,67,82,183〜185,187,216,217
自由権　……19,68
主幹教諭
　……23,29,229,230,233,235,254
授業料　……16,37,44,81
主任　……235,237,238,245,252
条例　……62,181〜183,185,186,190,192,194,204,206〜208,223〜226,242,270,271
職員会議　……232,238,243
初任者研修　……242,245,251,252
私立学校　……17,20,25,27,38,48,53,82,122,153,155,161,166,183,192,196,198,206,207,256
人材確保法（人確法）
　……17,230,242,257〜259

進路指導　……237
杉本判決　……46,68,158
スポーツ　……16,24,27,132,183,184,187,192,197,200,214,221
政治的行為
　……61〜63,71〜74,232,242
政治的中立性
　……61,62,71〜74,183,186,188,199,201,206,211,212,215〜217,223,224,242
生存権　……19
生徒指導
　……31,87,101,102,138,206,249,252
是正の要求　……25,197,209,213
設置基準　……79,112,114,115,237,274
専科　……28,82,172,176,177,250
選考
　……40,177,233,242,244,266,267,271
専修免許状　……248〜250
総合施設　……280

た

待機児童　……276,281,284
高津判決　……159
地域型保育給付　……284
地方教育行政の組織及び運営に関する法律　……18,22,23,83,84,87,130,133,135,165,169,183,184,186,190,194,224,225,241,266,267
地方裁量型　……282,283,285
地方自治　……25,84,98,103,104,116,117,131,181,185,186,188,197,209,213,225,227,239,268
中核市　……184,245,252,253,269,270

懲戒　　　　　……62,172,
　178～ 180,182,216,217,231,240,261,262
定数　　　　　……16,28,115,
　118,189,206,217,227,230,256,259,272
道徳　　　　　……13,14,
　31,47,50,59,65,66,78,122,125,127,129
特別支援教育
　　　　　……28,29,32,33,122,128,258
特別職　　　　　……203,240
特別非常勤講師　　　……244,250
特別免許状
　　　　　……25,244,245,248～ 251,254
特区　　　　　……124

な

内申　……24,192,194,197,241,265～ 269
二種免許状　　　……248～ 250
認定こども園
　　　　　……206,208,267,280～ 286
任命承認　　　……190,194,195

は

歯止め規定　　　　……126
標準法　　　　　……118,230
部活動　　　　　……30
副校長　　　　　……
　21～ 23,117,229,230,232～ 235,341,251
普通教育　……19,51,92,93,98,112,160
普通免許状　……25,245,248～ 251,254
不当な支配　　　……55,
　67,68,70,84,88,96～ 103,108,109,159
文化　　　　　……19,
22,24,27,39,40,49,50,58～ 60,64,65,75,
91～ 93,95,132,173,181,183,184,187,192,
193,197,206,207,214,216,217,221,227
文化財保護　　　　……187
分限　　……26,182,240,260,261,264
保育所型　　　……282,283,285
放課後子ども教室　　……131
本給　　　　　……258

や

幼児教育　……41,81,206,208,278,281,282
幼稚園　　　　　……21～ 23,27,31,38,
　61,77,110,111,115,122,133～ 137,206,208,
　233,248,249,253,255,273～ 279,281～ 286
幼稚園型　　　　……282,283,285
幼保連携型　　　……267,282～ 286
予算　　　　　……24,27,28,30～ 34,
　36～ 45,171,183,190,193,194,196,204,206,
　207,208,216,217,225,227,255,257,259,274

ら

臨時免許状　　　　……248,249

● 編集・著者

尾﨑　春樹（おざき　はるき）
学校法人目白学園理事長。
福岡県出身。東京大学法学部卒、1982年文部省入省。厚生労働省保育課長、財務課長、政策課長、大臣官房審議官（スポーツ・青少年局担当）、大臣官房審議官（初等中等教育局担当）、文部科学省国立教育政策研究所長などを経て2015年1月より現職。

布村　幸彦（ぬのむら　ゆきひこ）
公益財団法人東京オリンピック・パラリンピック競技大会組織委員会常務理事（副事務総長）。
富山県出身。東京大学法学部卒、1978年文部省入省。文部科学省初等中等教育局教育課程課長、生涯学習政策局政策課長、大臣官房人事課長、大臣官房審議官（初等中等教育局担当）、スポーツ・青少年局長、初等中等教育局長、文部科学省高等教育局長などを経て2014年1月より現職。

● 協力

藤原　章夫（ふじわら　あきお）……　内閣官房内閣審議官（教育再生実行会議担当室長）

改訂版

教育法講義
教育制度の解説と主要論点の整理

2013年 9月24日　　初版第一刷発行
2016年10月15日　　改訂版第一刷発行

編　者　　尾﨑 春樹
発行人　　佐藤 裕介
編集人　　遠藤 由子
発行所　　株式会社 悠光堂
　　　　　〒104-0045 東京都中央区築地6-4-5
　　　　　シティスクエア築地1103
　　　　　電話：03-6264-0523　FAX：03-6264-0524
　　　　　http://youkoodoo.co.jp/
印刷・製本　中和印刷株式会社

無断複製複写を禁じます。定価はカバーに表示してあります。
乱丁本・落丁本は発売元にてお取替えいたします。

ISBN978-4-906873-80-7　C3037
Ⓒ2016 Haruki Ozaki, Printed in Japan